Pochette

LA VIE MILITAIRE

NANCY, IMPRIMERIE BERGER-LEVRAULT ET Cⁱᵉ.

LA
VIE MILITAIRE

PAR

Charles LESER

ANCIEN ÉLÈVE DE L'ÉCOLE POLYTECHNIQUE

Avec Préface

De Jules CLARETIE

PARIS

BERGER-LEVRAULT ET Cie, ÉDITEURS

5, rue des Beaux-Arts

MÊME MAISON A NANCY

—

1887

A Monsieur Jules CLARETIE

Cher maître,

Depuis que j'ai commencé de publier dans le Temps les chroniques que je réunis aujourd'hui dans ce volume, je n'ai pas cessé de m'inspirer de votre exemple. Sans doute, je n'ai jamais espéré approcher d'un tel modèle ; mais je tenais à mériter votre suffrage, qui suffit à mon ambition. Car vous n'êtes pas seulement le romancier, le dramaturge, le chroniqueur, le philosophe que le public aime et que les lettrés admirent ; vous êtes aussi, vous fûtes dès 1870 le patriote qui, le premier, sonna le ralliement de nos forces nationales, prêcha le respect de l'armée et la passion du dévouement.

Aussi nul nom n'est-il plus populaire que le vôtre dans nos régiments ; il portera bonheur à ce petit livre ; si ces pages peuvent faire quelque bien, c'est à votre inspiration qu'elles le doivent, aux hautes leçons de patriotisme que j'ai reçues de vous.

CHARLES LESER.

CHER CONFRÈRE ET AMI,

Vous m'embarrassez beaucoup en me demandant d'ajouter quelques mots à la dédicace que vous m'envoyez. Je ne puis y répondre que par un remerciement. Une préface? Non, mais, je vous le dis, un *merci* très sincère et très profond parce que je sens, à votre sympathie, qui me touche, combien vous avez deviné vous-même quelle passion j'ai voulu mettre en ce que j'écrivais pour cette armée, suivie jadis par moi dans ses épreuves et depuis honorée dans ses deuils.

Nous avons collaboré dans un journal que je n'oublie pas et cette campagne littéraire, coude à coude, est un des meilleurs moments de ma vie. Au *Temps,* vous vous occupez plus spécialement de nos soldats, moi, j'étudiais nos Parisiens. C'était encore et toujours parler de la France. Oui, je l'avoue, même dans les causeries courantes, au hasard de l'actualité, j'ai essayé, comme vous voulez bien le reconnaître, d'évoquer des souvenirs, souvent cruels, mais inoubliables et sains dans leur amertume.

Et comment, mon cher confrère, n'aurais-je pas essayé de faire servir ce que j'écrivais à ce *ralliement* dont vous me parlez? J'ai eu, dans mon existence, une heure de sinistre angoisse et qui ressemble, pour moi, à celle dont parle le philosophe Jouffroy racontant comment le doute entra dans son âme. C'était à Sedan, le soir de la bataille et dans l'écroulement de la patrie et l'effarade de l'armée, devant nos soldats vaincus et nos villages embrasés; pendant que la nuit tombait sur ce champ de morts, rougi çà et là par les torches de l'incendie, j'avais la sensation de tomber de la hauteur d'un rêve, rêve de patriotisme et de gloire, et je me demandais s'il y aurait encore une aurore demain et si le monde allait continuer à rouler à travers l'espace. Et, à mon tour, il me semblait qu'en moi il ne restait plus *rien qui fût debout.*

Mais si pourtant! il restait la douleur même et aussi l'espoir! Et, le lendemain, en voyant les morts du fond de Givonne, en rencontrant, sur les coteaux d'Illy les cadavres de nos chasseurs d'Afrique, les *africanos* de Marguéritte, comme les appelaient, au Mexique, les cavaliers

de Comonfort, je me disais qu'il restait aux survivants à honorer ces braves gens tombés pour le
pays et à venger les vaincus de la patrie. Des
heures pareilles à celles que j'ai vécu là pèsent
éternellement sur un esprit, et depuis, sans être,
je crois, morose, en écrivant ces causeries sur la
Vie à Paris auxquelles vous faites allusion avec
tant de bienveillance, j'ai souvent pensé qu'elle
était peut-être un peu bien joyeuse, cette vie
parisienne, et qu'ils seraient moins gais, nos
contemporains, s'ils avaient tous aperçu, comme
moi, un coin du champ de massacre et entrevu
les visages de cire de tous ces morts entassés dans
l'entonnoir de Sedan.

Notez bien, cher confrère et ami, que je ne
demande pas qu'on porte de cilice sur la peau et
qu'on se couvre le front de cendres. Les nouveaux
venus ont besoin de vivre et l'esprit, l'alacrité
joyeuse, sont quelques-unes des plus chères vertus de la race gauloise. Mais je ne puis m'empêcher d'estimer et j'aime entre tous ceux qui,
comme vous, n'oublient point le passé et ont
gardé sur les yeux la tache noire de la vision
funèbre. On demandait à Newton comment il
avait pu trouver son admirable loi de la gravita-
tion ; très doucement le savant répondit : « En

y pensant toujours. » Faisons comme lui et *pensons-y toujours*, très doucement, mais très obstinément.

Je vous demande pardon de vous conter une anecdote. Mais un de mes bons amis, patriote italien et grand ami de la France, — ce qui est moins rare qu'on ne le croit, — m'a raconté souvent que le soir de l'entrée de l'armée d'Oudinot à Rome, lors de l'expédition romaine, il regardait passer, clairons et tambours en tête, ces chasseurs à pied et ces fantassins qu'a illustrés le crayon de Raffet; et il souffrait cruellement de ce défilé des vainqueurs à travers la Ville Éternelle, lorsque dans la foule il aperçut dardant ses regards sur nos soldats, un abbé, un petit abbé maigre et noir, déjà vieux, qui souriait d'un rictus indistinct et bizarre.

— A quoi pensez-vous, l'abbé ?

— Je pense, répondit le prêtre, que je vais dès à présent dire, chaque jour, une messe en priant Dieu pour qu'il conspire avec nous et nous aide à *les* faire partir !

Et, de 1849 à 1870, pendant vingt et une années, chaque matin, l'abbé dit une messe et demanda au Seigneur qu'*ils* partissent. Puis, vieux, cassé, malade, mais obstiné dans son idée fixe, le jour où nos troupiers quittèrent Rome, l'abbé remercia Dieu, qui doit, là-haut, j'espère, l'avoir récompensé de sa patience.

Ils c'étaient nous pour le vieil *abbate* romain, et maintenant, pour nous, *ils* ce sont *eux*. J'ai seize ans de plus que lorsque j'écoutais les musiques de nos régiments jouer pour la dernière fois les vieux airs français au pied de la statue de Fabert, devant la cathédrale de Metz; seize ans de plus que lorsque je regardais nos turcos aux vestes bleu clair couchés, à la belle étoile, sous les arcades de Strasbourg. Mais je crois encore et je croirai toujours qu'il y a, par les champs d'Alsace et de Lorraine, assez de rouges coquelicots, de bleuets bleus et de marguerites blanches pour faire une cocarde tricolore piquée dans les blonds cheveux ou le corsage des belles filles du pays de Kléber.

Vous voyez, vous voyez où m'emporte votre livre. Mais aussi pourquoi nous parlez-vous si éloquemment — et si simplement à la fois — de nos drapeaux nouveaux et de nos vieilles légendes ? Pourquoi, comme dans cette jolie page où vous peignez si bien le réveil du 5e dragons dans la bonne ville de Saint-Omer, sonnez-vous si allégrement votre diane patriotique ? Pourquoi nous donnez-vous, avec l'amour des faits et l'hor-

reur des phrases, une si vive et si profonde sympathie pour cette noble vie militaire, toute de
sacrifice et de devoirs, mais qui a ses fêtes aussi,
ses fanfares et ses poésies — si bien qu'on retrouve, par exemple, pour la chanter, un poète
en vous sous l'uniforme et qu'en lisant vos atti-
rantes causeries dans le journal *le Temps* j'ai
souvent pensé aux vers charmants et poignants
que vous écriviez autrefois, quand vous chantiez
votre Alsace avec votre frère?

Vous ajoutez aujourd'hui, cher ancien colla-
borateur et ami, un volume excellent à cette
littérature militaire qui est une des formes et
une des forces de la littérature française. Vous
avez conquis, dans le journal que nous aimons,
un coin très particulier, très personnel, qui est
comme un camp où vous vous exercez à nous
faire connaître les progrès de notre armée, ses
idées, ses espoirs, ses défauts même, au besoin,
— ces défauts que l'on corrige avant la bataille
et qui s'envolent en fumée pendant le combat.
Vous êtes là et vous êtes écouté. Vos pages improvisées et d'un tour achevé pourtant, vont retrouver un succès certain sous la forme durable du
livre : je vous remercie, encore une fois, d'avoir
bien voulu associer mon nom à votre œuvre.

Ah! que vous avez raison, cent fois raison d'aimer, de nous faire aimer, d'étudier, de célébrer *la Vie militaire !*

L'armée, c'est la France en marche. La littérature doit en être le clairon.

Votre affectionné,

Jules CLARETIE.

3 décembre 1886.

LA

VIE MILITAIRE

———⁓⁓⁓———

I

La revue du 14 juillet et les revues d'autrefois.
Les drapeaux décorés.

9 juillet 1885.

Le 14 juillet prochain, à neuf heures du matin,
toutes les garnisons de France seront sous les armes ; les musiques joueront la *Marseillaise*, les compagnies, les escadrons et les batteries défileront
devant les généraux et la foule enthousiaste. Seule,
la population parisienne n'ira pas saluer « le drapeau qui passe ». Ce n'est pas cependant que la capitale soit moins bien dotée que les autres villes de
France : elle aura même deux revues, l'une aux
Champs-Élysées, l'autre dans l'avenue de Vincennes. Elle boude cependant. Pourquoi ? C'est

qu'on l'a gâtée jadis et qu'elle renonce à regret aux
fêtes magnifiques dont l'hippodrome de Longchamps
fut autrefois le théâtre.

Certes, l'avenue des Champs-Élysées, comprise
entre le château d'où Napoléon partit pour la campagne de 1815 et l'Arc de Triomphe, témoin d'une
impérissable époque de gloire militaire, offre un
mélange séduisant de pittoresque et de grandiose ;
les cavaliers isolés y font bonne figure, pour peu
qu'ils ne soient pas trop maladroits ; les voitures s'y
meuvent à l'aise et nos élégants s'y entraînent à
pied, chaque matin, à la profonde surprise des co-
chers de fiacre. Seulement cette allée monumentale,
qui n'a point de rivale au monde, ne se prête pas
aux déploiements de troupes : cachés par les arbres
touffus, les pioupious y demeurent invisibles pour
les spectateurs refoulés au loin ; et puis, rien n'est
plus maigre que le défilé au pas devant le gouverneur de Paris. Passe encore pour l'infanterie, bien
qu'elle éprouve quelques difficultés à conserver ses
distances ; mais l'artillerie et la cavalerie ont, bon
gré, mal gré, piteux aspect ; les chevaux, impatients,
hennissent, se démènent, mâchent le mors, rompent
l'alignement. Où sont ces batteries, ces escadrons
qui s'avançaient, dans la plaine de Longchamps, au
trot allongé ; ces casques étincelants, ces canons
noirs qui passaient sous nos yeux, rapides comme
les fantômes de la ballade allemande ? Il n'était pas

jusqu'aux tourbillons de poussière qui n'eussent quelque chose de poétique ; nous avions l'illusion de la guerre, et c'est cela surtout que nous regrettons aujourd'hui.

La revue de Longchamps était cependant d'invention récente. Si nos souvenirs sont exacts, on avait choisi cet emplacement pour une solennité qui devait être célébrée le 15 août 1869 ; pour la première fois, l'armée et la garde mobile devaient être appelées à défiler aux sons d'une même musique. Brusquement, l'avant-veille du jour fixé, le maréchal Niel mourut, à l'heure où le Gouvernement se résignait enfin à consacrer son œuvre grandiose, à récompenser ses efforts. En fait de revue, les troupes de la garnison de Paris assistèrent aux obsèques de ce ministre prévoyant que le sort frappait comme pour achever de désarmer l'Empire ! Le 17 août, le maréchal Canrobert accompagnait à l'église des Invalides le corbillard empanaché qui traînait la dépouille de son camarade ; un an plus tard, tout était consommé ; l'événement ne justifiait que trop les sombres prévisions de Niel.

Une anecdote, en passant, puisqu'il s'agit de revues : Niel se trouvait dans la tribune impériale le jour où l'armée de Crimée défila devant le Gouvernement ; on devine que l'enthousiasme, réel ou factice, populaire ou commandé, se donna libre carrière. Seuls les polytechniciens passèrent en silence

devant la souveraine. Irritée, l'impératrice se retourna vers son voisin : « Qu'est-ce que ces petits architectes? » dit-elle sur le ton du parfait mépris.
— « Ces petits architectes, Madame, répondit Niel, ont pris Sébastopol. » L'impératrice accepta de bonne grâce la leçon ; mais, depuis lors, les élèves de l'École polytechnique n'ont plus défilé en tête de l'armée de Paris.

Napoléon III aimait à fêter le 15 août au camp de Châlons, à l'abri des commentaires malveillants d'une population libérale et des regards trop perspicaces de l'étranger. Cent et un coups de canon saluaient l'aurore du jour anniversaire ; la messe venait ensuite ; puis, les troupes se massaient des deux côtés de l'autel et défilaient au port d'armes. A l'issue de cette cérémonie, dont l'empereur appréciait le caractère mystique, les curieux envahissaient le camp, interrogeaient les soldats, s'extasiaient sur la solidité des tentes. Hélas ! elles n'ont servi, ces tentes trop vantées, qu'à mal abriter, sous les murs de Metz, l'armée héroïque immobilisée par Bazaine.

Quatre ans plus tard, quand le territoire envahi est à peine délivré, quand l'armée commence à se réorganiser, la visite du shah de Perse sert de prétexte à la première revue de Longchamps. Ceux qui ont assisté à cette fête n'oublieront jamais les douces et poignantes émotions qu'ils ont ressenties. C'était le 10 juillet 1873 ; les régiments de Meaux

et de Rambouillet s'étaient mis en route dès la
veille ; la cavalerie arrivait de Rocquencourt ; le
cinquième corps franchissait la Seine sur le pont de
bateaux jeté à Suresnes. Soixante-dix mille hommes
étaient réunis entre Bagatelle et Boulogne-sur-
Seine. Et cinq cent mille Français se pressaient aux
abords du vaste hippodrome, escaladant les pentes
des coteaux de Saint-Cloud, grimpant aux arbres,
déjeunant sur l'herbe pour saluer, infatigables, les
bataillons qui traversaient le bois. Dès la veille, les
curieux avaient assiégé la gare Saint-Lazare. C'est
qu'on respirait alors comme au sortir d'un long cau-
chemar ; après la paix subie et la guerre civile terminée, la France retrouvait son armée. L'orgueil
national était satisfait et les badauds acclamaient le
monarque persan qui conduisait avec grâce son
fameux cheval blanc truité. Cent soixante et un
bataillons défilèrent devant le shah, entouré de
MM. de Broglie et Buffet ; soixante-huit généraux
se joignirent à l'escorte du maréchal de Mac-
Mahon.

Les cuirassiers furent les lions de cette journée
mémorable ; parmi ceux qui, de leurs lattes étincelantes, saluèrent le chef de l'État, il en était plusieurs qui, soit dans les houblonnières de Wœrth,
soit dans les champs de Mars-la-Tour, avaient mille
fois affronté la mort. Les bravos respectueux de la
foule s'adressaient aux vivants comme aux braves

couchés dans les cimetières de Morsbronn et de Gravelotte.

Le shah de Perse, qui n'aimait pas les allures vives, avait forcé le maréchal de Mac-Mahon à longer au pas l'interminable front de l'armée de Paris. D'ordinaire, les généraux vont au trot devant les compagnies d'infanterie, au galop raccourci devant les escadrons et les batteries. Napoléon Ier s'arrêtait fréquemment, descendait de cheval quand il avait reconnu quelque brave capitaine et distribuait des récompenses au gré de sa capricieuse et toute-puissante volonté ; Napoléon III, au contraire, se hâtait, l'air ennuyé, et laissait au *Moniteur* le soin d'enregistrer les listes et promotions dressées par le ministre de la guerre. Aussi l'armée n'avait-elle aucune affection pour ce souverain qui n'avait envoyé que son cousin en Crimée et qui, en Italie, avait failli compromettre le sort des deux journées décisives. C'est un art que de savoir passer les troupes en revue ; si le cavalier et son cheval ne restent pas d'accord, des incidents amusants ou désagréables, non prévus par le programme, troublent la fête. Il me souvient qu'en 1876, le général Schnéegans, qui commandait alors l'École de Fontainebleau, voulut monter, le jour d'une revue, un superbe demi-sang qu'il venait d'acheter et qui, par la pureté de sa robe, justifiait son nom de *Negro*. Excellent cavalier, le général négligea d'habituer sa bête au son des trompettes, au bruit du

canon, au tapage des voitures. L'heure approche ;
groupés sur ce champ de manœuvres que bornent,
d'un côté, les hauteurs boisées de Barbison et, de
l'autre, les rochers de Moret, les sous-lieutenants
attendent, le sabre au poing. « Garde à vous ! »
crie le commandant, les trompettes sonnent et, dé-
bouchant, au galop de charge, par la route de Ne-
mours, le général passe, rapide comme un éclair ;
c'est à peine si les jeunes gens stupéfaits ont le
temps d'apercevoir le capitaine instructeur qui,
s'apercevant un peu tard que *Negro* s'est *emballé*,
essaye à son tour d'emballer sa jument pour rattra-
per le général. Cent mètres plus loin, le général
ramenait sa monture et, au trot, droit sur la selle,
sans un brin d'émotion, il recommençait la revue,
que l'impatience de *Negro* avait abrégée. Je n'éton-
nerai personne en ajoutant que les sous-lieutenants
élèves se sentirent très fiers d'avoir à leur tête un
si vaillant et si habile cavalier, si bien que la promotion de 1876, désormais passionnée pour l'exercice du cheval, fournit plus tard à l'École de Saumur de nombreuses recrues.

La revue des Champs-Élysées aura cependant
une réelle importance ; les colonels de deux nouveaux corps, le 4e tirailleurs algériens et le 2e régiment de la légion étrangère, y viendront recevoir
leurs étendards. Ah ! cette fête solennelle et touchante de la distribution des drapeaux, comment

n'en évoquerions-nous pas constamment l'inoubliable souvenir ? Les régiments des armées de Metz et
du Rhin s'unissant à leurs cadets pour saluer les oriflammes vierges que la France confiait à leur bravoure ! Parmi les cinq cent mille spectateurs, il n'en
était pas un qui ne fut alors, au moins pendant quelques instants, le Joseph Prudhomme ou le Ramollot
que de trop ingénieux satiriques ont tant blagué
depuis.

Des quatre coins de l'horizon montait une rumeur
joyeuse ; les acclamations de la foule se mêlaient
aux retentissants accents des trompettes ; les commandements des colonels se perdaient dans l'universel enthousiasme d'une nation. La revue du
shah de Perse avait été l'éclatante affirmation de la
vitalité française ; la revue du 14 juillet 1880 fut,
selon l'éloquente expression de Gambetta, « l'union
des cœurs de citoyens dans le grand cœur de la
patrie ! »

Quand le général Osmond, atteint d'une insola-
tion et, d'ailleurs promptement guéri, se remit en
selle, les applaudissements éclatèrent, nourris, tout
le long des barrières qui entouraient la pelouse ; ce
fut bien autre chose encore quand on aperçut les
drapeaux décorés. C'est que les étendards ne gagnent pas, comme les fonctionnaires, la croix de la
Légion d'honneur à l'ancienneté ; la loi, depuis
1859, est formelle sur ce point : pour fixer le cher

symbole à la hampe de son drapeau, il faut qu'un régiment rapporte du champ de bataille un fanion de l'ennemi. Le 2ᵉ zouaves eut, le premier, cet honneur, et voici dans quelles circonstances : le 4 juin 1859, quelques instants avant que le 2ᵉ corps eût attaqué Magenta, les Autrichiens tentèrent de séparer l'une de l'autre les deux divisions du maréchal de Mac-Mahon ; déjà deux pièces d'artillerie étaient en leur pouvoir quand le 2ᵉ régiment de zouaves se jeta dans la mêlée. « Sac à terre ! A la baïonnette ! » Le combat s'engage à l'arme blanche et le zouave Daurière s'empare d'un drapeau autrichien qui figure aujourd'hui dans l'église des Invalides. Quelques jours plus tard, le 10ᵉ bataillon de chasseurs à pied enlevait un autre drapeau dans le cimetière de Solférino. Ces hauts faits d'armes ont été fréquemment renouvelés durant la campagne du Mexique ; neuf régiments ont ainsi mérité la croix pour leur drapeau. A Rezonville, le 16 août 1870, M. Chabal, sous-lieutenant au 57ᵉ de ligne, capturait le drapeau du 16ᵉ régiment d'infanterie de l'armée prussienne ; enfin, à Nuits, le drapeau du 61ᵉ fut retrouvé sous un monceau de cadavres, et les mobiles du Dauphiné remportèrent ce précieux trophée. Les décorations des étendards se payent cher.

Les nôtres attendent, pour la plupart, le baptême du feu ; ils n'ont quitté la chambre où les enferme

le colonel que pour briller au soleil des revues;
mais l'émotion est grande quand l'escorte d'honneur les amène dans la cour du quartier. « Présentez armes! » Les trompettes sonnent « à l'étendard »
et j'ai vu bien des conscrits qui, de leurs gants
rudes, essuyaient les larmes qui coulaient de leurs
yeux. On ne dira jamais assez ce que vaut ce
symbole qui, dans les camps lointains, en Tunisie,
en Algérie, au Tonkin, évoque l'image de la patrie
absente !

Nos chefs de corps se plaisent à répandre autour
d'eux le culte du drapeau ; c'est ainsi que, le
24 juin dernier, le 8e de ligne, à Saint-Omer, célé-
brait l'anniversaire de Solférino, où 28 officiers et
389 soldats de ce régiment furent tués ou blessés ;
le 10e bataillon de chasseurs s'associait, depuis
Saint-Dié, à cette patriotique manifestation. Festin
rompant la monotonie de l'ordinaire, assauts d'armes, de boxe et de canne, exercices de gymnastique, chansonnettes, romances et représentation de
gala des *Deux Aveugles,* tel était le programme des
réjouissances dont la population civile a largement
pris sa part. Ces sortes de cérémonies ont une double utilité : elles stimulent le zèle des troupiers ;
elles resserrent encore davantage les liens qui unis-
sent l'armée et la nation. En veut-on la preuve im-
médiate ? Quand, tout récemment, le 2e bataillon
de chasseurs a fait son entrée à Lunéville, les habi-

tants des communes voisines sont accourus en foule sur son passage ; avant de pénétrer dans leur caserne, nos chasseurs ont eu l'agréable spectacle d'une immense voiture ornée de drapeaux et chargée de fûts de dimensions respectables. C'était le vin d'honneur qu'on leur offrait ! J'imagine qu'on a porté d'innombrables toasts. Vous voulez retenir les sous-officiers sous les drapeaux : voilà l'infaillible moyen d'y parvenir. Ne vous efforcez pas d'augmenter les primes de rengagement au détriment du budget : répandez le respect de l'armée ; le goût du métier des armes se développera tout seul. Jules César constatait jadis que les Gaulois naissaient militaires. N'inventons rien, conservons seulement ces très anciennes traditions ; elles n'ont rien perdu en vieillissant.

II

L'équitation dans l'armée. — A cheval! Le carrousel de Fontainebleau. — Fantasias arabes. — Le grand jour. — A propos d'un concours musical. — Histoire des musiques militaires.

23 juillet 1885.

Depuis quinze ans, le goût de l'équitation a fait d'incessants progrès dans l'armée française. Ce ne sont plus seulement les officiers de cavalerie qui montent des chevaux de pur sang et disputent aux gentlemen le prix de la Croix-de-Berny. Toutes les armes sont maintenant représentées dans ces luttes courtoises ; il n'est pas jusqu'au légendaire *sapeur* — nom patronymique des officiers du génie — qui n'ait brisé ses lunettes d'or pour chausser des bottes à l'écuyère, ornées d'éperons gigantesques. Les capitaines d'infanterie possèdent des chevaux ; les lieutenants et sous-lieutenants se promènent à travers plaines sous la direction d'un officier de cavalerie ; on rencontre des intendants au bois et des officiers d'administration aux courses.

« A cheval, messieurs ! »

Aussi nos deux écoles de cavalerie fournissent-elles, chaque année, de nombreux, d'excellents instructeurs. C'est à Saumur que s'est conservée la tradition. Saumur a toujours été « l'asile héréditaire », où les sportsmen en uniforme se donnaient rendez-vous ; les plus remarquables professeurs y ont enseigné l'art de l'équitation. On y voyait encore récemment cet étonnant cheval, dressé par M. le général L'Hotte, qui dansait une polka et gravissait les cent marches d'un escalier tournant. J'y ai salué, vers l'an 1875, un ex-cheval de trait qu'un colonel avait habitué, *en huit jours*, à sauter de pied ferme, et sans rien casser, par-dessus une table garnie de bouteilles et d'assiettes.

Aujourd'hui, ces exercices de haute école sont un peu délaissés ; nos jeunes officiers se passionnent surtout pour le dressage et l'entraînement du cheval de guerre. Les hauts faits accomplis par la cavalerie russe ont eu, dans toute l'Europe, un légitime retentissement. Adieu les *appuyers*, les changements de pied, les voltes interminables ; nos *Saumuriens* ne sont plus astreints maintenant à parcourir, comme jadis, la piste de la carrière ou celle du manège « en une minute et vingt-sept secondes ». On leur recommande les longues chevauchées ; on leur apprend à soigner leurs montures, à les ménager, à les préparer lentement et sagement aux plus dures épreuves. L'équitation a suivi le courant mo-

derne en devenant essentiellement pratique. Ce n'est
pas cependant qu'on dédaigne, à l'occasion, quelques exercices plus élégants. Nous avons eu, cette
semaine, deux *carrousels* qui ont merveilleusement
réussi. Pendant que les cavaliers et les artilleurs du
Mans galopaient sur le quinconce des Jacobins et
qu'une foule immense, accourue des villages environnants, applaudissait aux remarquables évolutions de ces pelotons composés d'officiers, leurs
jeunes camarades de l'École d'application d'artillerie et du génie offraient aux amateurs de Fontainebleau le spectacle du carrousel traditionnel.

C'est la fin des études arides qui ont duré deux
ans : après avoir pâli sur les traités de balistique et
sur les plans de forteresses, nos jeunes gens saluent
avec enthousiasme la décision ministérielle qui leur
confère un deuxième galon et les classe dans un régiment ; ils quitteront sans doute cette charmante
ville de Fontainebleau en y laissant des amis, même
un doux souvenir ; ils iront vivre dans une de ces
cités lointaines où le hasard et l'influence de quelque député à l'Assemblée nationale ont jadis relégué nos régiments ; ils feront la *semaine,* assisteront
au pansage, bâilleront à la manœuvre, auront faim
à côté des plats trop souvent mal garnis de la pension à soixante francs. Qu'importe ! ils ne voient
pas si loin et n'ont qu'un rêve en tête : devenir officiers pour de bon.

Or, la fête du carrousel ne précède que de peu
de jours le départ des deux promotions. C'est, en
quelque sorte, la préface de l'émancipation définitive. C'est aussi une distribution de prix d'un caractère particulier, puisque, seuls, « les forts en
équitation » sont admis à faire partie des quadrilles
du carrousel. La liste en est dressée, au mois de
juin, par le capitaine instructeur qui forme huit
quadrilles comptant chacun huit cavaliers. De ces
soixante-quatre élus, il en est trente-deux qui paraîtront, en outre, dans la course des haies. Ceux-là sont
les cavaliers les plus habiles, les plus intrépides, et
qui ne se sentent pas d'aise d'avoir mérité cette consécration officielle.

On désigne un cheval des écuries de l'École pour
chacun d'eux, et les répétitions commencent aussitôt. Durant les premières séances, les élèves apprennent à connaître les chevaux qu'ils montent, puis
les mouvements qu'ils devront exécuter. Chaque
partie du programme est l'objet d'une étude appro-
fondie et les observations sévères ne sont pas épar-
gnées à nos sous-lieutenants.

Chaque matin, de cinq heures à sept heures, nos
jeunes gens décrivent les mêmes figures : au pas
d'abord, puis au trot, enfin au galop. Les chefs de
quadrille piochent, le soir, leur théorie et dessinent
sur le papier la route qu'ils doivent suivre à l'intérieur du manège. Ce sont toutes sortes de courbes

variées dont l'enchevêtrement offre un coup d'œil charmant. Tantôt, chaque quadrille trace, à l'un des angles du manège, un cercle qui se rétrécit progressivement ; tantôt, les officiers de deux quadrilles chargent avec furie leurs camarades, qui se dispersent subitement comme une volée de moineaux ; tantôt, enfin, tous les cavaliers réunis défilent devant les tribunes, et, abaissant leurs lances ornées d'oriflammes éclatantes, saluent leur général.

Les courses de bagues et de têtes sont les derniers vestiges des tournois de chevalier. Nul n'ignore, en effet, que l'institution des carrousels remonte à la plus haute et plus vénérable antiquité. Les Grecs, à vrai dire, n'y mettaient pas tant de formes que nous et leurs luttes dégénéraient souvent en vulgaires pugilats ; mais nos chevaliers batailleurs, au moyen âge, n'attendirent pas, pour organiser des fêtes équestres et des combats simulés, que nos soldats eussent rapporté d'Afrique la séduisante description des *fantasias* arabes. Il serait aisé de faire, à ce propos, parade d'érudition, et de citer nombre de carrousels dont l'histoire fait encore mention. Je me borne à rappeler qu'au tournoi qui coûta la vie au roi Henri II les premiers seigneurs de la cour furent groupés en quadrilles. La chose et le nom arrivaient alors d'Italie en droite ligne.

L'ordonnance de ces cérémonies leur prêtait le

caractère d'une représentation théâtrale. C'était la prise de l'île de Chypre ou le triomphe du Soleil qu'ils mettaient à la scène. Alors, c'était surtout l'adresse et l'audace du cavalier qu'on admirait ; nos officiers prétendent à mieux : s'ils quêtent les bravos de l'assistance, c'est à leur cheval qu'ils les rapportent ; c'est à lui qu'appartiennent les fleurs et que reviennent les applaudissements. Les éloges qui lui sont prodigués vont droit au cœur de son cavalier qui l'a dressé, soigné, paré, et qui le considère un peu comme son élève et beaucoup comme son enfant.

Quelle joie quand se lève enfin l'aube du jour si longtemps, si impatiemment attendu ! Dans les écuries, dès trois heures, les cavaliers de remonte pansent, étrillent les chevaux, astiquent les mors et les brides, fixent au flanc des selles des nœuds de rubans. Chaque élève apporte un morceau de sucre à sa bête, et, lui adressant la parole comme à un camarade, lui recommande de bien se conduire. A deux heures, le canon tonne aux Héronnières ; les invités accourent ; le cortège officiel se rassemble dans la cour Henri IV.

La *carrière* de la route de Moret, bien nettoyée, ensablée, fraîchement arrosée, est fermée de tous côtés par des tribunes où les toilettes des jolies femmes font des taches claires parmi les uniformes sombres. Quel cadre merveilleux que cette forêt de

Fontainebleau dont les maîtres du paysage ont tra-
duit l'intime et pénétrante douceur, mais dont
aucun poète n'a décrit les aspects ondoyants. Tandis
que les soldats, revêtus de leur tenue de gala, s'occupent des derniers préparatifs, je salue au loin
d'anciens et fidèles amis : le Mail, d'où l'on découvre un incomparable panorama de bois touffus et de
villas coquettes aux toits de briques rouges ; les
contreforts de Franchard ; les rochers de la Sala-
mandre et, plus loin, à l'horizon tout bleu, les ver-
gers de Moret, où les chevreuils de la forêt vont
boire, le soir, à la source qui jaillit à la lisière des
pâturages. A cheval, mes camarades ! Que les plumets flottent au vent, que les pattes d'or de vos
dolmans resplendissent au soleil d'août ! Vous êtes
les rois de ce pays, non pas seulement parce que
vous êtes l'armée future, mais aussi, mais surtout,
parce que vous êtes la jeunesse !

Vous souvient-il qu'autrefois un général, très
sage, voulut proscrire de votre carrousel certaines
Parisiennes vaporeuses qu'on rencontrait d'aventure sous les ombrages de Franchard ou sur les
bords de la Seine, à Valvins? L'entreprise était délicate. Le général convoqua les chefs de brigade :
« J'accorderai, leur dit-il, les cartes d'invitation qui
me seront demandées au rapport ; je tiens seulement
à connaître les noms des invités et des invité...es. »
L'ordre était formel, et la folle jeunesse n'était qu'à

moitié rassurée. L'un de nous s'avisa d'un expé-
dient banal et qui réussit contre toute attente : il fit
inviter Mme la comtesse Durand. Le capitaine de
service ne songea pas à consulter le livre d'or de la
noblesse française, et le billet convoité fut délivré
sans difficultés. Alors, ce fut un feu de file. Les
noms les plus répandus furent largement exploités ;
on inventa des titres, on ajouta des particules aux
noms baroques cueillis dans l'almanach Bottin. Les
officiers chargés des agréables fonctions de commissaires n'hésitèrent pas à favoriser cette innocente
supercherie ; ils firent mieux : ils réservèrent les
meilleures places des estrades non officielles à toutes
ces comtesses de noblesse et de réputation dou-
teuses, de sorte qu'au moment où les autorités s'ins-
tallèrent gravement dans les fauteuils rouges qui leur
avaient été destinés, le général, stupéfait, aperçut
à sa droite comme à sa gauche un bataillon d'aimables Parisiennes qui, pour la circonstance, avaient
arboré leurs plus extravagantes toilettes. Dois-je
ajouter qu'il ne fut pas satisfait ? L'histoire est
muette sur ce point. Tout au plus les mauvais plai-
sants ont-ils affirmé que le général avait été fort
ennuyé d'avoir oublié sa lorgnette.

Pendant que les officiers du Mans et leurs futurs
camarades de Fontainebleau jouaient de l'éperon,
les musiques militaires emplissaient de leurs harmo-
nieuses mélodies la ville de Lyon. La musique de la

garde républicaine avait elle-même daigné prendre part au concours international ouvert par le département du Rhône.

Si nous possédons aujourd'hui des musiques de régiment, la faute n'en est certes pas aux ministres qui, depuis deux siècles, ont plus ou moins bien détenu le portefeuille de la guerre. Ils ont, pour la plupart, affiché l'excessive prétention de composer à leur guise les fanfares. Sans remonter jusqu'au déluge, ni même jusqu'à ces temps fabuleux où les murs de Jéricho s'écroulèrent aux sons d'une trompette de dimensions inconnues, il me suffit de rappeler qu'en 1683, le roi Louis XIV décréta que les corps de musique comprendraient exclusivement des joueurs de cornemuse, de fifre et de cymbales. Les hautbois, en particulier, étaient radicalement proscrits. Cinquante ans plus tard, un ministre, amateur éclairé des arts, rétablit les hautbois; il y joint même les bassons. En 1764, les gardes-françaises sont accompagnés de seize *instrumentistes!*

Le maréchal de Saxe ne se contenta pas d'avoir remporté la victoire de Fontenoy et d'avoir désespéré, dans une certaine mesure, la plus admirable actrice de son temps : il mit une obstination digne de remarque à reconstituer les musiques militaires dont le Gouvernement, endetté, refusait d'améliorer la situation précaire. C'est à lui que l'armée de Louis XV dut d'être réjouie par les accents bizarres de la clarinette de Nuremberg, du cor des Hanovriens, du basson des Italiens et de la grosse caisse des Turcs. Tant d'efforts furent couronnés de succès. Soldats et bourgeois raffolèrent de musique ; cette nouvelle épidémie gagna toute l'Europe. Les garnisons furent littéralement transformées en salles de concert. Seule, l'armée prussienne, qui venait de se révéler sur les champs de bataille, marchait et s'exerçait à *la muette,* bien que son créateur fût lui-même un dilettante passionné. « La musique est d'argent, mais le silence est d'or ! »

En 1790, la Commune de Paris décide qu'elle entretiendra désormais les quarante-cinq musiciens des gardes-françaises ; elle leur alloue des subsides considérables et forme ainsi le noyau du futur Conservatoire. Parmi les plus ardents promoteurs de cette organisation, je retrouve le farouche Hébert ! Il n'y a pas lieu d'être surpris que, plus tard, la Révolution ait supprimé les musiques militaires : tous les soldats, alors, savaient chanter la *Marseillaise ;* on en avait envoyé vingt mille exemplaires à l'armée du Rhin en guise de canons. Mais à part l'œuvre de Rouget de Lisle, les musiques de régiment eussent été forcées, bon gré, mal gré, de jouer les refrains de compositeurs plus ou moins entachés de royalisme. On frémit d'horreur à cette pensée ! Bonaparte maintient neuf musiciens dans chaque régi-

ment d'infanterie ; quant à sa cavalerie, elle n'a
même pas de fanfares. Sous les ordres d'entraîneurs
tels que Murat, Curely, de Brack, elle courut si vite
à travers l'Europe que les *fanfaristes* auraient été
bientôt époumonés.

III

La revue du 14 juillet 1885.

La revue de Paris a eu lieu aux Champs-Élysées et sur le cours de Vincennes. Jadis, les troupes de la garnison de Paris se réunissaient toutes dans le vaste hippodrome de Longchamps ; les chasseurs arrivaient, la veille, de Rambouillet ; l'artillerie de la 19e brigade traversait Paris en longeant les quais ; c'était, dès sept heures du matin, un perpétuel défilé aux alentours de l'Arc de Triomphe et dans les avenues du bois de Boulogne. Les curieux qui ne trouvaient point à se loger aux abords du champ de course et que n'attiraient pas les agréments risqués d'un séjour prolongé sur les arbres élevés du bois, s'installaient paisiblement au coin d'un chemin, à l'ombre, déjeunaient sur l'herbe et regardaient passer les soldats. Trois ou quatre cent mille Français jouissaient ainsi d'un spectacle militaire unique.

Il faut bien avouer que, cette année-ci, les amateurs de revues ont été fort désappointés. Ceux qui s'étaient emparés de la terrasse des Tuileries n'ont aperçu que le chapeau du gouverneur de Paris, et ceux qui, pour se rapprocher, s'étaient aventurés

jusqu'au Palais de l'Industrie, n'ont vu que le dos
des soldats qui formaient la haie et défendaient au
public l'accès de l'avenue des Champs-Élysées.

Depuis la place de la Concorde jusqu'à l'Arc de
Triomphe, les compagnies, les batteries, les escadrons s'alignaient dès huit heures du matin; la gendarmerie de la Seine, la cavalerie de la garde républicaine, le 7ᵉ régiment de cuirassiers — sans
cuirasses — et le 16ᵉ régiment de dragons, sous les
ordres du général Loizillon, s'étendent depuis le
rond-point jusqu'à l'avenue de l'Alma; six régiments d'infanterie, à deux bataillons chacun, le 16ᵉ
bataillon d'artillerie de forteresse, venu de Rueil,
les sapeurs-pompiers et l'infanterie de la garde républicaine occupent le bas de l'avenue; deux batteries à cheval des 13ᵉ et 31ᵉ régiments, attachées
toutes deux à la première division de cavalerie indépendante et casernées à l'École militaire, sont
rangées en bataille sur les chaussées des avenues
Montaigne et d'Antin. Comme on s'en rend facilement compte, il eût fallu, pour saisir d'un coup d'œil
d'ensemble la revue, grimper sur le toit du Palais
de l'Industrie, ce qui n'eût pas été facile, l'administration ayant réservé tout ce bâtiment à dix ambas-
sadeurs marocains.

Au coup de neuf heures, le général Saussier, escorté d'un nombreux état-major, débouche sur la
place de la Concorde. Le général du Guiny, qui

commande les troupes, se porte à sa rencontre, le
salue de l'épée et l'accompagne pendant la revue.
Au petit galop, le gouverneur de Paris passe devant
le front des bataillons, ne ralentissant légèrement
l'allure de son cheval que pour saluer les étendards
déployés ; les musiques jouent la *Marseillaise,* les
tambours battent aux champs. A neuf heures vingt-
cinq, le général revient vers le centre de l'avenue,
s'arrête en face de la porte principale du Palais de
l'Industrie. « Pour défiler ! » Le commandement est
bref aujourd'hui, puisque le guide de chaque section
est à droite et qu'on ne doit l'indiquer que lorsqu'il
se trouve par hasard à gauche. La garde républicaine défile en tête, puis les sapeurs-pompiers ; déjà,
la cavalerie s'est massée au pied de l'Arc de Triomphe ; les deux batteries d'artillerie à cheval sont
aussi disposées l'une derrière l'autre dans l'avenue
centrale ; elles vont défiler en bataille, à intervalles
serrés, et prendre le trot dès que la dernière compagnie d'infanterie aura passé devant le général Saussier. Sitôt le défilé terminé, chaque régiment a regagné ses cantonnements ; le programme a été
strictement rempli ; il n'y a pas eu d'incident à
signaler ; le service d'ordre était dirigé par M. Hon-
norat, et la place avait aussi pris d'excellentes précautions pour éviter toute espèce d'encombrement.
D'ailleurs, la foule s'était dirigée vers la place de la
République pour voir le défilé des bataillons scolaires.

Il y avait plus de monde, cependant, sur le cours
de Vincennes, où M. le général Sée passait en revue, à la même heure, les 8e et 9e divisions d'infanterie, la 19e brigade d'artillerie et le 14e régiment
de dragons. Ce n'est pas un des moindres inconvénients de la suppression de la revue de Longchamps
que ce fractionnement des divisions et des brigades
et la réunion hétéroclite de corps de troupes qui ne
relèvent pas du même commandement.

A Versailles, au moins, l'organisation de la revue
ne soulevait pas de semblables objections. Toute la
garnison de cette ville était sous les armes, et l'emplacement choisi pour cette belle cérémonie se prêtait à merveille aux déploiements, aux évolutions,
aux allures rapides de l'artillerie et de la cavalerie.

A huit heures, M. le général de Gressot, qui est
à la tête de la première division de cavalerie à Paris, et qui avait été désigné pour passer la revue de
la garnison de Versailles, partait de la gare Montparnasse ; il arrivait à Versailles, quelques instants
avant neuf heures, et montait immédiatement à cheval dans la petite cour de la gare de la rive gauche,
où l'attendaient M. le général Deffis, commandant
l'École de Saint-Cyr, et cinquante officiers d'artillerie ou du génie ; la musique de l'École d'artillerie,
arrêtée en face de la gare, devant le manège du 22e
régiment, jouait la *Marseillaise*. Par l'avenue de
Sceaux, le général de Gressot s'est rendu aussitôt à

l'extrémité de l'avenue de Paris, jusqu'auprès de la grille qui marque, vers Viroflay, les limites de l'octroi ; il y a trouvé les superbes escadrons du 10ᵉ régiment de cuirassiers rangés sur le côté droit de l'avenue, et il s'est dirigé, au trot allongé, vers le château, dont on apercevait la majestueuse silhouette dans le lointain.

Les troupes étaient disposées dans l'ordre suivant : d'abord le 10ᵉ cuirassiers, trois pelotons de cavalerie de Saint-Cyr, quatre batteries du 22ᵉ et quatre batteries du 11ᵉ d'artillerie, puis le 1ᵉʳ régiment du génie, et, sur la place, au pied du château, le bataillon de Saint-Cyr, nos futurs officiers, qui portent si crânement la tunique bleue et le shako, dont les plumets voltigeaient à droite et à gauche au souffle de la brise. L'avenue de Paris est large ; aussi les mouvements y ont-ils été exécutés avec une rare précision ; les batteries et les escadrons ont défilé au trot ; inutile d'ajouter que la foule a fait une ovation aux troupes, et qu'elle s'est, une fois de plus, extasiée en admirant l'alignement mathématique des six pièces de chaque batterie.

Espérons que l'expérience de ces deux dernières années suffira, et que l'an prochain nous reverrons, dans l'hippodrome de Longchamps, l'armée française, élite de la nation, fleur de la jeunesse, espérance de l'avenir !

IV

25 juillet 1885.

Nos réservistes vont bientôt partir ; dans un mois,
sac au dos, ils arpenteront les routes lointaines. Tel
qui rêvait de faire, juste cette année, un délicieux
séjour sur l'une des plages fortunées de la Manche,
sera forcé de rejoindre un bataillon de forteresse, à
Briançon ou à Mont-Dauphin ! Aussi les uns et les
autres sollicitent-ils des faveurs : les plus consciencieux voudraient bien faire leurs vingt-huit jours à
Pâques ; les autres consentiraient volontiers à ne les
faire qu'à la Trinité.

Depuis quinze ans, surtout les Parisiens — race
héroïque, mais indisciplinée — se sont montrés ré-
calcitrants aux prescriptions de la nouvelle loi militaire ; Gavroche, qui court bravement au feu, se
sauve quand sonne l'heure de l'exercice. Puis, il y
a toujours quelque affaire qui vous retient, quelque

occupation pressante que vous ne sauriez différer ;
si bien que, chaque année, au mois de juillet, dix
mille jeunes gens, escortés par leurs parents, par
leurs amis, assiégeaient autrefois les bureaux de la
place. C'était vraiment un spectacle curieux ! Depuis les fenêtres de l'étroite chambre qui lui servait
de bureau, le colonel Aubry pouvait apercevoir une
longue file de quémandeurs ; on se battait dans la
cour, on se bousculait dans l'étroit escalier, les commis militaires ne savaient plus où donner de la tête,
le portier-consigne renonçait à défendre l'entrée de
la rue Cambon. *Cedant arma togæ !* Les réservistes
en civil emportaient d'assaut les positions mollement
protégées par des soldats débonnaires.

D'ordinaire, c'étaient de graves personnages décorés qui frappaient à la porte du colonel ; munis
d'une lettre de recommandation, ils demandaient
pour leurs fils, leurs gendres ou leurs neveux — et
souvent pour les uns et pour les autres — « un simple petit sursis ». Ils joignaient à leur requête
d'éloquentes protestations : « Certes, nous n'encou-
ragerions pas les *carottiers*. Chaque Français doit
servir ; mais (il y a toujours un *mais*) les affaires
sont les affaires ! N'apprend-on pas à manier le fusil
au mois de mars aussi bien qu'au mois de septembre ?
C'est d'ailleurs la première fois que notre protégé
fait appel à votre bienveillance ; il ne reviendra pas
à la charge. » Dès le début de ce discours insinuant,

l'aimable officier s'était résigné : « C'est entendu ;
M. X... est renvoyé à l'année prochaine. Passons à
M. Z... » Et nos bons Parisiens avaient fini par croire
qu'il y avait encore des grâces d'état pour eux ! Il a
bien fallu en rabattre ! L'obligeant colonel Aubry,
dont les écrits militaires ont été si justement remar-
qués, appartenait à l'ancien corps d'état-major. Le
sort l'a relégué dans un régiment du génie ; il est
parti pour Arras, et le gouverneur de Paris a profité
de l'occasion pour supprimer toutes les dispenses et
tous les sursis. Quand on heurte maintenant à la
porte de la rue Cambon, on est obligé de montrer
patte blanche avant d'en franchir le seuil. « Un
sursis ? Pourquoi ? »

Par exemple, si vous êtes marié et si votre femme
est malade, l'autorité consent à entamer des pourparlers sérieux, trop sérieux même. L'*Union médi-
cale* racontait récemment qu'un négociant de la rue
d'Amsterdam s'était fait délivrer par son médecin
un certificat constatant que sa femme était atteinte
d'une phlébite à la jambe. Convoqué pour treize
jours dans un régiment d'infanterie territoriale,
ce mari fidèle refuse de s'absenter et remet au major
de la place l'attestation dont je viens de parler.
Deux jours après, un gendarme se présente à son
domicile. — Par ordre du général, dit-il en montrant un papier, je viens vérifier si les choses
écrites subséquemment sont exactes.

— Comment! si elles sont exactes! Mais ma femme est couchée ; elle est très souffrante !

— J'ai nonobstant ordre de visiter.

— Mais elle a mal aux jambes, monsieur le gendarme.

— Parfait ! Nous allons le constater.

Le constater ? L'histoire ne dit pas si le gendarme était jeune ; mais ce n'était assurément pas un médecin, et sa prétention parut extravagante au territorial. Que faire cependant ? Consulter sa femme ?

On devine qu'elle n'hésita pas à refuser de recevoir le représentant de la force publique.

— « Tu veux donc que je parte ? » s'écria le malheureux négociant, pendant que le gendarme impassible méditait gravement sur les inconvénients et les avantages de la mission délicate dont il était chargé.

Quand ils arrivent au quartier, après avoir passé la nuit entière dans un wagon de troisième classe, les réservistes « n'en mènent pas large ». Ils ne savent à qui s'adresser ; les sergents-majors, harassés, les envoient promener ; le capitaine les rudoie, le lieutenant crie, l'adjudant-major tempête et le gros-major « fourre » quatre jours de consigne aux imprudents qui l'accostent le képi à la main, sans autorisation. Le cantinier, seul, est aimable déjà, car il vend ses marchandises au poids de l'or. Dame !

quand on n'a pas fermé l'œil et qu'on a brûlé les étapes, le saucisson à l'ail et le bleu de Suresnes n'ont pas trop mauvais goût !

Vingt-quatre heures plus tard, tout a changé d'aspect. Chaque réserviste a offert une tournée à son camarade de lit : les sous-officiers fraternisent, le soir, au café d'à côté ; on a cassé une croûte ensemble et heurté les verres ébréchés ; on se sent les coudes. Les chansons s'envolent, les historiettes, grasses ou piquantes, circulent. On crie tout haut : « Vive l'armée ! » ce qui est presque bien ; on pense tout bas — ce qui vaut mieux encore — que le drapeau national abrite sous ses plis tous les foyers de France. « Jeunes gens de l'active, à votre santé ! » — « A la vôtre, papas de la réserve et de la territoriale ! »

Et, le matin, quand, à l'aube naissante, les bataillons suivent la route poudreuse et chantent en chœur les gais refrains :

> Marchons légère, légère,
> Marchons légèrement,

comme on croit entendre palpiter, dans ces voix qui résonnent souvent faux, mais qui vibrent toujours à l'unisson, l'âme même de la patrie !

L'arrivée à l'étape a des charmes incomparables. Il faisait chaud sur le plateau sans ombrage où le soleil d'août tombait d'aplomb ; les *godillots* étaient couverts de poussière et leurs talons s'appuyaient de travers sur le sol qui cédait sous les pas. Plus de café dans les bidons ! On est tenté de dire, en parodiant la phrase bien connue : « La cantine est trop loin ! » Voilà que, par delà les talus, le village apparaît enfin. Déjà l'officier de logement et son peloton occupent la place de la mairie ; ils ont visité les fermes et les chaumières, acheté le pain et la viande, annoncé l'arrivée du régiment aux gamins qui, désertant l'école, sont accourus au-devant des troupiers et les saluent de leurs joyeuses clameurs. La soupe odorante sera bonne tout à l'heure quand on aura astiqué les effets et, d'un coup de main, aidé le laboureur à rentrer ses foins dans le grenier trop plein.

C'est alors que le fantassin se venge : pendant qu'il *traînait ses guêtres*, l'artilleur et le cavalier, perchés sur leurs chevaux, se sont moqués de lui. A leur tour ! Les voilà qui mènent les chevaux à l'abreuvoir, qui lavent et cirent le harnachement, qui frottent les mors de bride et les chaînes d'attache, qui reviennent du fourrage avec d'énormes sacs sur les épaules, pendant que le fantassin se promène à travers l'unique rue du village, les mains dans ses poches, et, narquois, les regarde. Dumanet s'amuse ! Satisfait de cette inoffensive revanche, il offre ensuite un verre sur le zinc au cavalier fatigué.

Et tous deux accompagnent en sourdine l'artilleur qui fredonne :

C'est le premier servant de gauche
Qui manœuvre l'écouvillon,
Ton ton, ton ton, ton taine, ton ton ;
Et le premier servant de droite
Qui va chercher les munitions,
Ton ton, ton taine, ton ton.

Litanie qui se termine par un couplet que les lieutenants malicieux chantent au nez des commandants bienveillants :

La réponse n'est pas encor faite
A cette importante question :
Je me demanderai jusqu'à ma retraite
A quoi sert un chef d'escadron.

Cette réponse, vingt campagnes glorieuses l'ont faite, mais la chanson a survécu !

Le soir, la musique joue devant l'hôtel ou l'auberge où dînent les officiers. Depuis le colonel jusqu'au lieutenant de réserve, tous se sont assis à la même table ; on se retrouve, on cause, on discute sans observer de trop près les différences de grade. L'histoire s'écrit alors à coups de souvenirs. « Qu'est devenu un tel ? » — « Et celui-ci ? » On recherche les destinées des trois cent cinquante camarades d'une promotion de Saint-Cyr ou de l'École polytechnique. Et Dieu sait si l'on fait alors des découvertes inattendues !

L'autre jour, dans un banquet, nous refaisions ainsi l'historique d'une promotion récente, de celle qui, sortie de Saint-Cyr en 1876, comprenait 393 sous-lieutenants. Cinq d'entre eux sont déjà morts au champ d'honneur; leurs noms ? Rochel, Carré et de l'Estoille, de l'infanterie de marine, tués au Sénégal, à Formose et à Tuyen-Quan ; Paget et de Martigny, tués en Tunisie. On cite ces noms au milieu d'un profond silence ; on dirait qu'un souffle inconnu passe dans la salle du Palais-Royal où nous sommes en train de vider une coupe de champagne frelaté. C'est l'adieu suprême de ceux qui survivent à ceux qui sont partis, et, si nous ressentons *la joie de vivre*, nous envions aussi le sort de ceux qui sont tombés pour la patrie.

V

8 août 1885.

Les souvenirs historiques sont à la mode aujourd'hui ; ce ne sont que mémoires inédits qui trouvent un éditeur et récits soi-disant originaux qui séduisent des amateurs naïfs. Il est cependant une partie de ces publications nouvelles qui ne mérite que des éloges : ce sont celles qui ont trait à nos légendes militaires. Philosophes et hommes d'État ont longuement disserté sur les vertus nationales : il me semble que personne encore n'a défini ce qu'il fallait exactement entendre par là, ni montré comment on exalte ces vertus. Or, il faut bien l'avouer que les ouvrages de pure érudition n'exercent point une influence sensible sur l'immense majorité de la nation. Parmi cent jeunes soldats, il en est un tout au plus qui a lu les captivants récits de Thiers ; il n'en est peut-être pas un seul qui connaisse même le titre des savantes analyses du colonel Charras. Mais tous ont entre les mains les petits volumes où des officiers ont retracé, en termes sobres autant qu'émus, l'historique des régiments de notre armée. C'est une épopée dont les héros ont réellement vécu.

Cette guerre de 1870, dont nul jusqu'à présent n'a osé entreprendre d'écrire l'histoire, nous n'en ignorons plus maintenant aucun détail, grâce à des publications innombrables. Récemment, un écrivain distingué, M. d'Eichthal, nous disait les efforts tentés par l'armée de l'Est, et le suicide manqué du général Bourbaki ; tous ceux qui, de près ou de loin, ont été mêlés à l'effroyable aventure de Sedan, nous ont également apporté leur émouvant témoignage. Que d'épisodes sinistres ou grandioses ! Ici, c'est un officier bavarois, le major Lissignolo, qui rend hommage à l'admirable persévérance de cette poignée de braves qui s'enfermèrent dans une maison à moitié démolie et qui brûlèrent ces dernières cartouches dont on croit voir passer la flamme dans le célèbre tableau d'un artiste contemporain ; là, c'est la main pieuse d'un fils, officier comme son père, qui rassemble les notes laissées par le colonel Moch. Voici enfin un lieutenant, M. Grand-Didier, qui, dans vingt petites pages, résume l'histoire de cette fameuse « trouée de Balan », de cet effort suprême qu'ordonna le général Wimpffen pour rompre

le cercle de fer et de feu formé par l'armée allemande. Dans cet opuscule, les considérations historiques ou stratégiques font défaut. C'est un soldat
qui parle ; mais ce soldat a été l'un des derniers
combattants dans cette journée néfaste où, selon l'immortelle expression de Victor Hugo, la France de
Bouvines et d'Austerlitz rendit son épée.

La découverte de ce récit eût été certainement
une bonne fortune pour quelque Lorédan Larchey
du xxᵉ siècle. Point de phrases ; point de rhé-
torique. Notre lieutenant s'exprime sobrement,
comme ces sous-officiers des armées révolutionnaires
dont notre confrère a retrouvé les manuscrits poudreux. Nous assistons d'abord aux engagements
désespérés du fond de Givonne. Refoulés sous les
murs de Sedan, nos soldats persistent à se battre.
Au loin, vers Balan, des zouaves tiraillent dans
les blés ; ils sont bien trois cents en tout et les dé-
tonations de leurs chassepots se perdent dans le terrible concert de l'artillerie prussienne. On avance
cependant. Où va-t-on ? Nul ne le sait ; à quoi bon
consulter des cartes ? Chacun comprend qu'on est
cerné, et que, si l'on veut sortir de cette impasse, il
faut rompre les lignes ennemies. C'est donc vers les
hauteurs couronnées par l'armée victorieuse que
cette poignée de combattants se dirige. A ce moment même, le général de Wimpffen, qui avait
réclamé, en vertu des instructions qu'il tenait du

ministre de la guerre, la succession désastreuse du
maréchal de Mac-Mahon blessé, rejoignit la petite
colonne ; il se mit à sa tête, essaya de l'entraîner à
sa suite, et ne tarda pas à s'apercevoir que tous les
efforts étaient vains désormais.

La bataille est bien perdue ; quelques Français
persistent cependant. Ils sont sept dans une maison
de Balan : M. Grand-Didier, deux sous-lieutenants
et quatre soldats. Touchante et remarquable coïncidence : les soldats portaient chacun trois chevrons
et représentaient à eux quatre l'infanterie de ligne,
les chasseurs à pied, les zouaves et l'infanterie de
marine. C'était comme le dernier rendez-vous des
régiments de l'armée française ! Après une résistance prolongée, ces vrais héros réussirent à se
retirer sans être autrement inquiétés. Ils rejoigni-
rent le 34e de ligne qui bivouaquait sur les remparts
de Sedan. Déjà, le drapeau blanc flottait dans l'air
transparent. On l'aperçoit :

« J'étais devant le feu, dit M. Grand-Didier, et je
regardais notre drapeau couché sur les faisceaux
lorsque des hommes de ma compagnie me demandèrent ce qu'on allait en faire — « Le brûler, si vous
voulez, mais sans bruit. » (*Je craignais les reproches
et les observations de mes supérieurs.*) Cependant, le
bruit se répand qu'on allait brûler le drapeau ; on
forme le cercle, des soldats et des sous-officiers dé-
chirent des morceaux d'étoffe et tirent des franges

pour les conserver. La hampe est cassée en trois
morceaux et mise sur le feu, ainsi que ce qui restait
d'étoffes et de franges; j'ordonne qu'on jette l'aigle
dans le fossé rempli d'eau. Je fais ensuite lancer
dans le même fossé les cartouches qui restaient à
mes hommes et les culasses mobiles de leurs fusils.
Je ne fis pas faire tout cela sans une certaine crainte. »

La maison du parc Philippoteaux, qui fut ainsi
défendue, portait sur son fronton cette inscription
latine : *Deus nobis hæc otia fecit.* Quel douloureux
contraste entre l'idylle entrevue et les scènes de
carnage et de dévastation dont cette plaine de Sedan
était alors le théâtre ! Mais aussi quelle mâle simplicité, quelle grandeur épique dans ce récit d'un soldat qui, ayant usé ses dernières cartouches, brûle
son drapeau sous le ciel étoilé !

Le drapeau ! Ceux-là seuls qui n'ont point servi
peuvent en parler sans un frisson d'enthousiasme et
d'amour. Sans doute, de grands poètes et d'incomparables écrivains ont merveilleusement célébré ce
symbole national. Tout un côté de cette religion du
drapeau a cependant échappé à leur attention. Ils
ont vu dans l'oriflamme l'image de la patrie ; ils ont
oublié que, pour l'humble troupier, l'armée tient
aussi lieu de famille. Pour le Breton exilé à Versailles,
pour le Marseillais relégué en Normandie, le drapeau est, en quelque sorte, le dieu lare. Et j'ai vu
des conscrits attendre avec impatience la revue du

dimanche matin, corvée pénible s'il en fut, cérémonie qui exige de minutieux préparatifs et qui souvent entraîne de sévères punitions. Pourquoi donc tant de hâte ? Je vais vous le dire :

A huit heures, deux pelotons, désignés à l'avance, quittent la cour de la caserne et s'en vont, musique et clairons en tête, jusqu'au logis du colonel. Puis, le détachement se forme en bataille et l'adjudant ou le sous-lieutenant va chercher le drapeau. On revient ensuite au quartier. Dans la vaste cour, les escadrons ou les compagnies occupent les places qui leur ont été assignées. Au centre, le lieutenant-colonel, entouré des adjudants-majors et du capitaine instructeur, attend, le sabre à la main. « Garde à vous ! Portez armes ! Présentez armes ! » Et pendant que les tambours battent aux champs ou que les trompettes sonnent, l'escorte du drapeau fait son entrée. Le silence règne dans les rangs ; chacun voudrait se découvrir. Quelque chose de surhumain passe dans toutes ces âmes recueillies.

A propos de drapeaux, quelques polytechniciens me font l'honneur de m'adresser une requête que je voudrais transmettre au ministre de la guerre : ils demandent que leur École ait un drapeau et qu'elle assiste désormais aux revues annuelles de l'armée de Paris. Rien ne serait plus juste. Car il faut bien reconnaître que l'on ne saurait trop relever le prestige de nos écoles militaires. Voilà précisément l'époque où, de tous les côtés, accourent des jeunes gens qui se présentent devant les examinateurs des Écoles de Saint-Cyr ou polytechnique. Depuis un an, au moins, ces candidats pâlissent sur les livres : géométrie descriptive, géométrie analytique, théorèmes de Sturm et de Fourier, théories de Laplace et d'Ampère, ils ont tout approfondi. Ils tremblent cependant en s'approchant du tableau. Quel est donc le prix fabuleux de la lutte qu'ils ont engagée avec tant de persévérance ?

Ils seront trois cents qui, au mois d'octobre prochain, pénétreront, saisis d'un saint respect, dans le vieux bâtiment de la rue de la Montagne-Sainte-Geneviève. Trente d'entre eux seront, deux ans plus tard, ingénieurs des mines, des ponts et chaussées, de la marine. Les autres porteront le sabre de l'artilleur ou l'épée de sapeur, végéteront en province aux appointements de 213 fr. par mois et décrocheront, en guise de timbale, le quatrième galon de chef d'escadron ! La belle aubaine ! Ils sont quinze cents cependant qui se disputent, tous les ans, l'accès de cette carrière si pénible : pourquoi? C'est que le nom de l'École possède un pouvoir magique, exerce une irrésistible séduction sur les cerveaux de dix-huit ans et, pour tout dire d'un mot, qu'on naît polytechnicien.

Il suffit même d'être candidat pour appartenir aussitôt à la grande famille et pour mériter les remontrances des anciens. Les examinateurs, tous anciens élèves, traitent les candidats en conscrits. « Monsieur, disait l'un d'eux en plein Collège de France à je ne sais quel débutant, il y a deux catégories d'élèves à l'École, ceux qui ne travaillent pas et ceux qui ne comprennent pas. Je m'aperçois, avec une profonde stupéfaction, que vous appartenez à l'une et à l'autre de ces catégories. »

Puis, cette première étape franchie, le débutant n'est pas au bout de ses peines. Au jour indiqué, il se rend à l'École, timide sous ses habits bourgeois ; il passe entre les mains du médecin qui l'ausculte, du tailleur qui l'habille, du bottier qui le chausse, et le voilà dehors, libre pour quelques heures encore, et ne sachant que faire de l'épée qui bat ses flancs. Un *quidam,* qui flâne aux environs du Panthéon, s'approche et poliment : « Pourriez-vous m'indiquer le chemin du boulevard Saint-Michel ? » dit-il. Le néophyte répond sur le même ton, et presque avec honte, que, fraîchement débarqué de province, il ignore jusqu'au nom du boulevard Saint-Michel. Le *civil* insiste, renouvelle ses questions, et finit par s'écrier, en affectant une profonde surprise : « Vous n'êtes donc pas gardien de la paix ? » Tableau ! Si le polytechnicien se fâche, son interlocuteur s'emporte. Puis, soudain, tout s'explique. Ce fâcheux n'est autre qu'un ancien qui s'est caché sous des vêtements bourgeois et qui

guette « le conscrit » pour lui faire « une farce ».
Bras dessus, bras dessous, nos deux camarades vont
paisiblement goûter les prunes de la mère Moreau.

L'existence qu'on mène à l'École n'est pas récréa-
tive. En hiver, réveil à 5 heures et demie. Les
tambours circulent le long des corridors, et les sons
de la caisse interrompent brusquement le rêve commencé. Chacun s'habille à la hâte ; on se bouscule
dans les escaliers ; les adjudants font l'appel. A
l'œuvre, sans plus tarder ! Ici, c'est le cours d'analyse professé par M. Bertrand, qui risque une œil-
lade ; là, c'est le dessin ébauché la veille et qu'il est
urgent d'achever. Quelle délivrance quand sonne
l'heure du premier déjeuner ! Seulement, le cours
commence aussitôt après.

A l'École, on dîne à deux heures, on soupe à
neuf heures. De trois à cinq heures, dans l'après-midi,
les habitants des mansardes qui surplombent la rue
de la Montagne-Sainte-Geneviève aperçoivent quelques centaines de jeunes gens qui, gravement, construisent des tas de cailloux ou jouent à saute-mouton.
Ce sont nos polytechniciens qui se reposent et qui
restent, même dans leurs amusements, fidèles aux
traditions de leurs aînés. La tradition ! Il n'est pas
un coin de l'École qui n'ait gardé le nom d'un maître
ou d'un chef vénéré. La véranda s'appelle un *putz*
— c'est le général Putz qui la fit construire autrefois — les cartons dont les élèves se servent pour

rédiger les leçons des professeurs s'appellent des
riffauts — c'est le général Riffaut qui, le premier,
en a fait distribuer — le col noir, emprisonné sous
la tunique, a aussi un nom de baptême, qu'il doit à
son parrain, le général Durand de Villers. Inno-
centes distractions de savants qui n'ont pas vingt
ans ! La politique cependant ne franchit pas le
seuil de l'École. Lire un journal coûte cher : la
perspective désagréable de quinze jours de prison
fait hésiter les amateurs ; et, faute de chroniques
parisiennes, ils se rabattent sur la mécanique cé-
leste. Tout le monde y gagne.

Qu'ils sont fiers cependant quand, deux fois l'an,
la discipline militaire l'emporte sur l'éducation
scientifique. Le fusil sur l'épaule, précédés de leurs
tambours, nos polytechniciens s'en vont à Vincennes
et tirent à la cible du matin jusqu'au soir. La mère
Prosper — cantinière attitrée de l'École, qui tient
un débit de tabac dans la rue de la Montagne-
Sainte-Geneviève — accompagne l'un des deux
« premiers régiments de France ». Entre deux exercices, on déjeune sur l'herbe ; les bouchons sautent,
les chansons s'envolent. Heureuse jeunesse !

En 1882, Gambetta visitait l'École polytechnique. L'un des assistants, qui avait été, pour le président du conseil, un ami de la première heure, eut
le courage de dénoncer les projets que nourrissait
alors le ministre de l'instruction publique. « On as-

sure, dit-il, que l'École subira bientôt de cruelles mutilations. Nous vous confions le soin de la défendre. » — « Je sais, répondit Gambetta, ce que vaut l'École polytechnique. Napoléon l'a nommée : la poule aux œufs d'or. Elle est restée digne de ce titre. Si j'ai formé des armées en 1870, c'est au concours des officiers et des ingénieurs que j'en suis redevable. Comptez sur moi. »

On a salué l'uniforme de l'École polytechnique aux barrières en 1814, derrière les barricades de la rue de Rivoli en 1830, aux remparts de Paris en 1870. Nos futurs officiers ont adopté, comme leurs anciens, cette devise que les pessimistes cherchent en vain à rendre ridicule : « Tout pour la France et pour la liberté. » Gambetta s'en était souvenu ; la France ne l'oubliera jamais.

VI

La statue de Chanzy au Mans.

15 août 1885.

L'homme auquel la ville du Mans et les délégués de la France rendront un suprême hommage demain, fut une des figures les plus complètes de ce siècle. Son nom seul évoque encore aujourd'hui des souvenirs impérissables et sonne comme une fanfare de victoire. Aux armées comme dans nos assemblées politiques, Chanzy avait gagné tous les cœurs et inspiré une confiance absolue à tous ceux qui l'avaient approché. Gambetta disait en 1881 : « Chanzy vaut une armée ! » Un an plus tard, Gambetta et Chanzy mouraient subitement à quelques jours d'intervalle, et la France pleurait à la fois l'organisateur et le héros de la défense nationale. Trois ans ont passé sur notre douleur sans en diminuer la vivacité ; nous portons encore le deuil de ces deux Français qui personnifièrent avec tant d'éclat la patrie blessée et qui, dans les heures les plus sombres de notre histoire nationale, eurent une ardente foi, cette foi qui soulève les montagnes et qui improvise les armées.

La postérité, qui se gardera des entraînements de
la passion, n'aura pas à modifier le jugement qu'ont
rendu les contemporains de Chanzy. De même que,
malgré les consciencieuses recherches du colonel
Charras et les éloquentes invectives de Lanfrey,
Bonaparte est demeuré le merveilleux improvisa-
teur qui, s'arrêtant au col de Montenotte, indiquait
à ses soldats Rivoli pour but et les riches plaines de
la Lombardie pour chemin, et dont rien n'arrêtait
ensuite la marche triomphale, ainsi Chanzy restera,
devant l'avenir impartial, l'obstiné défenseur de la
France. Quand tant d'autres vieux soldats laissaient
fléchir leur bravoure sous le poids du découragement qui s'était emparé de leurs âmes, quand tant
de vaillants colonels ouvraient, presque inconscients,
les portes des forteresses qu'ils étaient chargés de
défendre, ce jeune Africain ne* désespérait pas de
la fortune de la France.

La patrie est reconnaissante envers ceux-là qui,
défiant les événements et méprisant la défaite, ont
renoué la chaîne interrompue des traditions d'honneur et de vertus militaires.

L'heure nous paraît venue de définir le rôle joué
par le général auquel échut tout à coup la redoutable
mission de commander les derniers régiments réunis à la hâte par le Gouvernement de la défense
nationale.

La victoire de Coulmiers avait été, pour la France

découragée, une merveilleuse surprise. Outrepassant les ordres du général d'Aurelle de Paladines, des bataillons mal instruits et plus mal équipés encore avaient culbuté, contre toute attente, les redoutables légions bavaroises. On eût dit une seconde édition de ce combat de Valmy où le cri d'un peuple et l'intrépidité de quelques officiers arrêtèrent une armée expérimentée. La France envahie semblait renaître ; comme l'a dit un témoin oculaire, quelque chose de « surhumain avait passé dans toutes les âmes ».

Cette victoire inattendue prouvait aux moins clairvoyants que les lignes prussiennes n'étaient qu'insuffisamment appuyées et que la route de Paris n'était pas encore fermée par l'armée du prince Frédéric-Charles. Seulement, les soldats rassemblés par le gouvernement de Tours ne devaient poursuivre leurs succès que s'ils étaient énergiquement poussés par un chef enthousiasmé ; et c'est justement la résolution et la foi qui faisaient également défaut au brave général d'Aurelle. Que n'eût-on pas fait, quels prodiges cette première armée de la Loire n'eût-elle pas accomplis, si, à ce moment, Chanzy eût été investi du commandement suprême ? Stratégiste, il l'était assurément ; ses campagnes d'Afrique et d'Italie l'avaient façonné ; il avait aussi, plus que tout autre, la ferme volonté de vaincre. Et ce n'est pas le moindre élément du succès. Bonaparte, quelque rare que fût son génie, n'eût jamais réalisé cette prodigieuse marche de Montenotte à la Favorite s'il n'eût été profondément convaincu qu'il était *nécessaire* de triompher et si, avant de quitter ses retranchements, il n'avait définitivement brûlé ses vaisseaux.

A vrai dire, le temps était défavorable en 1870 ; la pluie, la neige, ralentissaient la marche des troupes, qui souffraient du froid ; des bataillons entiers étaient à peine vêtus et les convois de vivres se faisaient trop longtemps attendre. Mais on jouait une partie suprême, décisive ; il ne fallait reculer devant aucun effort ni devant aucun sacrifice ; marcher sur Paris, dès le 10 novembre 1870, telle était la solution que recommandait instamment M. de Freycinet, et les écrivains allemands reconnaissent eux-mêmes que l'adoption de cette combinaison stratégique eût sensiblement compromis la réussite des plans formés par M. de Moltke.

Chanzy, bien qu'il ait toujours évité d'apprécier les ordres dictés par ses prédécesseurs, s'exprimait, à la tribune de l'Assemblée nationale, en ces termes :
« Après ce qui s'était passé à Coulmiers, les armées
« de province pouvaient avoir l'idée d'aller plus
« loin ; si l'on n'avait pas attendu que le prince
« Charles, venant de Metz, se fût réuni avec les
« Bavarois reconstitués, il eût été possible de dé-
« passer Loigny, où nous avons eu à combattre la

« grande armée prussienne et où nous avons suc-
« combé. » Ce fut le rare mérite de ce capitaine,
qu'à peine arrivé d'Algérie, il jugeait la situation
d'un seul coup d'œil. Il comprenait aussitôt, avec
autant de sang-froid que de lucidité, qu'il ne fallait
pas compter désormais sur une série de victoires ;
qu'avant d'engager de vastes et pénibles opérations,
il convenait d'habituer, par de fréquentes rencontres,
les jeunes soldats au feu ; qu'en multipliant enfin les
combats partiels, on épuiserait un ennemi déjà las et
dont les effectifs avaient été considérablement réduits sur les champs de bataille du mois d'août.
Voilà pourquoi, dès le jour où il fut appelé au commandement du 16e corps, Chanzy osa faire observer
à d'Aurelle que la concentration de l'armée de la
Loire autour de la ville d'Orléans reconquise offrait
de nombreux inconvénients et ne présentait en réalité aucun avantage. On avait bien, il est vrai,
construit quelques redoutes qui avaient été garnies
à la hâte de canons de marine. Orléans n'en était
pas moins une ville ouverte, et l'expérience allait
démontrer une fois de plus que le voisinage d'une
grande et populeuse cité gêne les mouvements
d'une armée, au lieu de les favoriser, comme le
pensait le général d'Aurelle.

On connaît les résultats de l'erreur commise par
d'Aurelle : il n'avait pas voulu se déployer à temps ;
son inaction prolongée avait permis au prince Fré-

déric-Charles de traverser avec une rapidité inouïe
une partie du territoire envahi ; la marche sur Paris,
ordonnée brusquement, n'était ensuite réellement
entreprise que par le 16e corps, placé sous les ordres
de Chanzy ; partout ailleurs régnaient l'indécision
et le découragement qui emplissaient l'âme du général d'Aurelle. Le 5 décembre 1870, Orléans était
occupé par l'armée allemande. Cette nouvelle n'eût
pas provoqué en France une si douloureuse émotion
si d'Aurelle n'avait pas, au préalable, attaché à la
possession de cette ville une importance démesurée.
C'est ici le point culminant de la carrière de Chanzy :
d'Aurelle a été révoqué ; les 15e, 18e et 20e corps,
réunis sous le commandement du général Bourbaki,
vont former l'armée de l'Est. Avec les 16e, 17e et
21e corps, Chanzy est chargé de la périlleuse mission de reprendre, sur les bords de la Loire et dans
l'Ouest, l'œuvre de résistance si malheureusement,
si cruellement interrompue. Les éléments en font
défaut ; des compagnies entières se sont débandées ;
les officiers instruits, les gens du métier, sont presque tous en captivité. Le ministre de la guerre et
son délégué redoublent en vain de zèle et d'activité :
les effets d'habillement, d'équipement, les armes et
les vivres n'arrivent pas en quantité suffisante. Si
l'on avait remporté une victoire et si l'on manœu-
vrait en pays étranger, comme Bonaparte en Italie,
peut-être réussirait-on à conjurer tous les périls.

Mais on bat en retraite et le paysan français n'a plus rien à donner. Chanzy fait cependant face à ces terribles difficultés sans cesse renaissantes. Son égalité d'humeur ne se dément jamais ; le calme ne l'abandonne pas un seul instant. Jusqu'au 10 février, il restera aux avant-postes ; ni la défaite, ni la maladie n'ébranleront la confiance qu'il a dans le succès final. Ce fut le secret de sa force et la source de sa popularité.

Les noms des batailles livrées par Chanzy sont encore dans toutes les mémoires ; par un singulier hasard cependant, la renommée de cet illustre capitaine repose, dans l'esprit de la plupart de ses compatriotes, sur une erreur d'appréciation. Que de fois ne parle-t-on pas couramment de la retraite dirigée par Chanzy ! On n'hésite même pas à la comparer aux retraites fameuses de l'antiquité et du siècle dernier. Or, la vérité est que, sauf pendant les derniers jours de la campagne, ceux qui précédèrent immédiatement et qui suivirent la capitulation de Paris, Chanzy n'a jamais battu en retraite.

Dès le 7 décembre, deux jours seulement après l'évacuation d'Orléans, il repoussait, à Meung, les attaques réitérées du duc de Mecklembourg ; le 8, il gardait ses positions à Villorceau. Le 10, ayant appris l'arrivée du prince Frédéric-Charles et de deux corps d'armée prussiens, jugeant, en outre, que la concentration commencée par Bourbaki le laissait exposé à de dangereuses surprises, Chanzy quittait la ligne de la Loire, non pas pour reculer, mais pour se déplacer. Il se dérobait, pour quelques jours, aux atteintes de son adversaire, il n'abandonnait pas le *théâtre des opérations;* s'il découvrait Tours, dont le gouvernement, d'ailleurs, était déjà parti, il menaçait l'armée allemande sur son aile droite. Ce n'était pas, ce ne fut jamais une retraite; avec une admirable prévoyance, Chanzy préparait simplement un retour offensif.

Il s'établit alors derrière le Loir, dans une vallée qui peut être facilement défendue. Il se propose déjà de pousser jusqu'au Mans, car un projet gigantesque a germé dans son esprit; il veut attirer le prince Frédéric-Charles sur le Mans, le laisser aux prises avec les mobilisés du camp de Conlie et les volontaires commandés par les généraux de Colomb, Charette et Cathelineau; alors brusquement, à marches forcées, sacrifiant hommes et provisions pour tenter le suprême effort, Chanzy se rejettera sur Paris. Il s'arrête cependant sur la rive gauche du Loir; il presse la réorganisation de son armée si cruellement éprouvée par un hiver rigoureux et par des luttes prolongées; il veille à tout, écrit à ses lieutenants, acquiert auprès du ministre de la guerre une légitime influence dont il sait tirer le meilleur parti. Quand on lui communique le plan des opérations futures de l'armée de l'Est, il n'hésite pas à en signaler les dangers; il supplie le ministre de concentrer l'action des deux armées dans la région de la Loire ; et, quand ses conseils ont été rejetés, il repart, sans perdre une seconde, « afin de détourner vers lui l'attention de l'ennemi ».

Ce qu'on ne sait pas, ce que nous avons jusqu'à présent trop négligé de dire, c'est que la dernière bataille livrée au Mans le 11 janvier 1871 fait le plus grand honneur à nos armes. Sur toute la ligne, les amiraux Jaurès et Jauréguiberry, le capitaine de vaisseau Gougeard et le général de Colomb avaient tenu bon. La lutte durait depuis deux jours, sans que, de part ou d'autre, on eût gagné un pouce de terrain. Malheureusement, il y avait, à peu de distance de la ville, une forte position, la *Tuilerie,* dont Chanzy avait confié la défense aux mobilisés bretons. Il semblait improbable qu'on vînt les y attaquer avant que l'aile droite de l'armée eût été définitivement enfoncée. Le hasard servit les Prussiens. Un peu avant la nuit, l'avant-garde du 10e corps prussien se heurtait aux avant-postes français ; après une lutte très courte, elle fut forcée de se retirer. Mais, pendant le combat, une compagnie du 17e régiment s'était avancée jusqu'au pied de la hauteur, avait réussi à se dérober aux vues de nos mobilisés et, apparaissant subitement aux abords immédiats de la Tuilerie, avait provoqué une panique irrésistible. C'était, non seulement l'abandon d'un point stratégique extrêmement important, mais le signal de

cette « débâcle » que Chanzy redoutait et dont il se
sentait impuissant à prévenir les effets désastreux.

Le mal, cependant, ne fut pas irréparable ; il
fallut, sans doute, évacuer le Mans et reculer cette
fois vers l'ouest ; mais, huit jours plus tard, Chanzy
avait reformé son armée ; il se disposait à rouvrir le
feu quand il apprit que le gouvernement de Paris
avait signé l'armistice.

On doit donc dire que, du premier jour au dernier de cette effroyable campagne, Chanzy n'a pas
cessé de combattre. Il n'a pas seulement déployé les
rares qualités d'un stratégiste éprouvé, il a aussi, il
a surtout dépensé une énergie surhumaine, une indomptable ténacité. Entre les figures militaires de
ce temps, celle-ci fut assurément la plus haute, la
plus noble et la plus complète. On a quelquefois essayé de tracer entre Chanzy et les généraux auxquels le second Empire avait confié le commandement de ses armées des parallèles bien inutiles.
L'histoire impartiale dédaignera ces procédés de
polémique ; elle saluera dans Chanzy le général qui
sut inspirer à ses soldats l'ardeur qui l'animait, le
héros qui bravait la mort et qui méprisait les vaines
rodomontades, le Français surtout, qui puisa dans
l'amère douleur de la défaite une foi plus vive et
plus profonde dans les destinées de sa patrie.

VII

Le ballon dirigeable. — De Meudon à Paris en passant par
Bougival. — L'atelier de Meudon. — Quelques détails inédits
de l'histoire des ballons. — Les ballons pendant le siège de
Paris. — Un point d'interrogation.

29 août 1885.

Avant-hier, entre cinq et six heures du soir, les
habitants de Chaville et de Viroflay se pressaient à
la lisière du bois ; des fenêtres de Sèvres et de Ville-
d'Avray sortaient des longues-vues et, sur la route
qui mène vers Paris, des fiacres accouraient à bride
abattue, amenant des reporters haletants. Pourquoi
cet émoi ? C'est qu'un promeneur inoffensif avait
aperçu dans l'air limpide et transparent du soir une
sorte de poisson qui nageait tranquillement à trois
cents mètres de hauteur. Le vent soufflait de Versailles vers Meudon, et ce poisson phénomène s'en
allait de Meudon vers Versailles.

C'était simplement le ballon dirigeable que deux
capitaines du génie ont construit dans les ateliers
d'aérostation établis au camp de Meudon. Un de ces
jours, paraît-il, ce singulier véhicule descendra la

vallée et, partant de Meudon, cinglera droit vers
l'Arc de Triomphe. Les gais convives attablés sur
les terrasses des bords de la Seine contempleront
avec stupeur cet hôte inattendu, et quelque rimail-
leur, égaré dans ces parages hospitaliers, décou-
vrira, j'en suis sûr, un refrain-scie dont nos boulevards parisiens retentiront presque aussitôt.

Ainsi va la vie, ainsi naît la gloire. Dix ans de
studieuses recherches et d'infatigables efforts, ce
n'est pas payer trop cher les couplets qu'un clown
éraillé débite, chaque soir, devant quelques milliers
de consommateurs !

S'ils ont cependant enfin résolu le problème qu'a-
gite depuis si longtemps leur inquiète activité, les
deux frères Renard — qui portent tous les deux l'u-
niforme du génie et qui sont les dignes élèves de
cette École polytechnique qu'un égalitaire farouche
poursuit de son impuissante colère — auront bien
mérité de leur pays et de l'humanité. Quand ils furent appelés à créer l'atelier d'aérostation de Meudon, il s'agissait, avant tout, d'organiser un service
de ballons pour les armées futures. Une très vieille
gravure, peut-être introuvable aujourd'hui, et qui
représente la bataille de Fleurus, montre, au premier plan, un ballon captif que traînent une vingtaine de soldats. Du haut de cet observatoire improvisé, un officier examine les positions occupées par
l'ennemi, étudie la répartition de ses troupes et, le

crayon en main, dresse un plan sommaire du panorama qui se déroule à ses pieds. Ce ballon avait été
baptisé l'*Entreprenant*; Guyton de Morveau, chi-
miste éminent, avait été son parrain. Les mémoires
du temps ne contiennent aucun renseignement sur
les services que rendit cette première application de
l'aérostation à l'art militaire. Nous savons seulement
que deux compagnies d'aérostiers furent attachées
aux armées de Napoléon, mais qu'elles disparurent
brusquement le jour même où l'une d'entre elles fut
faite prisonnière à Wurzbourg. Les recherches entreprises depuis lors ont montré que les ballons captifs sont incapables de résister à un vent violent et
que, soumis à de fortes pressions, ils descendent
rapidement jusqu'à terre. Aussi les Russes échouè-
rent-ils complètement quand, en 1812, ils essayè-
rent de jeter, du haut de ballons captifs, des fusées
incendiaires sur les campements de l'armée française. En 1815, cependant, Carnot, qui commandait
la place d'Anvers, se servit avec succès de ballons
captifs pour reconnaître les tranchées creusées par
l'armée assiégeante.

Puis, le silence règne pendant un demi-siècle autour de cette invention des hommes de la Révolution. Tout à coup, quand les États-Unis se trouvent
exposés aux mêmes périls, quand, avec des ressources insuffisantes, ils sont forcés de faire face aux
plus pressants dangers, les ballons reparaissent.

Alors, tous les moyens de défense sont les bienve-
nus ; les inventeurs trouvent bon accueil auprès de
l'état-major affolé. Au mois de septembre 1861, un
ingénieur, M. Allan, renchérissant encore sur les
innovations de ses prédécesseurs, imagine de relier,
à l'aide d'un fil télégraphique, le ballon captif du
haut duquel il observe les combinaisons stratégiques
des confédérés, à l'hôtel du président des États-
Unis ; et le sous-secrétaire d'État à la guerre s'empare des renseignements qu'il reçoit ainsi pour expédier des ordres de concentration aux chefs des
divisions campées à cinq cents kilomètres de Washington !

Il est, dans l'histoire des ballons, une page que
nul Français ne peut, même aujourd'hui, relire sans
éprouver aussitôt une profonde émotion : je veux
parler du siège de Paris. A l'heure tragique où la
nombreuse population de la capitale était isolée du
reste de la France, où le Gouvernement enfermé
attendait, avec une si poignante anxiété, qu'une
armée de province vînt rompre les lignes ennemies,
des ballons, franchissant d'un bond les remparts où
grelottaient les mobiles et les camps où veillaient
les Prussiens, s'en allaient, au gré des vents capricieux, atterrir sur quelque point du territoire encore
français. Ils apportaient aux citoyens des nouvelles
de leurs amis ou de leurs parents, aux généraux des
instructions et des renseignements stratégiques de

la plus haute importance. Ces ballons emmenaient aussi des centaines de pigeons voyageurs dont un seul, à son retour, rapportait *cinquante mille* dépêches photographiées au microscope et qui contenaient, chacune, la matière de trente-six pages *in-folio* d'imprimerie.

Le premier ballon-poste qui sortit de Paris était monté par M. Duruof. Outre les lettres que contenait la nacelle, l'aéronaute était chargé de remettre à la délégation de Tours trois adresses *aux Français, aux Prussiens, aux Allemands,* signées du nom glorieux de Victor Hugo. Ce ballon s'éleva de la place Saint-Pierre, à Montmartre ; dès qu'il fut parvenu au-dessus des lignes allemandes, de nombreux, mais inutiles coups de canons, le saluèrent au passage. M. Duruof réussit à descendre sans encombre aux environs d'Évreux.

Faut-il rappeler d'autres voyages aériens ? Celui de Gambetta, qui faillit se terminer d'une façon tragique ; celui de M. de Kératry, qui fut fertile en incidents de tous genres ; celui du ballon le *Jules-Favre,* qui, par un miraculeux hasard, poussé vers l'Océan, réussissait heureusement à jeter l'ancre sur la côte dentelée de Belle-Isle, et dont les passagers annonçaient au Gouvernement que le général Ducrot allait engager la lutte décisive dans la presqu'île de la Marne ? Le 20 décembre 1870, le *Général-Chanzy* — on connaissait déjà, dans Paris assiégé, le nom de ce grand capitaine — débarquait au delà de Tours un ingénieur et deux plongeurs qui se proposaient de rentrer dans Paris en marchant sur le fond du lit de la Seine. Enfin, le 15 janvier, le *Steenackers* emportait, en guise de lest, deux caisses de dynamite destinées à l'armée de l'Est. Par une singulière coïncidence, ce ballon descendit sur les côtes du Zuydersée à l'heure même où l'armée du général Bourbaki s'enfonçait dans les défilés du Jura et se dispersait en Suisse. On n'a jamais su ce qu'était devenue la dynamite que le courageux aéronaute avait précieusement conservée, bien que ce fût là un compagnon de voyage au moins désagréable !

L'aérostation militaire a déjà ses martyrs : le marin Prince, le mobile Émile Lacaze, qui, à peu de jours d'intervalle, quittèrent Paris en ballon, n'ont jamais reparu. Quelques indices seulement permettent de penser que l'un et l'autre se sont perdus en mer.

> Oh ! combien de marins, combien de capitaines
> Qui sont partis, joyeux, pour les courses lointaines
> Dans le morne Océan se sont évanouis !....

Ce que l'on ne sait pas, c'est que l'inventeur des ballons lui-même poursuivait surtout la solution d'un problème de stratégie militaire. Dans l'ouvrage si complet qu'il a publié en 1872, M. Vaschalde nous raconte qu'étant à Avignon, Joseph Montgolfier étudiait un tableau qui représentait le siège de Gibral-

tar ; il remarqua, très judicieusement d'ailleurs, que
cette forteresse ne pouvait être secourue ni par terre
ni par mer ; et c'est alors qu'il eut l'idée de s'y rendre à travers l'espace. Emplissant d'air chaud un
petit tube en taffetas, il eut la joie de constater que
ce *ballon* s'enlevait jusqu'au plafond de la chambre
et qu'il s'y maintenait. Ainsi Watt découvrit la vapeur en observant une bouilloire. Seulement, il n'y
a que les hommes de génie pour faire d'aussi simples et d'aussi prodigieuses remarques.

Voilà donc l'aérostation militaire qui prend rang
parmi les sciences. Elle compte déjà des savants et
des héros ; trouvera-t-elle des poètes ? On formerait
un gros volume si l'on réunissait les odes, les son-
nets, les poèmes de longue haleine que des chantres
plus ou moins bien inspirés ont consacrés à la découverte des frères Montgolfier.

Gudin de la Brenelerie rédige en vers fort prosaïques, dès 1784, un petit traité de physique expé-
rimentale :

> Montgolfier nous apprit à créer un nuage ;
> Son génie étonnant, aussi hardi que sage,
> Sous une immense voile enfermant la vapeur
> *Par la capacité détruit la pesanteur.*

Puis, une souscription publique est ouverte et le
produit en est affecté à la fabrication de plusieurs
milliers de médailles qui portent sur une face, cette
inscription laconique : « A Joseph et Étienne Mont-

golfier, pour avoir rendu l'air navigable », et sur l'autre, ce distique :

> Montgolfier, que l'Europe entière
> Ne saurait assez vénérer,
> A des airs franchi la carrière
> Quand l'œil de ses rivaux cherche à la mesurer.

L'orgueil national s'affirme, en même temps que l'esprit français, par ce quatrain :

> Les Anglais, nation trop fière,
> S'arrogent l'empire des mers.
> Les Français, nation légère,
> S'emparent de celui des airs.

Enfin, la note attendrie domine dans quelques chansons dont le recueil parut, en 1784, à l'imprimerie Cailleau, et dont voici deux couplets rédigés, à coup sûr, par des disciples de Rousseau qui jouaient à la vie pastorale :

> Toujours poussé par un bon vent
> Et soutenu par l'atmosphère,
> J'arrive, je ne sais comment,
> Sur le logis de ma bergère (*bis*).
> Arrêtons-nous ! c'est trop de soin !
> Je ne veux pas aller plus loin !

Et cet autre :

> « Ah ! maman, que je suis content ! »
> Disait un fils presque expirant
> A sa bonne mère attendrie ;
> « Nous pourrons renvoyer la mort ;
> « Avec un *globe,* sans effort,
> « Dans le ciel j'irai tout en vie ! »

D'autres poètes ont, depuis lors, chanté les aérostats. L'un d'eux a même prédit les merveilleuses destinées des ballons que monteront nos arrière-petits-fils : il est vrai que ce voyant, qui possédait toutes les sciences, s'appelait Victor Hugo. *Vates !* disaient les anciens ; poète et prophète ! Dans une des plus admirables pièces de la *Légende des Siècles,* il avait deviné le ballon dirigeable. Ce sont des soldats qui vont réaliser ce beau rêve ! Et, pour une fois, les recherches de l'art militaire auront précipité la marche continue de l'humanité vers l'éternel progrès !

VIII

——

Notes prises au jour le jour.

——

1. — Les manœuvres de régiment.

Arras, 8 septembre.

Les manœuvres de division contre division commenceront demain. Avant de vous en rendre compte et d'étudier la marche stratégique du corps d'armée si brillamment commandé par le général Billot, il faut que je dise l'impression que j'ai rapportée des manœuvres de brigade ; depuis quatre jours, j'accompagne le 84ᵉ régiment de ligne, que j'avais rejoint à Avesnes, et le spectacle que j'ai eu sous les yeux mérite une description étendue. Sous la pluie qui tombe, nos réservistes ont marché comme de vieux soldats.

Après avoir consacré deux jours à des exercices de régiment, les deux premières brigades ont ma-

nœuvré l'une contre l'autre ; leurs chefs, les généraux Frelaut et de Conchy, jaloux de faire preuve
d'initiative, ont redoublé d'activité. Voici le résumé
du thème adopté pour ces manœuvres. On avait
supposé que la place de Douai était investie ; pour
les manœuvres d'ensemble, on admettra qu'une armée ennemie fait le siège de Lille. Ce sont là, d'ailleurs, des hypothèses forcées dans cette région du
Nord, où l'on ne saurait faire un pas sans se heurter
à quelque forteresse construite par Vauban. Nous
sommes dans le pays que guettaient jadis les convoi-
tises autrichiennes et que la monarchie française
essaya de protéger en lui bâtissant une ceinture de
citadelles, et, sans remonter bien loin dans notre
histoire, comment oublierait-on que l'armée d'invasion perdit, en 1792, un temps précieux devant ces
places aujourd'hui dédaignées ? La résistance, de
trop courte durée souvent, de ces petites villes seulement entourées de remparts, sans forts détachés,
permit à la Révolution de mettre sur pied les armées
nouvelles dont l'apparition subite devait transformer
la face de l'Europe.

Le 1er corps d'armée se compose de quatre brigades
dont voici le dénombrement : 1re brigade, 43e et 127e
régiments ; 2e brigade, 1er et 84e régiments ; 3e brigade, 33e et 73e régiments ; 4e brigade, 8e et 110e
régiments ; il y faut joindre le 16e bataillon de chasseurs, le 5e dragons et le 19e chasseurs, les 15e et

27ᵉ régiments d'artillerie ; enfin, les services accessoires qui, en ce moment même, rejoignent le quartier général. Les régiments d'infanterie comptent
chacun 3 bataillons ; l'effectif de chaque compagnie
varie entre 160 et 170 hommes ; les régiments de
cavalerie sont à 4 escadrons, soit environ 360 chevaux. Jusqu'à présent, à chaque brigade d'infanterie
étaient attachées deux batteries d'artillerie à quatre
pièces. A partir de demain, l'artillerie sera répartie
comme elle doit l'être en temps de guerre : chaque
division emmènera quatre batteries montées ; le général en chef conservera sous la main le groupe de
l'artillerie de corps, représenté, dans le cas actuel,
par deux batteries montées et deux batteries à
cheval.

Si vous voulez avoir maintenant une idée du
nombre de voitures que traînerait à sa suite un corps
d'armée mobilisé, consultez la statistique que voici :
chaque régiment d'infanterie attelle 3 caissons de
munitions, 1 voiture d'outils, 4 fourgons à bagages,
5 fourgons à vivres et 4 cantines médicales ; l'état-
major, à lui seul, a besoin de 11 fourgons ; joignez-
y les ambulances, le parc d'artillerie, et vous com-
prendrez combien Napoléon avait raison quand il
disait que l'art du capitaine consiste surtout à régler
sa marche. Sans doute, la façon dont on dispose les
troupes sur ce vaste échiquier qu'on appelle un
champ de bataille présente une importance considé-

rable ; l'essentiel est cependant de les conduire, sans désordre, jusqu'au moment décisif où le canon tonne. Quand il sent l'odeur de la poudre, le soldat se grise aisément et sa bravoure — qualité instinctive des fils de notre race — se réveille aussitôt. Mais l'interminable promenade sous la pluie battante, l'arrivée à l'étape, où les vivres — même de qualité médiocre — ne sont pas abondants, la veillée aux avant-postes, où l'on s'étend sur la terre détrempée ! Voilà la guerre !

Et c'est justement ce côté mélancolique de la guerre que reproduisent assez fidèlement les manœuvres d'automne. L'ivresse du danger, de la lutte, de la victoire n'est pas là pour soutenir les courages, pour prévenir les défaillances ; on n'a que les ennuis d'une véritable campagne, on n'en connaît que les tristesses et les fatigues ; et c'est aussi pour ce motif que les manœuvres sont une préparation sérieuse en même temps qu'une épreuve décisive pour nos troupes.

Seulement, si l'officier général et l'écrivain militaire apprécient cet incontestable avantage des manœuvres, les soldats et les réservistes y sont parfaitement insensibles, et pour cause. Quand, ce matin, le réveil a sonné dans les villages occupés par les quatre régiments des deux premières brigades et que nos troupiers, encore plus qu'à moitié endormis, ont aperçu le ciel noir de nuages et entendu tomber

l'averse, un morne désappointement a paru sur tous
les visages. C'étaient des cris sans fin de colère et
de malédiction. Puis, l'appel fait, les capotes dérou-
lées, les compagnies sont parties sur les chemins
boueux et détrempés. Le jour naissait à peine ; on
est encore assez éloigné de l'ennemi pour que le
silence ne soit pas de rigueur dans les rangs. Tant
mieux ! Voilà que, sous la pluie qui tombe toujours
à flots, un loustic entonne une chanson-scie des ca-
fés-concerts. On la chantait jadis à Paris : elle a mis
trois ans à faire le voyage d'Arras ! C'est égal ; la
gaieté reparaît, et quand on s'arrête sur le plateau
de Pronville, qu'il s'agit de défendre, « tout va
bien », disent les farceurs, en accompagnant cette
brève mention du nom d'un maréchal de France.

Le plateau de Pronville s'étend entre les routes
d'Arras et de Bapaume à Cambrai. La 2e brigade, arrivant précisément de Bapaume, marche
vers le nord pour assiéger Arras ; la 1re brigade,
représentant une armée française, s'oppose à cette
tentative. Tel est le résumé sommaire des opérations stratégiques. A cinq heures du matin, la 1re
brigade s'établit et se déploie sur le plateau de
Pronville et, d'après un ordre rapidement transmis,
nos hommes, armés d'outils de pionniers, commencent aussitôt à creuser une longue ligne de retranchements. Un bataillon du 43e, laissé dans les bois,
forme réserve ; l'artillerie se place à gauche d'un

moulin ; les pièces sont à peu près cachées derrière un renflement de terrain ; sans retard, les officiers prennent leurs mesures pour exécuter au besoin du tir indirect. A huit heures, on est prêt ; on attend. « Sœur Anne, ne vois-tu rien venir ? » — « Rien que d'autres nuages et de nouvelles bourrasques. » L'eau commence à envahir les tranchées-abris.

Enfin, quelques instants avant neuf heures, les *manchons* blancs de l'ennemi se montrent, juste à point pour calmer notre légitime impatience. Vous n'ignorez pas que l'on appelle manchon l'enveloppe de toile dont les soldats de l'une des armées en présence entourent leurs képis. « Voilà l'avant-garde ! » murmurent quelques-uns de ces réservistes qui prétendent posséder de hautes connaissances stratégiques. Pour la première fois que ces messieurs ouvrent la bouche, la chance ne leur est pas favorable. Ces manchons aperçus les premiers sont en, réalité, l'arrière-garde de notre adversaire ; le gros de son armée, profitant de la pluie et de la nuit pour se dérober à nos regards, a déjà gagné le pied des collines dont nous avons fortifié le sommet. Son infanterie se déploie lentement et trois coups de canon — signal convenu — l'informent que la 1re brigade l'a découvert. Inutile de jouer plus longtemps à cache-cache : il est maintenant essentiel d'agir promptement pour perdre le moins de monde possible. Au moment même où l'action va s'engager pour

de bon, un coup de vent dissipe les nuages, et le
soleil, hôte accueilli avec enthousiasme, se montre
enfin.

L'artillerie de la deuxième brigade entre en ligne ; les tirailleurs se répandent, au pas de course,
sur les pentes qui mènent doucement jusqu'au faîte
du coteau ; les nôtres vont à leur rencontre, et, du
haut de mon observatoire, je puis apprécier les résultats des modifications de tactique que je vous ai
signalés dans ma lettre précédente. Les troupes ne
sont plus éparpillées comme elles l'étaient aux manœuvres de l'an dernier ; moins disséminées, elles
restent à proximité de leurs chefs, dont la voix par-
vient jusqu'aux fractions les plus éloignées du détachement qu'ils commandent ; il n'est donc plus nécessaire d'employer le sifflet ni d'imaginer d'autres
inventions plus ou moins militaires.

Je n'entreprendrai pas une description détaillée
du combat de Pronville ; nous assisterons à d'autres
batailles qui seront bien plus importantes tant par
la quantité des troupes engagées que par l'originalité des hypothèses et des conceptions stratégiques.
Pour ceux qu'aurait effrayés le début de cette lettre,
écrite sur le terrain, j'ajouterai seulement que le
feu a cessé à onze heures du matin et qu'à deux
heures les deux régiments s'installaient dans d'excellents cantonnements entre la Sensée et la Scarpe,
dans les villages de Pelves, Vitry-en-Artois, Sailly

et Bellonne. Dix minutes après l'arrivée à l'étape, nul ne songeait plus aux fatigues de la matinée ; tous ne demandaient qu'à recommencer. C'est ce que l'on fera, d'ailleurs, dès demain, et le général Billot, qui va diriger les manœuvres d'ensemble, n'est pas homme à laisser flâner ses troupes ; il l'a bien prouvé, en 1871, au combat de la Cluse !

***

2. — Les manœuvres de division.

Arras, 10 septembre.

Les manœuvres de la première division contre la deuxième ont été favorisées par un temps excellent. Le général Billot, qui ne laisse échapper aucune occasion d'essayer, sur le terrain, les règlements nouveaux, avait fait précéder le combat d'une assez longue marche en colonne. On pense bien que ce n'est pas une petite affaire que la marche d'un corps d'armée tout entier. Il ne s'agit pas seulement d'arriver à l'heure indiquée d'avance à l'étape, il est tout aussi nécessaire d'observer, pendant la marche, les dispositions qui permettraient, si l'on rencontrait subitement l'ennemi, de passer le plus rapidement possible de l'ordre de marche à l'ordre de combat.

On suppose, bien entendu, que le corps d'armée
se trouve à proximité de l'ennemi. Outre la cavalerie indépendante qui l'éclaire à quelque distance en
avant de sa tête et sur ses flancs, le corps d'armée
est précédé d'une avant-garde, dont la force est suffisante pour qu'elle puisse s'emparer de positions
avantageuses, faire face à l'ennemi et résister assez
longtemps, en cas d'alerte, pour que le corps prin-
cipal ait le temps de se déployer ou de se retirer, si
le général le juge nécessaire. Cette avant-garde, où
sont représentées toutes les armes, se subdivise elle-
même en pointe, tête et gros.

Ici, l'avant-garde comprenait un détachement de
cavalerie, la 1re brigade d'infanterie, une demi-
compagnie du 1er régiment du génie, deux batteries
montées du 15e d'artillerie et une section d'ambu-
lance.

En tête du corps d'armée, immédiatement derrière l'état-major, eût dû marcher le 16e bataillon
de chasseurs à pied ; mais, en réalité, et comme il
arrive trop souvent durant les manœuvres d'automne, un certain nombre de régiments et de détachements manquaient ; ils avaient été relégués dans
des cantonnements trop éloignés d'Arras pour qu'on
ait cru devoir les convoquer.

Aujourd'hui, les manœuvres de division ont dignement clos la série des exercices préparatoires.
Le général Billot a transporté son quartier général

à Frévent, et va conduire la campagne qui s'ouvrira demain. J'ai profité de ce jour de répit pour faire, de la façon la plus agréable, c'est-à-dire en voiture, le voyage de Bapaume. Comment passerait-on à côté de ce champ de bataille sans s'y arrêter ? Les généraux Billot et Vilmette manœuvrent, l'un aux environs d'Amiens, l'autre aux portes d'Arras, et c'est justement entre Arras et Amiens que le général Faidherbe a tenu tête aux tout-puissants vainqueurs des armées de la Sarre et du Rhin, réalisant ainsi des prodiges non pas seulement de valeur — chose assez commune — mais de génie — ce qui est infiniment plus rare.

Formée sur place avec des ressources insuffisantes, dépourvue de cavalerie, négligée même par le Gouvernement, qui concentrait tous ses efforts sur la Loire, l'armée du Nord a cependant tenu tête aux 60,000 hommes que le général de Manteuffel guidait avec son expérience consommée. Il serait intéressant, maintenant que les plaies de la guerre sont plus ou moins cicatrisées, de faire voir comment le génie d'un capitaine et l'activité de ses officiers ont suppléé à l'insuffisance des ressources dont ils disposaient ; comment, sans cesser de combattre un instant, le général Faidherbe et ses subordonnés ont formé des troupes improvisées et leur ont inspiré une confiance sans bornes. Il n'est point de plus haute, de plus patriotique leçon que celle-là.

Mais cette histoire, on ne l'écrira pas encore
aujourd'hui, ni peut-être demain. Les questions
personnelles dominent et cachent la vérité ; rendre hommage à telle ou telle figure presque épique de nos luttes contemporaines, ce serait risquer
de saluer un adversaire politique ; et les partis, à
l'inverse de certains commandants de place institués
jadis par le second Empire, ne désarment pas !

J'ai cependant visité le champ de bataille d'A-
miens. Quand, le 24 novembre, le général Faidherbe apprenait la capitulation de Thionville, il
occupait, entre Ham et Péronne, des positions réellement formidables. Au loin, ce ne sont que jardins
et potagers entourés de fossés pleins d'eau ; comment
une armée d'invasion réussirait à manœuvrer dans
ces contrées, c'est ce que le bourgeois le mieux ins-
truit des choses militaires concevra difficilement.

Plus tard, au mois de janvier, le général de l'armée du Nord était informé que l'armée de la capitale méditait un suprême effort. Alors, sans calculer
ses chances de succès, ce patriote marchait en avant.
Vains efforts ! La sortie de Paris, c'était cette funeste bataille de Buzenval, perdue à l'avance, où
des bataillons coururent à la mort sans aucun espoir
de succès. En 1877, je visitais ce coteau de Buzenval, sur les pentes duquel tant de soldats et de
gardes nationaux dorment leur dernier sommeil ;
j'accompagnais un Français dont la patrie pleure en-

core aujourd'hui la perte. Nous nous étions arrêtés
sous les pommiers qui s'étendent en avant de la
porte centrale du parc, et nos regards embrassaient
l'immense panorama qu'encadrent d'un côté les contreforts du Mont-Valérien et de l'autre les bois de
Saint-Cucufa. Un officier, qui s'était joint à nous,
nous contait heure par heure, les épisodes douloureux et glorieux de la lutte épique du 19 janvier.
« Hélas! dit Gambetta en étendant les bras dans la
direction de Paris, quelle est donc l'inexplicable
fatalité qui nous a dérobé la victoire? » Il voyait au
delà de l'enceinte de la capitale, le tribun de Tours,
l'organisateur de la défense nationale. D'un seul
regard il embrassait les tentatives désespérées des
armées qu'il avait animées de son souffle; d'un seul
mot il évoquait le souvenir de ces heures de fièvre
et d'espérance où l'âme de la patrie avait vibré au
contact de son ardente parole!

Jamais peut-être la confiance, qu'on avait lentement retrouvée, ne fut mieux justifiée qu'au matin
de cette journée du 3 janvier, où le canon de Faidherbe répondait au canon de Bourbaki. Je reviens
de parcourir Bapaume, Achiet-le-Grand, Béhagnies,
Sapignies, villages où nos soldats se sont battus, où
nos armées naissantes remportèrent leurs premières
victoires; j'imagine que ce fut un spectacle extraordinaire quand, sur ces immenses champs qui s'étendent à perte de vue et que l'hiver, en 1871, avait

cachés sous trois pieds de neige, la petite armée du
Nord, protégée par des batteries sans chevaux, es-
cortée de deux escadrons de dragons seulement,
s'arrêta pour repousser l'innombrable cavalerie du
général de Manteuffel !

Il est un épisode de la lutte qu'un témoin oculaire me contait tout à l'heure, pendant que nous
longions la lisière des bois d'Ablainzevelle : un régiment de dragons prussiens, détaché de la division
commandée par l'infatigable général de Groben,
découvrit pendant l'action et quand toutes nos
troupes étaient fortement engagées, une colonne du
train qui pénétrait dans le bois. Par suite d'un ordre
mal compris, cette colonne, qui ne comptait pas
moins de cent cinquante voitures, parmi lesquelles
les fourgons de la trésorerie et des postes, n'était
accompagnée que de *sept* dragons ! Que devenir
dans cette situation critique ? L'intendant jette ses
voitures au plus épais du bois ; les dragons mettent
pied à terre et, à eux *sept,* dirigent sur la cavalerie
ennemie un feu des plus nourris. Ce stratagème héroïque fut couronné de succès : persuadée que le
convoi était escorté par des compagnies d'infanterie,
la cavalerie prussienne fit demi-tour et s'en alla
comme elle était venue, sans avoir déniché le trésor.

Tels étaient les soldats que le général Faidherbe
avait formés ! Nous allons maintenant applaudir aux
exploits pacifiques de leurs cadets.

3. — L'arrivée à l'étape.

Amiens, 15 septembre.

L'arrivée à l'étape est une des phases les plus curieuses des grandes manœuvres. Sitôt le régiment réuni sur la place du village, les fourriers distribuent aux sergents-majors les billets de logement. A Allonville, où j'ai passé l'après-midi d'hier, c'était une véritable bataille — pacifique, il est vrai — engagée entre les officiers des différents corps. L'artillerie et la cavalerie étaient venues, dès l'aube, au trot, peut-être même au galop, et s'étaient emparées des meilleurs casernements. L'infanterie, la reine des combats, distancée et mécontente de cette inégale répartition, poussait les hauts cris. Un officier d'état-major s'est montré fort à propos pour mettre tout le monde d'accord.

A deux heures, les corvées étaient faites. Derrière les bois qui dessinent à l'horizon leurs sombres lignes, le soleil — hôte d'autant mieux accueilli qu'il avait été trop longtemps désiré — dardait ses flèches d'or. On était gai ; c'est en fredonnant quelque refrain pimpant que les cavaliers s'en allaient au pansage, pendant que les fantassins flânaient le long de l'unique rue du bourg, les mains enfoncées

dans les larges poches de leurs pantalons de treillis.
« Les réservistes ont de l'argent ! » c'est le mot
d'ordre, et, pour que nul n'en ignore, nos *vingt-
huit jours* payent une tournée aux camarades de
l'armée active.

La nuit tombe ensuite brusquement : dans le
petit café, transformé promptement en théâtre, deux
chanteuses, mandées en toute hâte, débitent quelques dizaines de platitudes. Elles sont fardées à
faire peur; leurs costumes sortent, peu frais, de
l'arrière-boutique d'un prêteur à gages. Il y a foule
cependant au parterre, et les assistants entonnent
avec un enthousiasme qui nous gagne, l'air cent
mille fois répété :

C'est l'amant d'Amanda !

Puis, en guise de nouveauté, en nous offre :

Il n'a pas de parapluie !

Comment expliquer les sentiments qui nous enva-
hissent? Par quelle étrange suite de déductions
inexplicables ces airs, vieux de quatre ans, font-ils
brusquement surgir devant nous l'image de Paris ?
Et cependant, ce n'est plus de l'enthousiasme, c'est
du délire quand l'orchestre entame la valse des
Cent vierges : « O Paris, gai séjour ! »

Aux manœuvres du 8e corps prussien, que je sui-
vais l'an dernier, les soldats allemands profitaient
de leurs courts instants de repos pour fumer plu-

sieurs dizaines de pipes et boire quelques litres de
bière. Le soldat français préfère rouler une ciga-
rette et répéter quelque refrain narquois. Qu'importe ! A quoi bon essayer d'établir des analogies
ou des différences passagères ? Quand on entend au
loin le grondement sourd du canon, le soldat, en
tous pays, sent naître en son âme la fièvre de la
bataille. Il marche alors aux accents de la *Marseillaise* comme à ceux d'un hymne national quelconque. Pour une heure — le temps de vaincre ou de
mourir — il redevient l'humble héros dont Vigny
traçait jadis, en des pages immortelles, l'inimitable
et touchant portrait.

Nous avons laissé le général Billot et son état-
major à Avesnes-le-Comte ; le 13, l'ennemi avait
été rejeté sur la rive gauche de la Scarpe ; dans sa
retraite, cet ennemi, figuré maintenant par le 3ᵉ régiment du génie, qui tient garnison à Arras, s'arrête d'abord entre Habarcq et Harmaville, en avant
de la route qui mène d'Arras à Saint-Pol ; puis,
franchissant encore cette chaussée, il va se retran-
cher à son aise dans la redoutable position de Mont-
Saint-Éloy. Situé au nord d'Arras, au confluent de
trois routes importantes, Mont-Saint-Éloy était désigné pour servir de terrain à la bataille finale. C'est
là que devait nécessairement s'arrêter l'armée d'invasion repoussée ; c'est aussi sur ce point que le général français devait concentrer tous ses efforts.

Nous l'avons bien compris durant les deux journées qui ont précédé le combat du 14 septembre ; il semblait que l'armée se dirigeât naturellement vers Mont-Saint-Éloy. N'est-ce pas le plus complet éloge que l'on puisse décerner aux officiers qui ont arrêté le programme d'ensemble de ces manœuvres d'automne ?

Les curieux qui sont arrivés les premiers à Mont-Saint-Éloy ont eu le loisir d'embrasser d'un coup d'œil les moindres péripéties de la bataille. En effet, tout près de ce village, sur une colline escarpée, surgissent, isolées au milieu des bois touffus avoisinants, deux tours dentelées d'une sveltesse incomparable. Ce sont les ruines d'une abbaye, et, bien que j'en aie fait l'ascension presque périlleuse, je n'ai découvert aucun autre renseignement sur ces respectables débris d'une époque où les tournois tenaient lieu de manœuvres. On jouit, du haut des tours de Mont-Saint-Éloy, d'une vue merveilleuse : Arras et sa cathédrale forment l'arrière-plan de ce tableau magique ; à droite, à gauche, ce sont des vallées qui se succèdent les unes aux autres, s'enchevêtrent, se rejoignent ; les prés, les bois, les champs eux-mêmes, donnent au paysage une teinte verte qui repose le regard. C'est bien l'image de ces contrées du Nord où l'eau jaillit du sol en sources vives, où la terre cultivée n'a jamais soif, où les moulins chantent, sans interruption, du 1ᵉʳ janvier au 31 décembre, leur monotone refrain.

Le 3ᵉ régiment du génie, commandé par le colonel Mengin-Lecreulx, a fait des prodiges ; les crêtes sont garnies d'artillerie ; comme avant-hier, chaque pièce représente une batterie. Malheureusement, les arbitres ne sont pas toujours là pour faire respecter les conventions ; hier matin, par exemple, une compagnie d'infanterie a chassé du village de Harmaville une section de soldats du génie. 120 contre 20 ! Seulement, ce que le capitaine d'infanterie a complètement oublié, c'est que ces 20 sapeurs représentaient un bataillon. A ce propos, un officier nous raconte l'anecdote suivante : Aux manœuvres que fit, en 1875, le 3ᵉ corps d'armée, alors commandé par le général Lebrun, un colonel de cavalerie, que suivaient deux escadrons de son régiment, fut enveloppé par cinq bataillons d'infanterie. Lutter dans ces conditions était une entreprise insensée. Peut-être un officier héroïque le ferait-il cependant sur un champ de bataille ; mais aux manœuvres, on ne compte pas avec ces résolutions désespérées. On somme donc le colonel de se rendre ; il fait la sourde oreille, et, ordonnant à ses cavaliers de mettre pied à terre, il fait ouvrir le feu contre l'infanterie. Stupeur des commandants des cinq bataillons ; un arbitre survient, presse le colonel de céder et n'obtient que cette réponse : « Nous autres, nous nous faisons tuer jusqu'au dernier. » Notez bien que les fusils des fantassins

et les mousquetons des cavaliers étaient chargés à
poudre !

Cette historiette, accompagnée de quelques commentaires, nous a conduits jusqu'à Mareuil, où nous
retrouvons l'aile gauche de l'ennemi ; c'est ici le
lieutenant-colonel Aubry, aimable officier bien connu
des réservistes parisiens, qui commande. Il a reçu,
le matin même, avis de sa nomination au grade supérieur. De ce côté du champ de bataille, la lutte
est opiniâtre ; le génie a multiplié les défenses accessoires. Au moment où, après une canonnade prolongée, les colonnes du 1er corps d'armée vont s'é-
lancer à l'assaut, le général Billot fait cesser le feu ;
il est midi. On mange, sur le terrain, la viande
froide emportée le matin ; si les bidons sont vides,
la cantine est abondamment pourvue en provisions
et liquides variés, et le réserviste offre à son camarade la tournée de l'adieu.

La plupart des troupes ont été logées à Arras. On
s'est levé de grand matin pour nettoyer, astiquer,
frotter les armes et les uniformes. A huit heures, le
corps d'armée était rassemblé dans la plaine de
Roclincourt. Une foule immense assistait à cette im-
posante cérémonie militaire. Suivi d'un nombreux
état-major, dans lequel on reconnaît les officiers
étrangers, le général Billot passe lentement devant
le front des troupes. Le défilé commence aussitôt
après : l'infanterie s'avance en colonne de compa-

gnie, le 3ᵉ régiment du génie en tête ; l'artillerie
défile au trot, par batterie ; la cavalerie, par escadron. Puis, quand les nuages de poussière se sont
dissipés, j'aperçois au loin, sur les routes, les régiments qui partent dans des directions opposées ; chacun d'eux va rejoindre par étapes ses casernements.
Adieu l'existence active et fiévreuse, et l'illusion de
la guerre ! Les « hommes de la classe » appellent de
leurs vœux l'heure de la libération, les réservistes
voient avec joie approcher le terme des vingt-huit
jours, les officiers s'en iront en congé pour recommencer plus tard l'instruction d'autres conscrits.
Tous garderont cependant un bon souvenir des journées qu'ils ont passées ensemble, et qui, sous l'impulsion d'un chef énergique, ont été si bien employées.
Tel le radieux souvenir des années de jeunesse
charme l'existence monotone d'un vieillard !

---

4. — Les revues.

Amiens, 17 septembre.

Les revues qu'on passe sur le terrain des manœuvres d'automne ne ressemblent que de fort loin à la
cérémonie militaire dont la plaine de Longchamp

était autrefois le théâtre et dont le peuple parisien
se montrait si friand. D'abord, on ne rencontre guère
un aussi vaste hippodrome que celui du bois de Boulogne ; puis, les troupes, fatiguées par une longue
série d'exercices pénibles, portent des vêtements
que ni la pluie ni la boue n'ont respectés et dont la
brosse et mille ingrédients chimiques sont impuis-
sants à faire reluire les boutons. Seulement, si le
spectacle est moins brillant, il est au moins aussi
intéressant. Les soldats qui défilent sous nos yeux
manœuvrent depuis quinze jours ; ils ont gagné par
étapes successives le lieu du rendez-vous ; ils n'ont,
pour ainsi dire, pas cessé de marcher depuis le
26 août. Le ciel ne leur a pas été clément ; la nuit,
aux avant-postes, et le jour, pendant le combat, les
orages ont grondé ; on a dû coucher quelquefois et
marcher toujours sur un sol profondément détrempé.
C'était bien l'image d'une campagne. Comment nos
réservistes ont-ils supporté ces épreuves ? Défileront-
ils avec autant d'entrain que de précision ? Leurs
armes sont-elles toujours soigneusement entretenues ? Autant de questions que l'on se pose naturellement, qui vont être résolues tout à l'heure et dont
l'importance prête un intérêt réel aux deux revues
que les généraux Billot et Vilmette viennent de passer, à vingt-quatre heures d'intervalle.

Je me hâte d'ajouter que les emplacements ont
été admirablement choisis pour les deux revues de

Roclincourt et d'Amiens. A l'une comme à l'autre, les 20,000 hommes qu'on avait rassemblés se sont facilement installés sur un terrain vaste, ombragé, désigné, pour ainsi dire, pour les évolutions des masses militaires. Chose curieuse ! le défilé a paru moins correct que la marche des colonnes, la veille et l'avant-veille, sur les routes détrempées et coupées de fondrières. Il y avait, en effet, entre la place où se tenait le général Billot et le point de départ des compagnies, une légère dépression de terrain qu'on n'apercevait pas à une certaine distance. Les officiers et les sous-officiers s'avisaient trop tard qu'il était nécessaire d'accélérer la marche. De là quelque temps d'arrêt, quelques secousses qui ne se sont jamais produites durant les étapes qu'ont franchies le 1er et le 2e corps.

J'ai remarqué, au contraire, que, malgré l'extrême chaleur qui, les 1er et 2 septembre, soulevait des nuages de poussière ; malgré les tourbillons de pluie qui, plus tard, fouettaient le visage et retardaient la marche, les colonnes ont toujours strictement observé les règlements. Les haltes de cinquante en cinquante minutes ont été religieusement effectuées ; chaque fois, ainsi que le veut le règlement du 26 octobre 1883, les compagnies, avant de s'arrêter, serraient sur la tête de colonne. On n'a guère constaté d'allongement ; les files restaient alignées ; point de traînards. Ceux qui, en 1870 et en 1871,

ont fait campagne dans cette même région du Nord,
ont enregistré avec une patriotique satisfaction les
progrès que l'on a réalisés depuis lors.

Il ne faudrait pas croire cependant que les manœuvres auxquelles nous venons d'assister n'ont
servi de prétexte qu'à des louanges plus ou moins
hyperboliques décernées aux troupes et à leurs chefs.
Il s'agissait aussi d'étudier des modifications essen-
tielles introduites dans la tactique de l'infanterie.
L'expérience a paru concluante ; l'ordre dispersé,
tel que nous l'avions adopté en 1873, est bel et bien
condamné. Mais il importe que, sur le terrain, les
officiers supérieurs, respectant eux-mêmes tous les
premiers les prescriptions du règlement, se tiennent
entre la ligne des soutiens et la réserve, et qu'ils
évitent, entraînés par une intempestive ardeur bel-
liqueuse, de rejoindre les tirailleurs. Le danger que
présente l'emploi de l'ordre de combat moderne consiste précisément dans une trop grande dispersion
des forces ; les chefs ne conservent plus leurs hommes sous la main. En assignant aux officiers supérieurs une place au centre de l'ordre de combat, le
règlement a voulu prévenir quelques-unes des redoutables conséquences qu'entraînerait une dissé-
mination exagérée des fractions d'un même bataillon.

Sous ces réserves, il n'y a plus qu'à approuver les
réformes consacrées par le nouveau règlement.

Au point de vue stratégique, il m'a semblé que

les chefs de corps avaient abusé de ce que l'on appelle, fort improprement d'ailleurs, des mouvements tournants. En réalité, le mouvement tournant consiste tout simplement en ceci : l'artillerie et l'armement de l'infanterie ont fait de tels progrès que nul général n'oserait plus essayer d'aborder de front une position occupée par son adversaire ; tout au plus peut-on se hasarder à lancer quelques colonnes d'assaut après que l'artillerie a, pendant des heures, ébranlé la solidité des bataillons ennemis. Or, comme le temps est précieux, il a bien fallu trouver autre chose. Attirer l'attention de l'ennemi sur une de ses ailes, et brusquement accabler son autre aile sous une écrasante supériorité numérique, telle fut la combinaison élémentaire que nous avons baptisée du nom pompeux de « mouvement tournant ». Au fond, c'est l'*A B C* de la stratégie. Mais, si ce n'est rien de concevoir un mouvement tournant, c'est une très grosse affaire de l'exécuter.

Pendant que l'on s'efforce de tromper son adversaire, on risque soi-même de s'étendre à l'excès, d'affaiblir outre mesure telle fraction du front de bataille ; et c'est précisément ce qui s'est produit trop fréquemment durant les dernières manœuvres. Le règlement dit cependant que, pour être efficace, l'action des compagnies doit être concentrée ; le bataillon, formé pour le combat, doit se mouvoir dans un cadre de 350 mètres au plus. Pourquoi n'a-t-on

pas tenu compte de ces sages recommandations ?
Nous avons vu des bataillons se déployer de telle
façon qu'ils occupaient presque le front de toute
une division ; est-ce que leurs commandants auraient
l'intention de perfectionner ou de corriger les dispositions arrêtées par le comité de l'infanterie ?

Ces courtes observations suffisent ; il ne saurait
être ici question d'entrer plus avant dans les menus
détails de l'organisation militaire. Disons seulement
un mot des accidents dont le récit a défrayé la
presse. Un réserviste, s'étant approché d'une pièce
de 90 au moment où l'on mettait le feu à la gar-
gousse, a été grièvement blessé ; nous avons appris
tout à l'heure que les médecins répondaient de sa
vie. Il ne reste donc plus qu'à plaindre cet imprudent. Mais charger de ce nouveau méfait l'impassible conscience du canon de 90 serait réellement
commettre une criante injustice. La pièce, dans son
recul, a frappé le soldat qui se trouvait sur son passage ; voilà tout. Pour prévenir le retour de semblables catastrophes, il faudrait supprimer le recul ; on
y parviendra tôt ou tard ; en attendant, il n'y a pas
autre chose à faire qu'à prescrire aux sous-officiers
chefs de pièce de surveiller leur personnel. Pendant
les manœuvres, aucune des soixante pièces qui ont
été servies n'a subi de détériorations marquantes ;
quant à la culasse, il suffit qu'on la ferme avec soin
pour éviter qu'elle soit jamais arrachée. Notre ma-

tériel est excellent ; encore faut-il en user convenablement.

On a écrit de longs traités sur la précipitation du
tir de l'infanterie ; il est certain que nos réservistes
et nos soldats eux-mêmes montrent une tendance
fâcheuse à gaspiller leurs munitions. A ce mal il n'y
a d'autre remède qu'une action énergique, cons-
tante, des officiers. D'ailleurs, n'est-ce pas la leçon
qui ressort, chaque année, des manœuvres d'automne ?

<hr />

5. — Un coup d'œil en arrière.

Amiens, 20 septembre.

La plupart des officiers qui composaient les missions militaires étrangères n'ont pas voulu quitter
Arras ou Amiens, sans visiter, en passant, lés champs
de bataille où l'armée du Nord, sous les ordres du
général Faidherbe, a opposé, en 1870 et en 1871,
une si honorable et si opiniâtre résistance aux
troupes allemandes commandées successivement par
M. de Manteuffel et par le général de Goeben. L'excursion vaut la peine d'être faite ; elle est d'ailleurs
d'une exécution aisée ; en effet, quand on suit la

route qui mène d'Arras à Amiens, on rencontre d'abord la ville de Bapaume, où, le 3 janvier 1871, le général Faidherbe remporta cette victoire dont la France accueillit la nouvelle avec un enthousiasme mélangé de surprise ; puis, le village de Pont-Noyelles, où, les 23 et 24 décembre 1870, l'armée du Nord avait réussi à conserver ses positions ; enfin, c'est aux portes mêmes d'Amiens que, le 27 novembre 1870, la même armée, provisoirement commandée par le général Farre, affirma son existence en même temps que sa solide valeur et apprit au maréchal de Manteuffel qu'il allait se heurter à un adversaire avec lequel il serait obligé de compter.

Quand on refait ainsi, en vingt-quatre heures, le chemin que parcoururent autrefois nos régiments de marche et nos mobiles, on comprend, mieux qu'en étudiant les récits qui ont été publiés de cette période tragique, combien fut vraiment grande l'œuvre entreprise et combien furent généreux les efforts tentés. Les récriminations des partis, les critiques de détail dont quelques-unes sont assurément fondées, tout cela disparaît comme dans l'éclat magique d'une subite révélation. La lumière se fait brusquement, noyant les ombres dont on s'est trop souvent plu à charger cet émouvant tableau de la renaissance et de la défense nationales.

Je n'ai certes pas la prétention de faire tenir dans le cadre d'une simple lettre l'histoire entière de la campagne du Nord. Plus tard, quand le temps aura apaisé les rancunes et fermé des blessures qui saignent encore, quelque disciple de Thiers s'inspirera de l'*Histoire du Consulat et de l'Empire* pour écrire l'histoire des campagnes de la Loire et du Nord. Comme Thiers décrivant l'incomparable et obstinée résistance de Napoléon vaincu, et le montrant plus grand dans la défaite qu'il ne l'avait été dans la victoire, ce juge impartial, dont nos petits-fils commenteront les arrêts, fera voir comment un peuple qui se ressaisit n'est jamais à la merci des événements. Je voudrais aujourd'hui grouper seulement quelques anecdotes cueillies, pour ainsi dire, au hasard de la plume, alors qu'ayant accompagné nos soldats jusqu'aux cantonnements voisins je visitais, en témoin curieux autant que passionné, ces villages dont les noms retentiront si fréquemment dans les discussions d'école des stratégistes futurs et resteront inscrits sur le livre d'or de notre pays.

Au delà d'Amiens, à côté de la route d'Albert, le bourg de Pont-Noyelles se cache sur la rive droite de l'Hallue, derrière le château de Querrieux. Les bords de l'Hallue sont marécageux, comme ceux de la Somme d'ailleurs ; la vallée se resserre vers le nord, du côté de Montigny, de Beaucourt et de Saint-Gratien. Du côté d'Amiens, les hauteurs qui dominent l'Hallue se continuent par un plateau peu incliné ; du côté de Corbie, au contraire, elles se

terminent par un escarpement très raide. Le 20 décembre, l'armée du Nord occupait le plateau qui
relie Pont-Noyelles et Amiens ; elle faisait face aux
Allemands, dont on annonçait l'approche, en s'appuyant sur l'Hallue et sur la Somme ; elle conservait
aussi, même en cas de défaite, une ligne de retraite
sur Arras. Bien que l'armée du Nord eût déjà livré,
sans trop de désavantage, la bataille d'Amiens, le
général Faidherbe ne se dissimulait pas qu'il était
nécessaire d'accepter le combat, ne fût-ce que pour
inspirer confiance aux jeunes troupes qui avaient
été réunies à la hâte sous son commandement.

Rien n'était essentiel comme d'éviter toute surprise à ces soldats inexpérimentés. Or, sait-on de
quels moyens disposaient les deux adversaires que
le hasard de la guerre mettait en présence, et dont
l'un, M. de Manteuffel, était un bouillant officier,
tandis que l'autre était un stratégiste prudent, un
tacticien consommé ? L'armée allemande ne comptait pas moins de 16 régiments de cavalerie ; l'armée
française ne posséda jamais plus de trois escadrons
de dragons. Huit mille chevaux d'un côté, trois cents
seulement de l'autre ! Il est évident que, si l'on eût
opéré dans une autre contrée, le général Farre et le
général Bourbaki ne seraient pas même parvenus à
former leurs bataillons ; la cavalerie allemande se
fût lancée à la poursuite des mobilisés, elle eût dé-
truit les fils télégraphiques, intercepté les commu-

nications, démoli les ponts, coupé les routes. Qu'elle ait échoué dans cette œuvre à laquelle la préparaient cependant son instruction et sa précédente intervention dans la campagne du Rhin, on n'en saurait être surpris : une courte excursion dans la région qui s'étend entre Arras et Amiens est, à ce point de vue, la meilleure et la plus claire des démonstrations. La cavalerie ne s'aventurera jamais sans danger dans ces plaines où la nature a accumulé d'infranchissables obstacles : ici, ce sont des marais profonds que traverse une étroite chaussée ; là, c'est l'Hallue ou l'un de ses innombrables affluents qui de ses méandres capricieux semble enrouler une ceinture verte autour des villages et dire à l'imprudent voyageur : On ne passe pas.

Donc, M. de Manteuffel ne pouvait pas tirer grand parti de sa cavalerie ; il fut même réduit, en maintes occasions, à l'employer au combat à pied. Les dragons descendaient de cheval, faisaient le coup de feu comme de simples fantassins, pendant que quelques-uns d'entre eux gardaient les chevaux en arrière. Or, ce qui manquait radicalement à l'armée du Nord, c'étaient précisément les chevaux ; les dépôts des régiments de cavalerie stationnés dans les départements du Nord avaient été tous expédiés à l'armée de la Loire. L'officier supérieur qui commandait les trois pelotons de dragons et de gendarmes qu'on avait réunis, non sans peine, ne se découragea pas pour si peu. La veille de la bataille de Pont-Noyelles, à l'attaque du château de Querrieux, deux escadrons de dragons allemands s'étaient répandus en tirailleurs sur la lisière du bois. Nos cavaliers n'hésitent pas : ils se glissent derrière les taillis, rampent sans bruit, tombent sur les dragons qui gardaient les chevaux *haut le pied,* se mettent en selle et disparaissent au galop, emmenant qui un, qui deux, qui trois chevaux.

Je cite cette anecdote qui peint à merveille le caractère entreprenant des soldats que le général Faidherbe avait si rapidement formés.

Le 23 décembre 1870, le temps était clair et froid, une neige épaisse et durcie couvrait les chemins et la plaine. A onze heures du matin, les chasseurs français échangeaient les premiers coups de feu avec les tirailleurs prussiens ; à sept heures du soir, dans l'obscurité déjà complète, les troupes du général Faidherbe s'efforçaient encore de reprendre d'assaut les villages de la vallée de l'Hallue, qui avaient été enlevés par l'ennemi. Quand on s'arrête en avant du village de La Houssoye, sur la lisière du Bois-Madame, et que d'un seul coup d'œil on embrasse le vaste panorama du champ de bataille que bornent les villages d'Allonville et de Bussy, et dont Pont-Noyelles et le château de Querrieux constituent le centre, on ne peut s'empêcher de louer la prévoyance du général en chef

qui, pour les débuts de son armée, choisit d'aussi
fortes positions, s'assura d'aussi larges et d'aussi faciles lignes de retraite, essayant ainsi de « mettre
tous les atouts dans son jeu ».

A Pont-Noyelles, les deux adversaires déployè-
rent un égal acharnement ; j'ai noté plus haut
l'heure de l'ouverture du feu et celle des derniers
assauts ; vers sept heures du soir, quand, écrasée
sous le nombre, la brigade commandée par le général de Gislain eut été forcée d'évacuer le village,
les Prussiens, emportés par leur élan, escaladèrent
les pentes de l'Hallue et parvinrent, presque d'un
seul bond, jusque sur le plateau. A cet endroit, à
côté d'une croix en pierre, que les habitants vous
indiquent encore aujourd'hui, deux canons de 4
avaient été mis en batterie ; faute d'attelages, il
avait été impossible de les emmener. Les soldats de
la 29ᵉ brigade prussienne s'en emparent, fixent des
cordes aux affûts et s'apprêtent à traîner ces trophées, quand le 18ᵉ bataillon de chasseurs français
survient à son tour, s'élance au pas de charge, cul-
bute les Prussiens. Il n'avait d'autre but que de
reprendre les deux canons ; en réalité, cette attaque imprévue rejeta l'armée allemande sur Pont-
Noyelles ; l'armée du Nord put conserver, jusqu'à
la nuit, le plateau qui domine l'Hallue. Ce fut son
salut.

On pourrait aisément recueillir par centaines des

anecdotes de ce genre. J'en prends une autre seulement que je dédie aux méditations de nos futurs états-majors. Le 2 janvier 1871, le général Faidherbe prévoyait qu'il lui faudrait livrer bataille le lendemain ; décidé à marcher sur Paris et à contribuer de la sorte au mouvement d'ensemble que tentaient alors Chanzy à l'Ouest et le général Bourbaki dans l'Est, le général Faidherbe avait choisi pour objectif la ville de Bapaume, située à la jonction de quatre routes importantes et d'un chemin de fer. Désireux de se rapprocher le plus près possible du but qu'il allait assigner à ses soldats, le commandant de l'armée du Nord prescrivit au général du Bessol de s'emparer du village de Béhagnies, sur la route d'Arras à Bapaume. L'ordre fut mal transmis ; par une inconcevable négligence, on écrivit Ervillers au lieu de Béhagnies. Or, Ervillers est bien plus éloigné de Bapaume que Béhagnies. Le général Lecointe, qui, d'autre part, s'était avancé jusqu'à Biefvillers, se sentit isolé, jugea nécessaire de se retirer et dut, le lendemain, sacrifier une centaine d'hommes pour reprendre Biefvillers qu'il avait enlevé la veille sans brûler une cartouche. L'erreur d'un scribe coûte cher en temps de guerre !

Ces souvenirs d'hier sont utiles ; ces leçons du passé, terribles souvent, grandioses quelquefois, douloureuses toujours, ne doivent pas être perdues

pour la génération présente. Nos soldats suivront
les traditions de bravoure qui leur ont été léguées par
leurs aînés; ils seront plus prévoyants et se prépa-
reront sans relâche aux épreuves que leur réserve
peut-être l'avenir. Au retour des manœuvres, pendant que nous parcourions les champs de bataille
de Bapaume et de Pont-Noyelles, que de fois n'ai-je
pas entendu quelqu'un des visiteurs s'écrier : « Quels
résultats n'eût-on pas obtenus, en 1870, avec des
troupes exercées comme elles le sont aujourd'hui
et commandées par des généraux tels que Faidherbe et Chanzy ! » Cette exclamation doit servir
de conclusion au compte rendu des manœuvres du
Nord.

IX

Les concours d'admission. — Le budget d'un sous-lieutenant.
Les inspections générales. — Mess et pensions.

1er octobre 1885.

Voici l'heure où paraissent au *Journal officiel*
les décrets impatiemment attendus par les familles.
Avant-hier les examinateurs d'admission à l'École
polytechnique se sont réunis pour dresser la liste de
la promotion 1885. Beaucoup d'appelés et peu
d'élus ! Il est vrai que les vaincus d'aujourd'hui
ont le loisir de prendre, l'an qui vient, une revanche éclatante ; le ministre a reculé la limite d'âge
jusqu'à vingt et un ans. En attendant, deux cent
quarante Lycéens vont revêtir l'uniforme sévère de
l'École ; dans la séance d'hier, que présidait le général Pellé — un polytechnicien d'un rare mérite
et un soldat d'une admirable énergie — les notes
obtenues par un millier de candidats ont été longuement discutées. Chacun des examinateurs a vaillamment défendu sa partie. D'abord, sont apparus les
gros bataillons : les mathématiques, l'algèbre, la

géométrie descriptive, puis la physique et la chimie ; enfin, sont arrivés, sur ce champ de bataille pacifique, les professeurs d'une foule de cours que nos Descartes en herbe qualifient trop dédaigneusement d'accessoires. On s'est aperçu, non sans stupeur, que tel futur ingénieur, qui résout en se jouant les problèmes les plus ardus, a émaillé son discours français de fautes d'orthographe ; que tel officier de demain ignore jusqu'aux éléments de la langue allemande ; si bien que des exemples ont été jugés nécessaires, et que l'on a procédé, séance tenante, à quelques radiations de la liste, exécutions qui fort heureusement ne sont pas capitales.

Et, maintenant que l'aréopage a parlé, c'est au tour du tailleur et du bottier ; le lycéen sortira d'entre leurs mains dans la tenue classique du polytechnicien légendaire. Les mœurs, les régimes, tout a changé autour de nous : le polytechnicien, seul, a conservé son *claque*, comme le saint-cyrien son shako. Peut-être est-ce pour cela que nous aimons tant à les voir.

Les uns frappent à la porte de l'École au moment où les autres en franchissent le seuil pour la dernière fois. Ceux-ci ont arboré déjà l'élégant uniforme de l'artilleur ou du sapeur et, le sabre au crochet, ils font sonner leurs éperons sur le pavé de la capitale. Ils font bien, d'ailleurs, de profiter des congés qui touchent à leur fin ; Fontainebleau les réclame et la reprise des études scientifiques et militaires ne leur laissera plus qu'un court instant de répit.

Encore faut-il qu'ils prennent, comme on dit, la vie par le bon côté et qu'ils se contentent de peu. Les sous-lieutenants ne trouvent plus aujourd'hui, comme au temps de la *Dame blanche,* des dots miraculeuses ; l'Empereur payait quelquefois les dettes des officiers de sa garde ; les colonels se bornent à infliger des arrêts aux officiers poursuivis par des créanciers hargneux. Voyons cependant quel est le budget d'un sous-lieutenant et tâchons de découvrir les moyens de l'équilibrer. Côté des dépenses, d'abord :

Une chambre meublée coûte au moins 35 fr. par mois ;

Pension, 80 fr. ;

Ordonnance, 15 fr. ;

Blanchissage, chauffage, éclairage, 30 fr. ;

Total des dépenses nécessaires : 160 fr.

Examinons maintenant le côté des recettes. On annonce depuis longtemps l'unification des soldes ; les officiers d'infanterie jouiront, dit-on, du même traitement que leurs camarades des armes spéciales. Admettons que, pour une fois, les promesses prodiguées par les candidats soient tenues plus tard par les députés, et prenons pour base de nos calculs la solde la plus élevée : soit 208 fr. Il reste alors à l'infortuné sous-lieutenant 48 fr., sur lesquels il s'agit pour lui de prélever l'argent de poche, les petites sommes dépensées au café et la somme autrement considérable exigée par l'achat d'uniformes neufs, dont la pluie et la neige ne tardent pas à altérer la fraîcheur.

Les premiers mois qui suivent l'arrivée au régiment sont particulièrement agréables. Désireux de s'attacher un nouveau client, les fournisseurs ont ouvert un large crédit au jeune sous-lieutenant. Bientôt, hélas ! arrivent les factures. C'est un monotone défilé de réclamations, d'abord polies, puis brutales. Aux demandes succèdent les menaces ; le colonel, prévenu, charge le lieutenant-colonel de procéder à une enquête. En Allemagne, ces sortes de procès sont promptement jugés, et le plaignant est toujours renvoyé sans avoir obtenu une satisfaction même illusoire. Les chefs de l'armée prussienne ne sont impitoyables que pour ceux de leurs subordonnés qui cultivent la dame de pique et qui négligent la théorie pour étudier le tirage à cinq. Quant aux autres, ceux qui ont contracté des dettes obligatoires, ils s'acquitteront plus tard, quand ils porteront la grosse épaulette ou qu'ils auront contracté un riche mariage. Un proverbe allemand assure que les officiers endettés ne sont jamais atteints par les balles de l'ennemi ; il y aurait donc un dieu pour les créanciers.

En France, il arrive parfois que des lieutenants-
colonels, ennuyés, vexés, oublient qu'ils ont été
sous-lieutenants aussi et punissent avec une excessive rigueur des jeunes gens qui ne sont, après
tout, coupables que d'imprévoyance et d'irréflexion.
Ce sont d'abord des arrêts simples ; mesure logique
au fond, puisque l'officier qu'elle atteint est obligé
de rester chez lui. Plus de dépenses inutiles au
café. Les 48 francs seront tout entiers réservés aux
Shylocks impitoyables qui font le siège du bureau
du capitaine trésorier. Puis, quand il est bien avéré
que le débiteur est incapable de s'acquitter du coup,
les arrêts simples se transforment en arrêts de rigueur ; et, pour couronner cette progression savante
autant que barbare, le chef de corps finit par décré-
ter que notre sous-lieutenant « mangera avec les
sous-officiers ». Ce qui signifie, en réalité, que,
chaque jour, le brosseur ira chercher, au quartier,
une ration de l'ordinaire des sous-officiers et qu'il
apportera cette pitance à son lieutenant.

Il est tout confus, le pauvre soldat, quand il accomplit cette mélancolique besogne ; il se glisse le
long des murs, cache le panier qu'il tient à son bras
et s'efforce d'en dérober le contenu aux regards in-
discrets. Vains efforts ! La punition rigoureuse infli-
gée à *son* officier est bientôt le secret de tout le régiment ; et, pendant que l'officier se nourrit de pois
secs et boit de l'eau claire pour amasser le pécule

qui désintéressera ses farouches persécuteurs, les engagés conditionnels font des gorges chaudes et jettent par les fenêtres des meilleurs hôtels de la garnison l'argent qu'ils *carottent* à leurs parents !

S'il ronge son frein, le sous-lieutenant puni, ce n'est pas cependant que le *mess* soit bien tentant. Établi dans un hôtel dont le patron veut, par esprit de gloriole et de tradition, conserver la clientèle militaire, le mess est représenté par une salle froide, aux murailles blanchies à la chaux, et dont une table souvent mal rabottée occupe le centre. Aux angles, quelques dessins dus à la plume d'un brillant élève de Saint-Cyr, major de dessin ; partout, sur les chaises, sur le piano, qu'on n'ouvre que les jours de réception, des képis, des pèlerines jetés pêle-mêle. Le menu est simple : deux plats, une demi-bouteille de vin. Et les exclamations se croisent : « Salut au deux novembre ! » Le *deux novembre*, c'est — vous ne vous en seriez pas douté — le ragoût de mouton qui forme le plat de résistance de ce modeste repas. Je signale à M. Lorédan Larchey cette expression qu'il a oubliée dans ses ingénieux dictionnaires ; il est d'ailleurs facile d'en expliquer l'origine. L'ordonnance royale qui a réglé l'alimentation de la troupe est datée du 2 novembre 1834 ; elle est restée en vigueur jusqu'à l'an dernier. Depuis, un autre décret sur le service intérieur est in-

tervenu ; il n'a point modifié l'ordinaire. Les traditions culinaires des soldats d'Afrique ne sont pas
perdues !

Les sous-lieutenants mangent vite et bien : vite,
parce que l'heure va sonner de la reprise des manœuvres ; bien, parce que l'air vif du matin et les
longues chevauchées à travers le polygone ont
excité l'appétit. Dans la plupart des mess, le
doyen, — c'est le plus ancien des officiers pré-
sents, — interdit, non seulement toute querelle,
mais encore toute discussion concernant les théories, les chevaux et les supérieurs. Quelque nouveau venu s'avise-t-il de commenter tel mouvement
exécuté, le matin même, à l'école de compagnie,
d'escadron ou de batterie, un seul cri s'élève : « A
l'amende ! »

L'amende consiste en deux bouteilles de vin que
les camarades boiront à la prochaine réception. Rien
de plus naturel, au surplus, que cette proscription.
C'est bien le moins, entre les évolutions du matin
et celles de l'après-midi, que les officiers oublient
pendant quelques instants le service et ses exigences, et qu'ils se reposent en causant... de quoi ?
Eh ! de quoi donc parlerait-on entre jeunes gens de
vingt ans, si ce n'est de femmes et de théâtre, des
piquantes aventures d'une troupe de passage, et
puis aussi de ce Paris dont on entrevoit la silhouette
magique, où le régiment ira tenir garnison l'an qui

vient; Paris est le but où tendent les aspirations, les rêves, les désirs de tous ces grands enfants qui, depuis Saint-Cyr ou du haut des murs de l'École polytechnique, ont à peine deviné les charmes que leur imagination prête à la capitale !

———

X

La gendarmerie et sa tenue, son recrutement. — La gendarmerie en 1666. — La garde nationale et la manie de l'uniforme. — Tous en bourgeois. — Les maréchaux du premier
Empire sans moustaches. — Le premier drapeau tricolore.

10 octobre 1885.

Une grave nouvelle a été récemment répandue
dans le monde militaire : la commission consultative
de gendarmerie avait proposé au ministre de la
guerre de remplacer, dans la tenue des gendarmes,
le tricorne par le casque, la tunique par le dolman
et le jaune baudrier par une simple courroie fauve.
Il eût alors fallu modifier la chanson bien connue de
Nadaud, et cette seule éventualité nous a tous fait
frémir. Le ministre a pensé comme nous ; il a refusé
de s'associer aux projets subversifs de la commission.
Tout est perdu, fors le baudrier ! Le gendarme classique ne disparaîtra pas encore.

Certes, nous ne voulons pas attacher une excessive importance à l'uniforme. Mais comment peut-on
avoir imaginé un gendarme sans tricorne ? Voit-on
un président de cour d'assises en redingote, un

évêque en veston ? La tenue du gendarme est aujourd'hui traditionnelle ; nul n'a le droit, fût-il ministre, d'y toucher, et le général Campenon a été bien inspiré en rejetant purement et simplement les propositions du comité. Mais, puisque l'on s'est occupé des gendarmes, l'occasion serait bonne pour améliorer le sort de ces humbles et vaillants serviteurs de l'ordre public. On les oublie trop volontiers ; on néglige trop aisément leurs intérêts. Il est temps de rappeler les services qu'ils ont rendus ; chaque jour, le recrutement de la gendarmerie devient plus difficile. Il faut redoubler d'efforts pour prévenir le danger qui nous menace et pour éviter que le jaune baudrier soit arboré désormais par des incapables ou par des indignes.

C'est en 1791 que fut supprimée la maréchaussée : jusqu'alors on avait désigné sous le nom de gendarmerie la cavalerie féodale, la grosse cavalerie et la maison du roi. Vers la fin du dixième siècle, le guet de Paris avait été institué ; c'est lui l'ancêtre de la garde républicaine, de la gendarmerie mobile et, d'une façon générale, de tous les corps spéciaux qui, tour à tour, ont été chargés d'assurer l'ordre public dans l'enceinte de la capitale. On compte successivement la prévôté de l'hôtel du roi, la compagnie des voyages et chasses du roi et la gendarmerie forestière, puis la gendarmerie d'élite, celle-ci créée par arrêté des consuls en 1801, attachée

plus tard à la garde impériale, supprimée en 1814
et reconstituée en 1820. Dissoute, une fois de plus,
en 1830, elle fut définitivement reformée en 1852.
A cette époque, outre le régiment de gendarmerie à
pied, un escadron de gendarmerie à cheval fut organisé par décret du 12 août 1854. Quant au service
de la ville de Paris, il a comporté, depuis neuf siècles, le guet royal, la garde de l'Hôtel de Ville, la
compagnie de robe courte du Châtelet, la prévôté
générale des monnaies, la garde de Paris, les gardes
des îles, des ports et des quais, celles de Bicêtre et
de la Salpêtrière, la gendarmerie des tribunaux, les
grenadiers-gendarmes, la légion de police générale,
la gendarmerie impériale et royale de Paris et la
garde républicaine.

Certes, les gardes de l'Hôtel de Ville, par exemple, ne ressemblaient que de fort loin, par leur organisation, à ces gardes de Paris qui traversent les
rues et longent les quais au trot rapide de leurs chevaux, et qui ne sont plus chaussés de hautes bottes
que pour amortir les chutes sur le pavé. Vers l'an de
grâce 1632, les hommes du guet portaient cependant
des bottes semblables, où venaient s'aplatir les balles
des rôdeurs et, sous les murs de la Bastille, les che-
vrotines des partisans de M. de Condé. Le costume
est presque resté le même, au moins dans quelques
détails ; mais comme les mœurs ont tourné à la
prose !

Rappelons, d'après les documents de l'époque, ce qu'était la gendarmerie au temps où nos aïeux ne sortaient pas, après le coucher du soleil, sans être accompagnés d'une escorte de valets armés jusqu'aux dents. La garde de la capitale comprenait, en 1600, trois compagnies seulement : une d'arbalétriers, une d'arquebusiers, une d'archers. L'effectif de chacune de ces compagnies ne dépassait pas cent hommes. Encore ces gendarmes étaient-ils révocables sur première réquisition, si bien que, redoutant toujours de mécontenter quelque personnage de la cour par une intervention inopportune, ils se sauvaient, arquebusiers, arbalétriers ou archers, sitôt qu'ils entendaient l'écho bruyant d'une querelle lointaine. Ce sont leurs exploits, sans doute, qui ont inspiré les auteurs de l'amusante parodie dont Offenbach écrivit jadis la musique. Comme les carabiniers, Messieurs du guet arrivaient constamment trop tard !

En 1666, une compagnie de 120 cavaliers est organisée et prend le nom de garde de Paris; alors, le guet royal ne se compose plus que d'archers à pied. Cette garde, qui, comptant à la fois de l'infanterie, de la cavalerie et parfois même de l'artillerie, ressemble à une petite armée, a subsisté au travers des siècles, changeant seulement de titre à chaque nouvelle révolution : tour à tour royale, impériale, municipale et nationale, elle a servi de modèle aux institutions analogues créées dans les grandes cités de l'étranger ; elle n'a failli disparaître qu'une fois, le jour où les gardes nationaux, enivrés par le soleil de juillet et grisés par l'odeur de la poudre, réclamèrent l'honneur de veiller eux-mêmes à la sécurité des habitants de Paris. Seulement, cet essai ne fut pas remarquable ; aussitôt après leur première faction, les plus enragés gardes nationaux de 1830 se dérobèrent aux exigences du devoir militaire.

Pendant quelques semaines on n'avait rencontré dans les promenades publiques que de paisibles citoyens revêtus d'uniformes tout battant neufs ; Alexandre Dumas, déguisé en hussard, était allé à franc étrier de Paris à Nantes, porteur d'une mission du duc d'Orléans ; le ministre de la guerre avait autorisé la formation de compagnies de sauveteurs dont l'uniforme était semblable à celui des élèves de l'École polytechnique. Mais ce beau zèle dura ce que dure un feu de paille ; tant qu'il ne s'était agi que de faire voir aux populations une tenue élégante, des milliers de citoyens s'étaient enrôlés dans la garde nationale ; quand il fallut monter la garde, coucher au poste, faire des rondes de nuit et se battre avec les malfaiteurs, les dilettanti de 1830 virent sous un aspect bien différent une institution dont ils avaient imprudemment exalté les mérites.

Désertion sur toute la ligne ! Musset et Gautier lèvent l'étendard de la révolte et, plutôt que d'arborer pendant vingt-quatre heures la tunique bleue et le col-carcan, ils se laissent traîner en prison. Aucune patrouille ne circule plus à travers les rues de Paris, quand, fort à propos, la gendarmerie reprend possession de ses attributions. La garde nationale reste ce qu'elle devait être, au surplus, dans la pensée de ses créateurs : un centre de ralliement pour les agitateurs politiques. Ces demi-soldats ont tout emprunté à l'armée, sauf sa discipline.

Je rouvre une longue parenthèse pour rappeler que, vers cette même époque, les officiers de l'armée adoptèrent l'invariable habitude de porter des vêtements bourgeois en dehors du service. On a souvent demandé pourquoi, quand et comment l'usage de l'habit civil s'était introduit dans l'armée française. Voici, je crois, la réponse à ces trois questions : Napoléon fut le premier à proscrire l'uniforme. Cette affirmation a l'air d'un paradoxe ; elle est cependant rigoureusement exacte. On sait qu'il avait affublé ses maréchaux de titres plus ou moins ridicules, pour s'offrir le spectacle illusoire d'une cour composée de ducs et de princes. Seulement, quand le duc de Castiglione ou le duc de Bellune se présentaient en grand uniforme, comment eût-on oublié que ces hauts dignitaires étaient des soldats, qu'ils avaient ramassé leurs titres sur des champs de bataille et que le souverain n'était pas autre chose que leur glorieux capitaine ?

Afin de prolonger autant que possible la durée de

son illusion volontaire, Napoléon donna l'ordre à ses
lieutenants de ne paraître à la cour qu'en habit de
soirée ; l'étiquette exigeait aussi qu'ils fussent soigneusement rasés. « Il faut conserver, disait l'Empereur, la moustache et le sabre pour l'ennemi. »

Et c'est ainsi que David a fait le portrait de Murat en culotte courte, en bas de soie, et les manches
de l'habit ornées de dentelles ; on s'attend à contempler le roi de Naples à la tête de ces escadrons qu'il
conduisait à la charge, une simple cravache à la
main : on l'aperçoit effeuillant une rose ! David et
son modèle s'étaient évidemment entendus pour
flatter la manie de l'Empereur.

D'ailleurs, cette comédie fut brusquement interrompue par la guerre de Russie. Tous les maréchaux
revêtirent de nouveau la tenue de campagne qu'ils
avaient déjà portée dans vingt combats ; ils ne devaient plus l'ôter avant Waterloo. Murat et Ney
n'ont repris l'habit civil que pour tomber sous les
balles d'un peloton d'exécution !

Sous la Restauration, l'uniforme fut à la mode ;
les officiers à demi-solde, forcés de cacher au fond
de leurs armoires les kolbacks à galons d'argent et
les sabres damasquinés, avaient imaginé une tenue
spéciale à redingote croisée, chapeau à larges bords,
pantalon gris-perle, bottes éperonnées. On se rencontrait au Palais-Royal, on se dévisageait et, pour
un mot, pour moins que rien, on mettait flamberge

au vent. Les officiers de l'armée n'ignoraient pas
que leurs aînés voulaient mal de mort à ceux qui les
avaient remplacés ; il y avait péril à garder l'uniforme.
Comment eût-on hésité à le porter ?

Mais quand, après 1830, la pacification eut été
faite dans les esprits, quand les vieux sabreurs eurent compris qu'il ne fallait pas espérer une guerre
prochaine et que le colonel de Brack lui-même, qui
prêchait la revanche de Waterloo, dut remettre au
fourreau l'épée de Lasalle qu'il en avait déjà presque tirée, les mœurs plus douces exercèrent une
irrésistible influence sur l'armée. On ne se battait
plus qu'en Afrique, où les officiers et les soldats écri-
vaient avec leur sang une incomparable épopée ; en
France, l'officier devenait homme du monde, allait
au théâtre, fréquentait les salons, pénétrait, avec
Paul de Molènes, jusqu'à la *Revue des Deux-Mondes*,
avec Bugeaud jusqu'à la Chambre. L'uniforme fut
abandonné ; ce n'étaient plus

> Ces habits bleus par la victoire usés

que Béranger avait célébrés. Quand l'officier quittait sa garnison de province pour venir se retremper
dans l'air de la capitale, il laissait là-bas le sabre et
le shako.

Sage précaution, d'ailleurs, puisqu'au ministère
de la guerre on n'est admis dans les bureaux que
sous l'habit bourgeois. De larges pancartes fixées

aux murs des longs corridors sombres informent le passant que les directeurs ne reçoivent qu'à certaines heures, « le jeudi et le samedi, de deux à quatre »... Ces prescriptions doivent être scrupuleusement respectées par tous les officiers. Aussi, dès qu'un garçon de bureau aperçoit l'ombre d'un dolman, il se hérisse, affecte un ton rogue et déclare très haut que « Monsieur le Directeur n'est visible qu'aux jours indiqués ».

Est-ce, au contraire, un *pékin* qui se présente, l'accueil est bien différent. On ignore le grade et la qualité de ce visiteur : sous la redingote et le chapeau noir, il est malaisé de distinguer un général d'un commandant. Alors, les portes s'ouvrent et l'officier, déguisé en bourgeois, peut forcer la consigne et pénétrer jusqu'auprès du directeur qui distribue l'avancement et qui classe ses amis à Paris, et les autres... à Quimper !

Ce ne sont qu'habits noirs, jaquettes de fantaisie pour les sous-lieutenants, vestons de coupe élégante pour les vieux généraux encore fringants. Et, pendant que tout se transforme, le gendarme seul conserve l'uniforme traditionnel. En 1584, une ordonnance royale détaillait ainsi l'armement d'un archer : un armet ou casque, un corps de cuirasse, avant-bras, cuissots, une forte lance, un estoc (épée longue et étroite) et un cheval robuste. Dès 1720, cependant, l'uniforme de la maréchaussée se compose d'un habit ou d'une tunique en drap bleu foncé, d'un pantalon blanc, d'aiguillettes et de passementeries jaunes, d'épaulettes rouges et d'un chapeau galonné d'argent. Bleu, blanc, rouge, les trois couleurs de la maison du roi qui, depuis lors, sont devenues les couleurs nationales. Bien avant la prise de la Bastille, l'uniforme de la gendarmerie était ainsi l'image du futur drapeau de la France !

XI

Les mariages d'officiers. — Sans dot. — La morale et l'intérêt. — Une singulière contradiction. — L'enquête du gendarme. — L'espionnage militaire. — Souvenirs du siège
de Paris. — Ce qu'en pense un officier allemand.

24 octobre 1885.

« Les affaires ne vont pas ! » Tel est le cri de mille
et quelques financiers qui se réunissent, chaque jour
vers midi, aux abords du palais de la Bourse. Ces
plaintes sont enfin parvenues jusqu'aux oreilles du
ministre de la guerre ; du fond de la retraite qu'il
occupe dans la rue Saint-Dominique, M. le général
Campenon a dicté quelques ordres, et les informa-
tions particulières que nous avons reçues par fil spécial permettent de croire qu'avant peu les agents de
change salueront, enthousiastes, le retour des jours
fortunés d'avant le krach. Si cette nouvelle vous
paraît invraisemblable, écoutez — comme dit la
ballade traditionnelle de la foire de Saint-Cloud —
et jugez :

Vous ignorez peut-être qu'aucun officier ne peut

se marier sans avoir obtenu l'autorisation du ministre
de la guerre ; et, pour que le chef de l'armée donne
ainsi son assentiment, il est absolument nécessaire
que la future dépose dans la corbeille 1,200 fr. de
rente, en titres bien et dûment vérifiés. Qu'elle soit
charmante, blonde comme les blés, vertueuse comme
une rosière, apparentée comme une princesse, qu'importe ! 1,200 fr. de rente — ou le célibat! Les révolutionnaires étaient moins farouches ; ils disaient
seulement : « La fraternité — ou la mort! » Il est
plus facile d'être fraternel, même aujourd'hui, que
de se découvrir subitement 1,200 fr. de rente. Encore ces 1,200 fr. doivent-ils jouir d'une propriété
singulière : que le taux de l'intérêt baisse ou augmente, que la conversion soit votée par les Chambres
ou indéfiniment ajournée, la rente primitive de l'officier ne doit jamais varier.

— Lieutenant, dit le colonel, je vous ai mandé ;
le tailleur réclame un arriéré et vous faites, depuis
l'an dernier, la sourde oreille.

— Hélas! mon colonel, j'ai maintenant deux enfants ; l'État n'a pas encore doublé mon traitement et
la vie est horriblement chère à X...

— Bon! Et vos rentes?

— Mes rentes?

— Je m'entends ; celles de votre femme ?

— Mon Dieu! laissez-moi vous faire un aveu:
nous avons, pour doubler nos revenus, risqué notre

petite fortune dans de mauvais placements ; une
faillite est survenue...

— Une faillite? Allez au diable ! Vous aviez 1,200
francs de rente en vous mariant. Où sont-ils passés?
Je tiens à les voir, sinon je vous f...lanque quatre
jours d'arrêt ! Est-ce que je joue à la Bourse, moi
qui vous parle ?

Et le colonel avait raison, puisqu'aux termes de
deux circulaires officielles la fortune des officiers ne
doit consister qu'en titres nominatifs de rente sur
l'État, sur la Banque de France ou sur le Crédit
foncier. Le ministre n'a point modifié ces paternelles
prescriptions : seulement, il vient d'autoriser les officiers « à faire, après leur mariage, à leurs risques et
périls, les placements qui leur conviennent ». Ce
paragraphe n'a l'air de rien au premier abord ; en
réalité, il est gros de conséquences imprévues.

Certes, je ne pense pas que les officiers vont assiéger désormais les bureaux des agents de change ;
je ne crois pas davantage que les colonels des régiments de province consentiront volontiers à faire
afficher, dans les cours des casernes, les dépêches
apportant la cote officielle du jour. Nous dressions,
dans une précédente chronique, le budget d'un sous-
lieutenant célibataire. Si nous refaisions les mêmes
additions pour le ménage d'un sous-lieutenant père
de famille, nos conclusions ne varieraient guère et
ne seraient pas plus gaies. Les officiers connaissent

la valeur de l'argent ; ils se garderont, même avec l'autorisation ministérielle, de réduire encore leurs ressources déjà restreintes.

C'est un autre résultat de la circulaire de M. Campenon que nous sommes forcés d'indiquer ; si la Bourse n'y gagne pas de passionnés adhérents, la statistique accusera bientôt un excédent de mariages. Car tout le monde n'a pas 1,200 fr. de rente, et, bien souvent, un jeune officier, séduit par le joli minois d'une provinciale, a dû clore brusquement le roman ébauché, faute d'y pouvoir joindre une conclusion... légitime. Avant de franchir le seuil de la mairie, il faut faire voir l'autorisation ministérielle, et le ministre ne dit oui que si Lisette a 1,200 fr. de rente dans la poche de sa robe de toile rose. Or, Lisette ne les a pas ; elle est « pauvre, mais honnête », et le sous-lieutenant, comme Georges Brown, ne possède que son traitement.

Tromper le ministre, il n'y faut pas songer ; les bureaux, en effet, ne se contentent pas d'une simple affirmation, ni même d'une attestation contresignée par toutes sortes d'autorités civiles. Les *pékins* n'ont rien à voir dans cette affaire, et, quand un officier sollicite l'autorisation de rompre ses vœux de célibat, la gendarmerie procède, *par ordre,* à une double enquête. Pandore est chargé d'examiner si la future est honnête ! Comment il remplit cette mission délicate, je l'ignore ; ce que je sais, c'est qu'il le fait

avec cette sage lenteur qui, de toutes les traditions,
est la seule que nous ayons conservée. Sans doute
parce que, seule, elle était détestable.

C'est aussi le gendarme qui transmet à l'intendant
les pièces régulières qui concernent la dot exigée ;
et, comme en dehors de la gendarmerie le gendarme
ne rit jamais, les infortunés amoureux privés de
1,200 fr. de rente n'avaient plus le choix qu'entre
deux remèdes extrêmes : noyer, dans la plus proche
rivière, leur commun désespoir, ou se passer de la
consécration de l'Église et de l'état civil. Je parie
qu'ils s'arrêtaient presque toujours à ce dernier parti.
La morale y perdait quelque chose, mais ce n'est
pas pour rien qu'on a maintenant, au nom du progrès, associé ces deux mots : Morale... Indépendante.

Et puis ? En quoi la circulaire actuelle modifie-
t-elle la situation des officiers sans fortune et des
Rosines sans dot ? Je vois bien que les fringants
lieutenants chanteront encore des sérénades et que
les charmantes pensionnaires s'accouderont, pensives, au balcon ; je devine que le galant rêve une
escalade impossible. Les échelles de corde ne sont
plus à la mode, depuis que les futurs beaux-pères
guettent à la croisée d'en face et tirent sur leurs futurs gendres comme sur des larrons ou sur des lapins.
La route la plus sûre est en même temps la plus
longue : elle passe par la mairie et par l'antichambre
du notaire.

La dot obligatoire est la clef du paradis. Est-ce
donc que le ministre a révélé une formule inconnue,
et qu'il suffira de murmurer une variation de « Sé-
same, ouvre-toi » pour obtenir l'autorisation convoi-
tée ? Non, sans doute ; seulement, les adeptes for-
cenés du mariage pourront user dorénavant d'un
subterfuge des plus simples. Ils iront solliciter de
quelque ami plus riche le prêt momentané des titres
de rente nécessaires. En choisissant des titres au
porteur, ils éviteront jusqu'à l'ennui d'opérer une
translation. Ils attendront ensuite, de pied ferme, la
visite du gendarme, qui, lui, n'y verra que du feu.
Quand tous les rapports auront été parcourus par les
chefs, les sous-chefs et les commis de tous les bureaux, l'officier, réalisant enfin un rêve longtemps
caressé, conduira jusqu'à l'autel la promise. Il n'oubliera rien que les 1,200 fr. de rente, qui rentre-
ront, le jour même, au bercail gardé par l'ami com-
plaisant.

Et si, plus tard, le colonel curieux pose la question traditionnelle :

— Et vos rentes ?

— J'ai fait des opérations de bourse, mon colonel ;
la circulaire ministérielle de 1885 me permettait
d'agir ainsi, m'y invitait même. J'ai perdu la dot de
ma femme en un jour.

Le colonel n'aura rien à répliquer ; le tour sera
joué.

Donc nos officiers disposeront à leur gré de leur argent ; le ministre leur octroie enfin cette rare faveur.

Ce qui m'étonne, je l'avoue, infiniment plus, c'est de constater que, d'une part, des célibataires endurcis refusent obstinément de se marier et font le désespoir de leurs familles et la joie de leurs amis ; que, d'autre part, des officiers ont la rage d'épouser devant M. le maire des jeunes filles sans dot ; et que l'on veut forcer les premiers à convoler, pendant que l'on prétend empêcher les seconds de goûter les joies du mariage. « Étrange ! étrange ! » disait je ne sais plus quel personnage de comédie ; et d'autant plus étrange que, récemment, un jeune lieutenant ayant manifesté l'intention d'épouser une demoiselle du corps de ballet, le ministre y consentit, à cette condition toutefois « que ladite demoiselle ferait, au préalable, abandon de sa fortune personnelle et de ses bijoux ». Voilà de quoi dérouter la logique ; tantôt l'administration exige 1,200 fr. de rente ; tantôt, elle repousse toute espèce de dot. Candide aurait-il tort ? Tout ne serait-il pas pour le mieux dans le meilleur des mondes ?

Vous n'avez pas oublié ces tristes et mortelles premières journées du siège de Paris. Le ciel et les hommes semblaient alors s'être ligués contre la France. L'horizon était brumeux ; de grands nuages noirs s'étendaient sur nos têtes ; on respirait péni-

blement ; on marchait en glissant comme des fantômes ; on s'abordait dans les rues avec hésitation.
Nous ne savions pas du tout ce que c'était que la
guerre, et du siège lui-même nous n'augurions que
deux ennuis atroces : nous aurions froid, nous aurions faim. L'enthousiasme de la journée du 4 Septembre était tombé presque aussitôt, et les esprits
étaient tellement accablés, les caractères tellement
déprimés, que les hommes étaient redevenus crédules
comme de petits enfants. Les nouvelles les plus
sinistres ou les plus rassurantes, également invraisemblables d'ailleurs les unes et les autres, trouvaient créance.

« Bazaine, annonçait-on, a jeté 30,000 Prussiens
dans les carrières de Jaumont. » L'un de nous eut
alors la malencontreuse idée de chercher le nom de
Jaumont sur une carte ; il s'écarquille les yeux sans
rien découvrir. De Forbach à Metz, nous scrutons à
la loupe la carte d'état-major. Pas de Jaumont !
Alors, dépité, quelqu'un dit tout haut ce que nous
pensions tout bas : « Dieu ! que ces cartes sont mal
faites ! C'est la faute à l'état-major si nous avons été
battus. » Notez bien que Jaumont existait, mais que
pas un cadavre de soldat n'est enfoui dans ses carrières.

Si j'évoque ces souvenirs douloureux du siège,
c'est que l'une des maladies dont nous étions alors
tous affectés n'a pas été radicalement guérie par les

événements. Nous n'accueillons plus, sans doute, de fabuleux racontars ; mais nous avons gardé depuis l'année terrible la déplorable et ridicule manie de voir des espions partout.

En octobre 1870, la foule parisienne était affolée. Dès qu'une lampe paraissait à la fenêtre d'une mansarde, un cri s'élevait de toutes parts. « C'est un espion ! Il fait des signaux ! Il communique avec les Prussiens ! » L'armée allemande était encore à Meaux, mais nul ne prenait alors la peine de réfléchir. Ce cri : « Espion ! » était l'étincelle jetée sur une traînée de poudre. Après la guerre, ce fut autre chose : un vagabond, saltimbanque ou joueur de flûte, avait-il été doté par dame Nature d'une barbe blonde, on le regardait de travers ; s'il s'aventurait à travers champs, le garde champêtre le suivait... de loin, et le surveillait. Si la barbe était rousse, point d'hésitations ! On arrêtait le gaillard, on l'enfermait à la mairie. Songez donc ! une barbe rousse ! Ce ne pouvait être qu'un émissaire du grand état-major de Berlin. Quant à se demander ce que cet agent était venu faire dans un coin reculé de notre pays, nul n'y songeait. « Barbe blonde ou rousse, lunettes d'or, pipe en porcelaine », tel était le signalement complet, l'acte d'accusation irrécusable. Voilà des espions ingénieux qui ont soin d'afficher leur nationalité et leur profession !

Quelques faits isolés me font croire, malheureu-

sement, qu'il existe encore en France nombre de
braves gens crédules à l'excès et naïfs... plus qu'il
n'est permis. Un général prussien se promène, l'autre jour, aux environs du ballon de Servance. Nous
avons construit, là-haut, un fort où loge, en été, un
bataillon de chasseurs à pied. L'officier étranger,
vêtu naturellement en bourgeois, est orné d'une de
ces barbes blondes qui, depuis quinze ans, sont à
l'index en France. Il déjeune tranquillement, fait
sa sieste et fume un cigare.

Un gardien l'aperçoit. Quelle occasion pour jouer
un rôle important, pour enfler la voix ! Si l'étranger
ne se remue pas, c'est qu'il dissimule ses intentions ;
s'il se dirige à travers bois, c'est qu'il reconnaît les
sentiers ; s'il fume la pipe, c'est un Allemand ; s'il
ne la fume pas, c'est un espion qui essaie de dérober
sa nationalité aux regards vigilants du gardien du
fort. Vous pensez bien qu'il suffit de quelques rai-
sonnements de cette force pour faire arrêter, condamner, exécuter n'importe qui.

Une simple question : Qu'est-ce qu'ils ont à faire
chez nous, ces espions qu'on croit rencontrer partout ? Les élèves de Saint-Cyr connaissent, à un
soldat près, la composition des corps d'armée allemands ; les élèves de l'École militaire de Pots-
dam sont tout aussi bien renseignés sur l'armée
française. Comme l'a si bien démontré M. de Goltz,
l'espionnage n'a plus de raison d'être, puisqu'on

ne saurait plus assigner un but quelconque à ses efforts.

L'espion d'aujourd'hui, c'est le cavalier qui, audacieux, infatigable, persévérant, franchit les lignes ennemies, exécute un *raid* à lui tout seul et revient avec une ample moisson de renseignements.

D'autres espions, il n'y en a plus que dans les romans de Fenimore Cooper.

———

XII

Les dernières promotions. — Retour à Paris. — Comment on
devient général. Les nouveaux divisionnaires. — Une bataille
à l'École polytechnique.

31 octobre 1885.

A l'heure où j'écris, quelques centaines d'officiers
emploient leurs loisirs à décacheter des lettres de
félicitation. L'*Officiel* a parlé : cinq généraux de
brigade ont été nommés divisionnaires, huit colonels ont été promus au grade de général de brigade ;
et, du haut en bas de l'échelle hiérarchique dont
l'humble sous-lieutenant occupe le dernier échelon,
le ministre de la guerre a distribué cette manne
bienfaisante qui porte le nom d'avancement. Le
télégraphe a joué dans toutes les directions ; les officiers de Paris ont envoyé l'heureuse nouvelle à leurs
camarades de province. Je connais un lieutenant
qui, depuis deux ans, végétait dans une petite ville
perdue en pleine Bretagne ; il rêvait de renouer
connaissance avec les délices de la capitale et dépei-
gnait ainsi l'existence monotone qu'il était forcé de
mener :

« Quand je ne suis pas de semaine, je me lève à
dix heures. Mon ordonnance m'apporte les journaux de Paris; je les lis de la première à la dernière ligne, sans négliger les faits divers et les an-
nonces. Cela fait, je m'habille et je sors, *convaincu
que j'arrive de Paris!* A la pension, tous mes camarades m'interrogent; ils n'ignorent pas que je nourris l'ambition de vivre de la vie de Paris, tout en
restant à X... Je leur conte les anecdotes piquantes
cueillies dans les journaux que je viens de parcourir; c'est moi qui leur détaille, chaque matin
les spectacles de la veille auxquels je n'ai pas
assisté et j'y joins des réflexions que tel critique ne
désavouerait peut-être pas. Puis, je vais au café, où
je relis les mêmes journaux; à l'exercice, où je
gourmande les sous-officiers; je profite enfin de
l'*apéritif* pour me plonger derechef dans la lecture
de la *Vie parisienne* de la semaine précédente et je
m'endors, presque consolé, en chantonnant les refrains de l'opérette à la mode, comme si je sortais
du passage Choiseul. »

Cet enragé Parisien a su, par une dépêche que je
lui ai transmise hier, qu'il était nommé capitaine
dans un régiment des environs immédiats de Paris;
il a reçu cette agréable nouvelle pendant qu'il
achevait, mélancolique, le traditionnel haricot de
mouton arrosé de cidre et d'eau filtrée. J'ai appris,
par des témoins oculaires, qu'il s'était aussitôt livré

à une pantomime désordonnée ; deux ou trois chaises ont été brisées par cet intrépide voltigeur ; une demi-douzaine d'assiettes ont pris leur vol du côté de la fenêtre et le champagne — de Bretagne — a coulé à flots. Je parie que ce lieutenant s'estime aujourd'hui plus heureux que n'importe quel député élu au scrutin de ballottage !

Est-ce à dire que tout soit rose dans le métier militaire ? J'imagine que la jeunesse est bien pour quelque chose dans l'enthousiasme des lieutenants nommés depuis deux jours. Quant aux nouveaux généraux, qui, eux, n'ont plus l'entrain des vingt ans, voyons un peu ce qu'ils ont fait, les efforts qu'ils ont tentés pendant leur longue carrière, avant qu'ils soient parvenus à décrocher les étoiles. Cinq généraux de brigade ont été promus divisionnaires ; il n'est point de grade plus élevé que celui dont ils viennent d'être investis, car le commandement d'un corps d'armée n'est pas un grade particulier, mais seulement un emploi qu'on ne doit même exercer, d'après la loi, que pendant trois ans seulement. Il faut l'intervention directe du Parlement pour décerner le titre de maréchal de France ; encore pareille récompense ne peut-elle être octroyée que pour hauts faits de guerre. Donc, nos généraux de division n'ont plus rien à désirer, à moins qu'ils ne comptent sur un incident parlementaire pour s'emparer du porte-feuille de la guerre. Général de division ! Tout le

monde ne le devient pas. Voyez au moins comment
on peut le devenir. Des cinq nouveaux promus,
l'un, M. Borson, a servi jusqu'en 1860 dans l'armée
sarde! Quand la Savoie fut annexée à la France, le
jeune lieutenant-colonel opta pour l'armée de Magenta et de Solférino ; ce choix lui a porté bonheur.

Le plus jeune des heureux élus d'avant-hier,
M. Caillot, exerce depuis un an environ les fonctions de directeur de l'infanterie au ministère de la
guerre ; il fait connaissance avec la capitale, où,
durant trente ans, il ne s'est guère arrêté qu'entre
deux étapes ou deux campagnes. Sous-lieutenant frais
échappé de Saint-Cyr, il ramassait, sur la brèche de
Malakoff, sa croix de chevalier et son épaulette de
lieutenant ; cinq ans plus tard, il rapportait d'Italie
son troisième galon et s'en allait guerroyer en Algérie, d'où il ne revient qu'à la veille de la déclaration
de guerre. On l'emporte mourant du champ de bataille de Frœschwiller ; total : 13 campagnes, 6 blessures , une citation à l'ordre du jour de l'armée.

M. Gallimard, qui s'en va commander la 22ᵉ division, à Vannes, n'a, pas plus que M. Caillot, trouvé
les trois étoiles dans son berceau. Polytechnicien,
sous-lieutenant du génie, il a conquis ses grades à
la pointe de son épée, en Algérie, en Corse, en
Chine, en Cochinchine ; la reddition de Pékin et la
prise du fort de Kihou, en Cochinchine, lui ont valu
deux citations. On retrouve encore son nom à l'or-

dre du jour de l'armée du Rhin ; lieutenant-colonel du génie, ses fonctions lui permettraient de rester en arrière des premières lignes de combattants ; il est cependant partout au feu, à Borny, à Mars-la-Tour, à Servigny. Les officiers du génie ont la bravoure froide, paisible, déterminée ; quand, ornés de ces lunettes qu'ils aimaient à porter avant 1870, ils accomplissaient un acte de témérité folle, on eût dit qu'ils terminaient un calcul, qu'ils achevaient un lever d'arpentage. Tels ils furent au siège de Constantine, tels on les revit devant Sébastopol ; les officiers supérieurs, marchant en tête des colonnes d'assaut, tombaient comme des mouches sur les pentes du Mamelon-Vert ; à peine étaient-ils atteints que d'autres officiers, impatients, les remplaçaient au poste périlleux où la mort fauchait à son aise.

D'autres épreuves étaient cependant réservées au général Gallimard. Le ministre, ayant appris que la discipline — qui, d'après la définition prudhommesque de l'ordonnance de 1833, fait la force des armées — ne régnait pas à l'École polytechnique, pria le général Gallimard d'aller mettre à la raison ces jeunes écervelés. Ce n'était pas une tâche facile. S'il m'était permis d'employer une locution vulgaire, je dirais, que les Polytechniciens sont soldats sans l'être. Leurs adjudants et leurs capitaines les punissent, il est vrai, mais la salle de police et la prison elle-même sont représentées par des cellules tout à fait confortables où l'on travaille paisiblement, loin du bruit, et d'où le regard émerveillé embrasse, à travers les barreaux très espacés, l'horizon entier de Paris.

Le général qui commande l'École se heurte souvent à de graves difficultés; trop de sévérité nuit, mais trop d'indulgence provoque d'inévitables excès. Il est à peine besoin de rappeler que M. Gallimard réussit à rétablir la discipline sans cesser d'être fidèle aux traditions d'une autorité paternelle. Il avait battu les Chinois, soumis les polytechniciens; il fut, à son tour, vaincu par de simples bourgeois. L'histoire vaut la peine d'être contée.

Les anciens élèves de l'École polytechnique se réunissent une fois l'an pour entendre lecture du rapport fait par le comité qui distribue des secours pécuniaires aux veuves ou fils orphelins d'officiers ou d'ingénieurs morts sans laisser de fortune. Un ex-polytechnicien — c'est tantôt un ministre, tantôt un général — prononce, à cette occasion, un discours solennel ; aussitôt après, tous les assistants se précipitent vers les bâtiments où sont situés les dortoirs et les salles d'étude des « conscrits »,

Ce qu'ils y vont faire, vous l'avez deviné sans peine : ils brisent des cuvettes, retournent les matelas des lits, et, redevenus jeunes pendant une heure, imaginent toutes sortes de plaisanteries dont leurs petits camarades doivent être les victimes. Ces invasions n'allaient pas toujours sans quelque trouble ; ce sont, en effet, des adjudants qui font le service « d'ordre et de sûreté » à l'intérieur de l'École. Quelques-uns s'avisèrent de renvoyer brutalement les démolisseurs qu'ils rencontraient sur leur domaine. On vit ainsi un sous-officier chasser un colonel en bourgeois.

Désireux de mettre un terme à ces espiègleries qui, à la longue, étaient devenues plus désagréables que spirituelles, le général Gallimard ordonna de fermer les grilles qui donnaient accès au réfectoire, aux dortoirs, aux salles de dessin. Ah ! ce fut un beau tapage dans l'amphithéâtre lorsque deux ou trois lieutenants, partis en éclaireurs, revinrent apporter la sinistre nouvelle. L'hésitation, d'ailleurs, ne fut pas de longue durée. L'autorité avait l'extrême audace de se défendre ; on l'attaquerait. Il y avait là des généraux pour diriger les opérations, des ingénieurs des mines et des ponts et chaussées pour découvrir de nouveaux engins de destruction, des hydrographes pour dresser les plans, des capitaines et des sous-lieutenants pour former les colonnes d'assaut, et des académiciens pour prononcer des harangues enflammées et couronner les vainqueurs !

On courut chercher des poutres abandonnées dans un coin de la cour ; avec un barreau de fenêtre, des professeurs de mécanique rationnelle confectionnèrent un levier; la porte fut enfoncée, et l'armée assiégeante pénétra dans l'enceinte que personne ne songeait plus à défendre.

Rassurez-vous, mon général : les troupes de la 22e division sont plus disciplinées que les polytechniciens de soixante ans et que les membres de l'Institut déguisés en gamins.

Parmi les promotions que le Président de la République a contresignées, il en est une encore que nous ne saurions ici passer sous silence. A l'heure même où le général de brigade Jamont poursuivait des bandes de rebelles au Tonkin, l'*Officiel* enregistrait, à Paris, la nomination de ce vaillant officier au grade de général de division. A sa sortie de l'École d'application, M. Jamont assistait, en 1854, à la bataille de Traktir. On voit, à l'École d'artillerie de Versailles, un dessin fait d'après un tableau célèbre, et qui contient les noms des personnages dont l'artiste a reproduit les traits. Au loin, les régiments d'infanterie marchent à l'assaut des positions escarpées occupées par les Russes ; au premier plan, une batterie d'artillerie à cheval se déploie sous un feu violent ; les obus pleuvent, les chevaux s'emportent, mais les officiers, calmes, intrépides, conduisent eux-mêmes les pièces de canon jusqu'aux emplacements qui leur ont été assignés.

Êtes-vous curieux de connaître les noms de ces officiers ? Tous ont eu une fortune militaire rapide autant que méritée ; je les cite au hasard : ils s'appelaient Forgeot, qui fut ministre de la guerre ; de Lajaille, qui préside maintenant le comité d'artillerie ; Gagneur, qui fut général de brigade ; Berge, alors lieutenant et maintenant commandant du 16ᵉ corps d'armée ; enfin, Jamont, qui portait encore l'uniforme de sous-lieutenant élève.

On ferait, je parie, un gros volume si l'on écrivait la monographie de cette batterie modèle !

XIII

Un coup d'œil en Amérique. — Deux types de soldats : Mac-
Clellan et Grant. — Documents inédits sur la jeunesse de
Grant.

10 novembre 1885.

La vieille Europe était en train d'oublier, depuis
quelques années, que la jeune Amérique possède
une armée et une flotte régulières. Les diplomates
assuraient, il est vrai, qu'en 1866 les États-Unis
faillirent intervenir au Mexique et que, si Napoléon III n'eût pas abandonné l'infortuné Maximi-
lien au sort tragique qui lui était réservé, notre corps
expéditionnaire eût été forcé de combattre les bataillons de Shield enrôlés sous les étendards de Juarez. Mais ces souvenirs rétrospectifs n'avaient rien
qui fût de nature à nous émouvoir. Pour le public,
une armée n'existe qu'autant qu'elle a figuré récemment sur un champ de bataille. Victorieuse ou vaincue, elle s'est affirmée ; la fumée du canon l'entoure
d'une auréole.

Imbus de ces principes passablement erronés, les
sages de notre temps haussent les épaules quand on

cite devant eux l'armée belge, l'armée suisse, l'armée américaine. « Une armée suisse! disent-ils, pourquoi pas un amiral? » Il ne manque pas cependant de juges compétents qui pensent que ces petites armées sont remarquablement organisées; le général Brialmont, dont les ouvrages font autorité et qui parcourt l'Europe, maître et commis-voyageur en fortifications, est Belge; Dufour, bien qu'il eût fait ses études à l'École poiytechnique, a commandé l'armée helvétique; quant aux États-Unis, ils viennent de perdre, à trois mois d'intervalle, deux hommes de guerre dont la renommée survivra certainement aux controverses qui se sont élevées autour de leurs noms.

Grant et Mac-Clellan! Toute une histoire, toute une épopée! Pendant six mois, l'Europe inquiète a répété le nom de Mac-Clellan, opiniâtre soldat dont l'inébranlable fermeté rassurait alors les amis de la cause fédérale. Puis, ce fut le tour de Lincoln, dont on a conté cent fois la prodigieuse fortune. Et, quand il fut besoin de concentrer les efforts de tous pour l'action suprême, Grant apparut. Où le patriote le plus obstiné n'eût pas trouvé, huit mois auparavant, l'ombre d'un fantassin, Grant rencontrait, grâce au travail persévérant de Mac-Clellan, des bataillons constitués, des escadrons montés en chevaux infatigables, des batteries pourvues d'un matériel hors ligne.

Grant eut le rare mérite d'employer les éléments dont il disposait; il fut le vainqueur que la foule idolâtre acclame et hisse sur le pavois. Mac-Clellan, résigné, vécut dans l'oubli. Comme Carnot, il avait organisé la victoire; c'est Grant qui la remporta. L'un fut l'âme, l'autre le bras; l'un eut l'audace, l'autre la volonté. On a retracé bien souvent l'existence de Mac-Clellan; il n'est pas trop tard pour rendre justice à Grant. Les appréciations passionnées des uns et des autres sont oubliées; Lincoln, Grant et Mac-Clellan sont morts. L'œuvre dont ils furent à des titres divers, mais avec une égale obstination, les créateurs indomptables, a triomphé de toutes les résistances. « Le temps efface tout », écrivait Lamartine. Pourquoi ne réunirait-on pas dans un commun hommage ces trois Américains qui se dévouèrent à une même tâche? Ils ont été rivaux; l'un a essayé de ternir la réputation de l'autre. Eh! les héros sont, à certaines heures, des hommes comme nous; les haines et les passions qu'ils éprouvent sont même plus violentes que celles dont nous sommes animés. Hâtons-nous de le constater, afin que leur écrasant voisinage ne soit point trop humiliant pour notre pauvre humanité.

Au mois de mars dernier, Grant, malade et ruiné, avait été transporté à Mount; M. Drexel, banquier à New-York, avait offert l'hospitalité la plus large et la plus fastueuse au soldat brisé par l'âge et par

toutes sortes de catastropes financières. A peine
Grand était-il installé à Mount que des reporters
arrivèrent en foule. La présence de Grant fut, pour
les habitants de cette petite ville, une source de
gros bénéfices. Chaque jour, le télégraphe jouait
dans toutes les directions; les bulletins des médecins étaient reproduits à plusieurs millions d'exemplaires. On cite — même en Amérique, où ces
sortes d'excentricités sont cependant à la mode —
un reporter qui pénétra dans la maison de M. Drexel
en qualité de valet de chambre et qui, sans cesser
de cirer les bottes du général Grant, expédiait à
son journal les détails les plus circonstanciés sur
l'existence intime du héros.

Grant n'attachait point d'importance au bruit
qu'on menait autour de lui. Las de la lutte journalière, atteint déjà par un mal implacable, il disait à
ses amis : « Laissez-moi dormir! Quand je serai
mort, je désire que personne ne se désole à mon
sujet. » La ruine financière avait hâté la marche de
la maladie dont il souffrait. C'est en vain qu'une
souscription fut organisée en sa faveur, que le Congrès de Washington le réintégra dans les cadres de
l'armée, et qu'un journal lui demanda des articles
militaires au prix réellement fabuleux de 12,000 fr.
chacun! Grant n'était plus capable de tenir une
plume.

Les ancêtres de Grant avaient quitté l'Angle-

terre au mois de mai 1630 pour venir s'établir à
Dorchester, embryon de ville situé dans l'État de
Massachusetts. Mathieu Grant — le chef de la bran-
che américaine — ne réussit pas dans ses entreprises; il ne parvint à léguer à ses fils que deux ou
trois arpents de terre. Alors, ces laboureurs malheureux recherchèrent le métier des armes ; deux petits-
fils de Mathieu furent tués, vers l'an 1750, dans les
rangs de l'armée anglaise, qui faisait, à cette époque,
une guerre acharnée aux Indiens. Le grand-père du
général fut un des soldats de la guerre de l'Indépendance.

Ulysse Grant naquit le 27 avril 1822, à Point-
Pleasent, dans l'État d'Ohio. Ses parents étaient
pauvres, la guerre n'ayant point coutume d'enrichir
les honnêtes gens. Il y avait dans cette famille beaucoup de vertus et de souvenirs glorieux, mais peu
ou point d'argent; comme les cadets déshérités,
Grant résolut de porter l'uniforme. Il fut admis,
sur la recommandation d'un membre du Congrès, à
l'Académie militaire de Westpoint; il avait alors
dix-sept ans. Qu'était-ce que cette école dont Mac-
Clellan fut aussi l'élève? Le séjour que ces deux
illustres généraux ont fait à Westpoint a-t-il exercé
quelque influence sur le développement de leur
génie ?

Il est permis d'en douter ; si nous consultons les
notes laissées par Grant et les billets laconiques

qu'il adressait à sa famille, nous sommes forcés de reconnaître que l'éducation militaire était plus que défectueuse à Westpoint. On y consacrait, en l'an de grâce 1822, six heures par semaine aux études littéraires ou scientifiques, et encore le programme des cours nous paraîtrait-il suffisant tout au plus pour une école primaire ; un peu de géométrie, quelques notions d'arithmétique, de fréquentes lectures d'auteurs anglais du XVIIIe siècle ; en fait d'art militaire proprement dit, rien. Il est vrai qu'en hiver comme en été les jeunes élèves s'exerçaient dans la cour, montaient à cheval et galopaient à travers bois pendant des journées entières. Les professeurs de Westpoint n'avaient point la prétention de former des savants : ils tâchaient surtout de préparer leurs camarades aux fatigues qu'ils allaient endurer. Car ce n'était pas une sinécure que le métier d'officier dans l'armée de l'Union. Les effectifs ayant été réduits au strict nécessaire, personne ne restait inactif. Il n'y avait de garnisons que dans les forts construits le long de la frontière indienne. On y vivait dans l'isolement, sans autres distractions que les attaques d'un ennemi rusé. Les officiers, les sous-officiers et les soldats emmenaient leurs familles ; ils profitaient des instants de répit que leur laissaient les Indiens pour défricher des terres. C'étaient, au fond, des pionniers militaires.

L'État ne payait pas la solde bien régulièrement ;

on vivait comme on pouvait. Aujourd'hui, dans
chacun de ces forts, le gouvernement paternel et
prévoyant a installé une bibliothèque, des salles de
lecture, de danse et de jeu. La civilisation a fait
des progrès et les Indiens ont disparu. Les officiers
de Westpoint, armés de fusils à pierre, tenaient
tête à plusieurs milliers d'Apaches et de Sioux;
leurs successeurs ont garni les remparts de canons
et d'obusiers dont les gueules menaçantes sont
tournées vers le désert éternellement silencieux.

Grant était sorti de l'école de Westpoint; ses examens n'avaient pas été brillants; il n'était que le
vingt et unième de trente-neuf élèves nommés sous-
lieutenants surnuméraires. Envoyé à la frontière du
Missouri, il abandonne les études théoriques, s'occupe seulement de l'entraînement du cheval. Mac-
Clellan et Grant ont dû, j'imagine, recevoir à
Westpoint les leçons d'un dresseur émérite. Chez
l'un et chez l'autre, je note, en effet, une égale prédilection pour les courses de longue haleine. Sous-
lieutenants, ils rêvent aux raids gigantesques qu'ils
exécuteront plus tard. Alors, à la tête de divisions
nombreuses, ils traverseront les lignes des confédérés, enlèveront les villes, détruiront les chemins
de fer. En attendant, ils emmènent des détachements de quinze ou vingt hommes, et donnent la
chasse aux Indiens.

La carrière militaire de Grant est connue jusque

dans ses moindres détails; celle de Mac-Clellan l'est moins.

Né à Philadelphie en 1826, Mac-Clellan fit ses études à l'École militaire de Westpoint; il en sortit avec le grade de sous-lieutenant du génie. Capitaine en 1848, il se distingua sur les champs de bataille où la petite division des États-Unis rencontra l'armée mexicaine aguerrie. Rentré à l'École militaire après la conclusion de la paix, Mac-Clellan consacra ses loisirs à la rédaction d'un traité d'art militaire qui fut très remarqué. Ingénieur en chef au Texas, inspecteur du chemin de fer du Nord du Pacifique, attaché militaire à l'armée anglaise pendant la campagne de Crimée, Mac-Clellan jouissait dans son pays d'une réputation bien méritée quand, en 1857, désespérant d'utiliser jamais les connaissances qu'il avait acquises, il quitta l'armée pour devenir vice-président du chemin de fer central de l'Illinois.

La déclaration de guerre le rappela naturellement sous les drapeaux. Commandant des volontaires de l'Ohio, de l'Illinois et de l'Indiana, Mac-Clellan remporte, le 3 juin 1861, une première victoire sur les confédérés; il disperse leurs bandes à Philippie, s'empare de la Virginie occidentale, s'avance jusqu'à Cumberland et termine cette marche audacieuse par la prise de Beverly. Ces succès inespérés rendirent aux troupes fédérales la con-

fiance qu'elles avaient perdue ; en même temps que
l'esprit entreprenant de Mac-Clellan lui dictait des
résolutions énergiques, ses manières affables, son
désintéressement, le zèle incessant qu'il déployait
pour assurer le bien-être de ses soldats, lui gagnaient
tous les cœurs.

Dès ce moment, on comprit que l'armée fédérale
comptait un véritable homme de guerre.

Mandé à Washington, Mac-Clellan fut investi du
commandement en chef du Potomac. Du 20 juillet
au 20 octobre 1861, le nouveau général organisa
l'armée qui venait d'être placée sous ses ordres. Il
veillait à tout par lui-même ; ses officiers, qu'il avait
choisis et qu'il connaissait de longue date, l'infor-
maient, jour par jour, des progrès de l'instruction.
En trois mois, ce capitaine, digne émule des grands
généraux de ce siècle, réussit à transformer des
bandes indisciplinées en troupes solides.

Il avait obtenu deux résultats : sa seule présence
avait arrêté les confédérés, qui, depuis un mois,
comptaient franchir le Potomac. Ainsi, le gouvernement fédéral avait été préservé d'une défaite
irréparable. Mac-Clellan avait aussi créé un corps
d'armée qui devait servir de noyau, en quelque
sorte, aux armées fédérales que Grant, Scott et
Shield achevaient d'organiser sur tous les points du
territoire non envahi.

Le 21 octobre, Mac-Clellan, reprenant, à son tour,

l'offensive, passait sur l'autre rive du Potomac. Pendant six mois, il conserve son commandement, contient l'ennemi, perfectionne l'armement et l'équipement de ses troupes. Le 17 mars 1862, les hostilités sont rouvertes ; Mac-Clellan tourne les formidables positions de Yorktown, poursuit les confédérés jusqu'à Williamsburg, pénètre à leur suite dans cette ville et, sans s'arrêter plus de vingt-quatre heures, continue sa route dans la direction de Richmond ; c'était, ou plutôt ce devait être le dénouement du plan qu'il avait conçu. Cette fois, il échoua. Son armée fut décimée par les épidémies, accablée par des forces confédérées que ses collègues ne surent pas contenir ; Mac-Clellan fut contraint de se retirer sur la rivière James. Il ne tarda pas, d'ailleurs, à prendre sa revanche à Union et à Snickers-Gap.

Le 22 septembre, le président Lincoln annonçait, dans une proclamation restée fameuse, qu'il émanciperait, le 1er janvier suivant, tous les esclaves des États qui, à cette époque, seraient en rébellion. Cette mesure fut mal accueillie, la plupart des généraux fédéraux étaient hostiles à l'abolition de l'esclavage ; ils pensaient, en outre, que l'inutile défi de Lincoln aviverait les colères qui fomentaient dans les États du Sud. Mac-Clellan saisit cette occasion pour interdire à ses soldats toute espèce de discussion politique ; il ne craignit pas d'ajouter que les élec-

teurs seraient libres de réparer plus tard les erreurs
du Gouvernement. Lincoln ne cacha pas le mécontentement que lui avait causé cette critique peu dé-
guisée de sa politique. Ce fut l'origine de la dis-
grâce qui allait frapper Mac-Clellan et interrompre
le cours de ses succès.

Le 7 novembre au soir, par une tourmente de
neige, Mac-Clellan, victorieux, se trouvait sous sa
tente avec le général Burnside, quand on lui transmit une dépêche du président ; il en prit connaissance et, la tendant à son camarade : « Vous commandez l'armée », lui dit-il. Lincoln n'avait pas
oublié l'ordre du jour où Mac-Clellan laissait percer
ses opinions démocratiques.

Pour ceux qui ont étudié de près l'histoire de la
guerre civile en Amérique, il apparaît clairement
que la révocation de Mac-Clellan fut un malheur
public. Seul, celui qui en était la victime n'éleva
pas la voix ; il obéit, donnant ainsi le plus bel exemple de civisme et de vertu militaire. Grant devait
recueillir le fruit des victoires que Mac-Clellan avait
remportées ; la mort, plus équitable, les réunit dans
la tombe à quelques semaines d'intervalle. Les États-
Unis saluent en eux les véritables héros de la guerre
de l'Indépendance.

XIV

17 novembre 1885.

Le roi Milan a déclaré la guerre au prince Alexandre de Bulgarie ; j'ignore et je veux ignorer comment la Bourse et les politiques avisés ont accueilli cette grave nouvelle ; mais je sais que, dans nos régiments, les dépêches officielles ont été l'objet de commentaires passionnés. On se bat donc encore quelque part. Les sabres sortent quelquefois du fourreau. Il y a, dans un coin de notre planète vouée à la prose des chevaux qui galopent et des hommes qui brûlent des cartouches, des escadrons qui, sabre à la main, se précipitent les uns sur les autres, et des compagnies qui, baïonnette au fusil, marchent à l'assaut des retranchements enveloppés dans les brouillards du matin ! Les obus sifflent, on respire à pleins poumons l'odeur de la poudre : « Garde à vous ! Pour charger, en avant ! »

La passion de la guerre est commune aux officiers de tous les pays et de tous les temps ; je n'en citerai d'autre exemple que le réveil de 1830, qui fit trembler, sur leurs trônes chancelants, les rois fatigués de l'Europe vieillie. Fidèle à ses origines, le gouvernement de Louis-Philippe avait rendu aux officiers chassés brutalement par la Restauration les grades dont ils étaient investis avant 1815. Tous ces grognards qui s'étaient promenés de Paris à Moscou, dont l'existence s'était passée dans les camps, et qui, pendant quinze ans, avaient rongé leur frein dans une retraite prématurée, revenaient animés d'intentions belliqueuses. L'un des survivants de la race héroïque des Lasalle et des Murat, le colonel de Brack, publiait un livre qui sert encore de bréviaire à nos cavaliers : *Avant-postes de cavalerie légère.* Il y contait comment le général Steinmetz — un Alsacien têtu — avait pénétré dans Leipzig avec une escorte de sept hussards et mis en fuite toute une division ennemie. Et ce livre que nul n'a refait ni même osé corriger depuis, il le dédiait au régiment de Besançon, dont il allait prendre le commandement : « Bientôt, disait-il, vous sortirez d'une oisiveté qui vous pèse. Méditez les exemples de vos aînés ! » C'était comme une fièvre sanglante qui brûlait tous les cœurs... Il fallut en rabattre ; la diplomatie l'emporta sur la folie aventureuse des compagnons de l'Empereur. La paix ne fut pas troublée, l'armée demeura dans ses casernes, seuls, les *vei-nards* furent envoyés en Algérie.

Je reconnais volontiers qu'il serait insensé d'entreprendre une guerre quelconque pour satisfaire l'humeur aventureuse de nos officiers ; mais pense-t-on qu'il soit nécessaire de critiquer l'amour platonique qu'ils éprouvent pour les expéditions guerrières ? Vous parlez de sacrifice et d'abnégation à des gens qui ne gagnent jamais de quoi vivre ; laissez-leur au moins l'espérance, la vision de l'idéal qu'ils façonnent à leur gré. Ils ne travailleront qu'avec plus d'entrain, et le Trésor n'y perdra pas un un centime de plus.

Certes, on a souvent médit de la vie de garnison ; je doute cependant qu'on en ait indiqué tous les ennuis, tous les déboires, toutes les vexations. En voulez-vous un résumé ? A six heures du matin, l'ordonnance frappe à la porte : « Mon lieutenant ! » — « Voilà ! voilà ! » En un tour de main, l'officier a revêtu son dolman, sanglé son ceinturon, chaussé ses bottes éperonnées. En bas, dans la rue, le cheval attend, harnaché, et les commères du quartier ouvrent leurs boutiques ; car le départ du lieutenant indique l'heure avec une précision absolue. Inutile de consulter les horloges !

Un temps de galop si nous sommes en retard, et nous arriverons au quartier. Dans la cour, les conscrits attendent ; l'adjudant de semaine a terminé

l'appel. « L'heure de la manœuvre va sonner »,
murmure le capitaine adjudant-major, qui, pendant
huit jours, se lève à contre-cœur dès l'aube, et qui
fait retomber sur ses subordonnés le poids de sa
méchante humeur. Les hommes l'appellent « le
chien du quartier ». Il accepte avec résignation ce
surnom peu flatteur ; ne le pressez pas de questions ;
c'est tout au plus s'il daignera vous répondre :
« Pensez-vous que je m'amuse ? Allez au diable ! »

Pénétrons au manège. Ce sont, d'un bout à l'autre
de l'année, les mêmes chevaux parfaitement dressés
que des cavaliers maladroits montent le plus mal
qu'ils peuvent. Aussi les observations du chef n'of-
frent-elles pas une infinie variété : « Numéro deux,
relevez la main de bride ! Numéro trois, vous vous
raccrochez au pommeau de la selle ! Les pieds en
dedans, le buste en arrière, la tête droite ! Au trot,
marche ! » Deux heures d'exercices aussi peu variés
creusent l'estomac ; il faut déjeuner à la hâte, mettre les morceaux doubles, avaler le café brûlant ; à
onze heures un quart, le régiment se rend au polygone pour le tir à la cible. Et ce n'est pas tout ! De
quatre à cinq heures et demie, les officiers assistent
à l'instruction dans les chambrées ; ils appliquent
toutes les forces de leur intelligence et de leur volonté à bien enseigner aux recrues que le lieutenant-
colonel porte sur les manches de son dolman « cinq
galons, dont trois sont en or et deux en argent ». Il

y a bien, dans cet horizon monotone, quelques échappées de soleil : les grandes manœuvres, les écoles à feu — une fois l'an — et les permissions !

Le régiment a regagné, le matin .même, la ville où il tient ordinairement garnison ; octobre étend déjà sur les plaines un voile de brume transparente ; les manœuvres ont pris fin, et, dans l'ordre qu'il a fait lire aux troupes de sa division, le général a bien voulu signaler la belle tenue du 200ᵉ régiment de l'arme. Aussi le colonel est-il ravi ; les punitions ont été levées ; l'ordinaire est augmenté d'une ration de vin. Ces bonnes nouvelles ont été communiquées à tous les officiers, qui ne se sentent pas de joie, car tous — ou presque tous — ont une requête à présenter à leur chef. Quelques instants après le rapport, deux commandants, quinze capitaines et tous les lieutenants et sous-lieutenants sans exception se dirigent vers la petite maison qu'habite le colonel en haut de l'unique promenade de la vieille cité. On découvre depuis cette terrasse, ornée d'arbres séculaires, une vue magnifique sur les campagnes environnantes ; nos visiteurs n'y daignent pas même jeter les yeux. Au delà des champs déserts, bien plus loin que les forêts déjà jaunies, leurs regards cherchent Paris ; et, s'ils éprouvent une si vive émotion en frappant à la porte de l'hospitalière maison du colonel, c'est qu'ils y viennent aujourd'hui en solliciteurs. Chacun d'eux se propose de faire valoir ses droits d'ancienneté, les services qu'il a rendus, les fatigues du prochain hiver ; et la plupart, munis d'une permission de trente jours, sortiront tout à l'heure plus fiers et plus joyeux que s'ils avaient conquis les trésors de Golconde.

Bon ! nous voilà partis. La malle est bouclée ; les uniformes encombrent la petite armoire. Fringant sous un complet civil, l'officier accourt au guichet de la gare : « Paris, première militaire. »

« — Paris ? Impossible ; votre permission ne porte que la destination de Bordeaux. »

C'est que, pour obtenir une permission, il faut dire exactement où l'on va ; vous êtes en congé, mais vous n'êtes pas libre. Voyez plutôt : au moment de votre départ, l'autorité militaire vous a forcé d'indiquer vos « foyers » — l'expression est consacrée. — Après quelques jours de repos, il vous semble qu'une petite excursion en dehors des susdits foyers vous offrirait des distractions nécessaires. Ne vous avisez pas cependant de monter en wagon ; vous vous exposeriez à de terribles châtiments ! Souvenez-vous que, pour les gens soumis à des règlements, le premier mouvement est toujours le pire.

Il vous est, en effet, interdit — et de la façon la plus formelle — de changer de résidence sans avoir sollicité « préalablement » l'autorisation d'une foule de fonctionnaires. Si vous négligez de remplir cette

longue et fastidieuse formalité, vous encourrez
« subséquemment » un nombre considérable de jours
d'arrêt et le colonel vous refusera désormais des permissions « dont vous faites un usage détestable ».

Vos foyers, dites-vous, sont à Melun et vous dé-
sirez passer une journée à Fontainebleau. N'est-ce
que cela? Transportez-vous, de bonne heure, auprès
du général qui commande la subdivision de région
de Melun ; il y a cent à parier contre un que le général vous accordera la faculté de « jouir de votre
permission dans une autre localité ». Il enverra, en
même temps, un bulletin officiel dans vos foyers,
« à votre domicile militaire ». Sur ce bulletin, dit
de mutation, seront consignés vos déplacements jour
par jour, heure par heure.

Et pourquoi tant de précautions? Vous allez l'apprendre, jeune sous-lieutenant impatient et pré-
somptueux ; vous admirerez ainsi la beauté parfaite
d'un règlement que cent et une commissions spéciales se sont appliquées à transformer en casse-tête
chinois. L'autorité militaire vous a décerné un congé,
mais elle ne peut pas, elle ne doit pas ignorer dans
quelle retraite délicieuse vous employez vos loisirs
à dormir la grasse matinée, à fumer des cigarettes,
et — je parie — à faire un brin de cour à votre
gentille petite cousine. Voilà pourquoi l'administration, mère prudente, affectueuse et tendre, qui ne
lâche jamais ses enfants tout à fait, noircit une rame

de papier chaque fois que vous parcourez en chemin de fer, une distance de quatre kilomètres et demi. Que d'honneurs pour vous, monsieur le lieutenant ! Notez, d'ailleurs, qu'on n'atteint pas du tout le but que l'on poursuit. Les bulletins de mutation, dont je vous dévoilais l'existence tout à l'heure, font la navette entre les bureaux du commandant de la sub-division et ceux de la gendarmerie. Qui dit bureau, dit cartons. Ce sont, dans l'espèce, des cartons verts d'une profondeur peu habituelle ; la main pieuse des secrétaires et des commis les orna jadis, entre deux cocottes en papier, d'une étiquette monumentale. L'un d'eux s'ouvre pour engouffrer les bulletins de mutation ; ils n'en sortent jamais ; l'abîme ne rend pas sa proie. Il en résulte que si, par hasard, votre colonel ou le général lui-même ont besoin de vous, qu'ils vous appellent par dépêche adressée à votre « domicile militaire », cette dépêche court les champs et les villes, accomplit des trajets invraisemblables, et finit par rejoindre d'autres dépêches semblables dans un autre carton. Cette fois, elle est presque arrivée au terme de sa course ; le bulletin de muta-tion repose, en effet, dans le carton voisin. Hélas ! la dépêche et le bulletin dormiront éternellement côte à côte, sans jamais se retrouver, séparés seule-ment par l'épaisseur d'une feuille de papier et par la majesté d'une étiquette !..

Les Russes ont découvert un remède à l'ennui, ce

fléau qui règne dans les garnisons éloignées de province : vienne avril, et tous les régiments de l'armée moscovite s'installent dans les camps permanents. On n'en compte pas moins de quarante-deux dans la Russie européenne. Toutes les armes s'y rencontrent, y fraternisent le sabre ou le verre à la main. A Varsovie, à Vilna, à Kiew, à Moscou, un général réunit sous son commandement jusqu'à soixante bataillons, autant d'escadrons et 120 canons. Depuis l'école de compagnie jusqu'aux manœuvres d'ensemble de plusieurs divisions, on parcourt la gamme entière de l'instruction militaire. Au mois d'août, tout est fini : les hommes sont alors employés aux travaux des moissons.

Parmi ces camps, il en est un qui jouit en Europe d'une éclatante réputation ; il n'abrite cependant que vingt-cinq mille hommes, mais la garde impériale y loge ; et ce corps d'élite, tant par la perfection de son éducation que par le luxe de son installation, est évidemment supérieur aux autres corps d'armée de l'empire moscovite. Pour gagner Krasnoé-Selo — c'est le nom du camp dont nous venons de parler — on s'embarque à la gare baltique de Saint-Pétersbourg. Prenons un ticket d'aller et retour, notre voyage sera bientôt terminé. Le trajet ne dure pas plus d'une heure. Le long de la voie s'élèvent des huttes d'aspect médiocre ; d'importants détachements du régiment des chemins de fer et de grenadiers y

veillent jour et nuit à la sécurité de l'empereur qui
parcourt fréquemment cette ligne.

Le train s'arrête ; à la gare, les officiers ont envahi
le buffet, où je salue l'énorme *samovar*. Sortons : aussi
loin que s'étendent nos regards, nous n'apercevons
pas autre chose qu'une forêt épaisse garnie, le long
de sa lisière, d'une multitude de tentes d'une éclatante blancheur. Une chaîne de collines borne l'horizon.

Les soldats bivouaquent à leur aise ; chaque compagnie d'infanterie, chaque escadron de cavalerie,
chaque batterie d'artillerie possède un terrain
délimité par un chemin sablonneux. Dans cet enclos, s'élèvent les tentes, dont chacune abrite six
ou huit hommes qui couchent sur des lits de camp
en bois. De la paille toujours fraîche, des bahuts
reluisants, où sont serrés les habits et le linge, un
râtelier d'armes entretenu avec un soin méticuleux ;
cette description sommaire suffit.

Une large route traverse le camp de Krasnoé-Selo ;
elle sépare les tentes des soldats des baraquements
destinés aux officiers. Ici, l'on dirait un village ; ces
baraques sont, en réalité, des villas coquettes, déco-
rées avec goût, entourées de jardins ; de vrais nids
perdus dans un océan de verdure ! Chaque colonel
est propriétaire d'un de ces hôtels ; les commandants
de compagnie en occupent un pour deux ; quant aux
lieutenants, ils se logent plus à l'étroit et passent

leurs soirées au casino voisin. Les *mess* sont spa-
cieux, ornés de dessins pittoresques ; un amateur
éclairé y découvrit jadis de véritables œuvres d'art.
Salles de billard, de concert, de jeu, bibliothèques
et stands, rien ne manque à cette élégante et confortable installation. Un jardin, planté d'arbres majestueux, contient une pelouse où d'intrépides lieutenants ont organisé un jeu de crocket ; les mères
de famille y conduisent leurs filles ; on y prépare
des mariages... Nous nageons en pleine idylle !
« Boum ! » Un léger nuage de fumée monte en
spirale dans l'air pur ; l'obus siffle et démolit les
panneaux ; c'est la vie avec ses contrastes frap-
pants, avec ses alternatives continuelles de rêve et
de réalité.

XV

Le dimanche à vingt ans. — Nos futurs officiers. — L'École polytechnique en 1803 et en 1830. — Le passage de la Bérézina. — Le colonel Mangin.

24 novembre 1885.

Est-il un spectacle plus joyeux que celui de la foule endimanchée ? Aux toilettes élégantes des jeunes femmes se mêlent les uniformes sévères des polytechniciens, les plumets des saint-cyriens, les galons des sous-lieutenants nommés depuis hier. Nous aimons la tenue militaire ; et je n'en veux d'autres preuves que nos jeunes camarades de Saint-Cyr ou de l'École polytechnique. Dieu seul sait — et leurs mères aussi — les efforts qu'ils ont faits pour se préparer aux examens d'admission. D'eux surtout on peut dire qu'ils ont travaillé nuit et jour. Pendant que d'autres arrivaient paisiblement aux épreuves du baccalauréat, nos futurs officiers piochaient les X et pâlissaient sur les traités de physique. *Melons*, ceux qui visent à Saint-Cyr ; *taupins*, ceux qui ambitionnent de coiffer le claque et de boucler la *tangente*; il faut avoir été melon ou taupin pour savoir comment les castes, supprimées par la Révolution, se sont reconstituées sous une autre forme. Au lycée, le melon et le taupin sont des personnages ; ils vivent à part, considérés avec respect par leurs futurs conscrits. Prestige ! panache ! je le veux bien ; mais, si ce prestige et ce panache n'étaient plus que des mots vides de sens, le ministre de la guerre serait fort embarrassé pour recruter les cadres de notre armée.

Donc, au lieu d'achever paisiblement nos études de droit, nous avons forcé les portes de l'École polytechnique ou celles de Saint-Cyr. Munis des recommandations paternelles, d'un porte-monnaie brodé par une cousine sentimentale et garni par un oncle généreux, nous avons débarqué, par un matin d'automne, dans une des gares de la capitale. Oh ! le triste début ! Rien n'est plus mélancolique que ces salles d'attente, où cent étrangers attendent qu'on leur délivre leurs bagages ! Et comme l'enfant se sent isolé ! Le voilà, cependant, flanqué de sa valise, qui grimpe lestement dans un fiacre : « Cocher, rue de la Montagne-Sainte-Geneviève ! » crie, d'une voix retentissante, le nouveau polytechnicien. « A la gare Montparnasse ! » répond, sur le ton du commandement, le néophyte de Saint-Cyr.

L'arrivée est fertile en épreuves ; nous comptons pour rien les plaisanteries des anciens, voire même les brimades ; quel est toutefois le conscrit qui n'a pas tremblé devant l'adjudant ? « J'aimerais mieux, disait un capitaine héroïque, affronter le feu de dix batteries ennemies plutôt que le regard courroucé d'une jolie femme. » Nos jeunes élèves se sentent plus de courage en face d'un problème de géométrie analytique à trois dimensions qu'en présence d'un personnage galonné.

Mais aussi quelle joie, quel enthousiasme, quel orgueil naïf quand les portes de l'École s'ouvrent enfin et que le collégien d'hier arpente les rues de la capitale tout flamblant neuf sous son uniforme ! Et comme l'esprit de corps — vertu trop souvent dédaignée — lui donne promptement de l'aplomb ! Il n'avait pas franchi le seuil de l'École qu'il en savait déjà l'histoire glorieuse et qu'il connaissait le nom et les exploits de ses aînés. Pourquoi n'a-t-on pas encore écrit cette histoire ? Depuis près de cent ans, l'histoire de l'École polytechnique se confond avec celle de la France ; il n'est pas un de nos revers qui n'ait douloureusement retenti dans les salles d'études des bâtiments de la rue Descartes et qui n'y ait suscité des dévouements chevaleresques ; il n'est pas une de nos victoires qui n'y ait éveillé d'ardentes vocations militaires ; il n'est pas une idée de progrès qui n'y ait rencontré d'intrépides défenseurs. En 1834, les disciples de Fourier étaient, pour la plupart, des élèves de l'École polytechnique ;

utopistes incorrigibles, ils rêvaient de transformer
la société et de supprimer, du même coup, la misère
et le crime. A l'heure où j'écris — je pense que je
ne trahis pas un secret — quelques polytechniciens
se réunissent, chaque semaine, dans un modeste
local de la rue Monsieur-le-Prince, pour y commenter les œuvres philosophiques d'Auguste Comte.

Ne croyez pas au moins que les recherches spécu-
latives soient le seul but de leur activité toujours en
éveil. Ils ont prouvé, aux heures tragiques de notre
histoire nationale, que l'algèbre et le patriotisme
peuvent faire bon ménage. Voici, à ce sujet, quelques documents qu'on ne relira pas sans émotion :

Au mois de mai 1803, quand Napoléon méditait
une descente sur les côtes de la Grande-Bretagne,
les élèves de l'École polytechnique offraient au Trésor public 4,000 fr. pour la construction d'une
canonnière ; quarante d'entre eux, désignés par le
sort, réclamèrent l'honneur d'équiper une péniche
et d'y faire le service de matelots. La *France militaire* a publié récemment le texte de l'adresse qui
fut mise sous les yeux du premier Consul : « Nous
portons tous envie, disaient ces jeunes gens, au
sort des braves qui, les premiers, verront les côtes
d'Angleterre. Mais, si un bonheur si grand ne peut
être le partage de tous, que les élèves de l'École
polytechnique soient au moins représentés dans la
grande action. » Hâtons-nous d'ajouter que ce ne'

sont point là des formules d'adulation servile : quand
le vainqueur de Rivoli sollicitait le consulat à vie,
l'École créée par Monge n'avait point ménagé au
futur empereur les témoignages irrécusables de son
mécontentement.

On sait l'usage que fit l'Empereur de cette École,
qu'il appelait sa « poule aux œufs d'or ». Ce sont
des polytechniciens qui ont imaginé la tactique de
l'artillerie à cheval ; ce sont eux aussi qui, sous les
ordres du général Eblé, sauvèrent l'armée au passage de la Bérésina. Je note, dans un mémoire des
colonels Chapelle et Chapuis, ces simples appréciations : « Les pontonniers ont seuls travaillé dans
l'eau, malgré les glaces que charriait la rivière ; ils
y entraient souvent jusqu'aux aisselles pour placer
les chevalets, qu'ils contenaient de cette manière
jusqu'au moment où les bois qui servaient de pou-
trelles étaient fixés sur les chapeaux. A huit heures,
trois chevalets du pont de gauche s'écrasèrent. Ce
funeste événement consterna le général d'Eblé, qui,
sachant combien les pontonniers étaient fatigués,
désespérait presque de réunir le nombre d'hommes
nécessaire pour travailler avec promptitude à des
réparations aussi urgentes. Des menaces eussent été
infructueuses : la voix de la patrie et celle de l'honneur pouvaient seules se faire entendre à ces braves.
Sur plus de cent qui se sont mis à l'eau, soit pour
construire, soit pour réparer les ponts, on n'en a

conservé qu'un très petit nombre ; les autres sont
restés sur les bords de la Bérésina ; *on ne les a plus
revus.* »

Ajoutons, pour mémoire, que tant de sacrifices
eussent été évités si l'état-major de l'Empereur, se
conformant au désir exprimé par le général Eblé,
eût emmené d'Orcha l'équipage de pont qui y fut
malheureusement abandonné. L'incurie administrative est plus vieille que les Pyramides !

Le monument élevé sur l'emplacement de la barrière Clichy rappelle l'héroïsme des polytechniciens
qui, sous les ordres de Moncey, résistèrent, en 1814,
aux armées alliées ; une trentaine de leurs camarades faisaient, en même temps, le coup de feu à la
barrière Saint-Antoine. Dix-neuf d'entre eux y furent blessés. Emmenés en captivité, ils rapportèrent
à l'École les implacables ressentiments d'un patriotisme plus vivace que jamais. Les traditions des fon-
dateurs de l'École s'étaient perpétuées ; on n'était
plus ni jacobin ni révolutionnaire, mais libéral et
Français.

On a décrit bien souvent le rôle que les élèves de
l'École polytechnique ont joué en 1830. L'un d'entre eux, Charras, avait été chassé quelques mois auparavant ; dans un banquet, ce républicain de vingt
ans avait chanté la *Marseillaise,* que l'on n'avait plus
entendue depuis que « les brigands de la Loire »
avaient posé les armes. C'est Charras qui, le jour

même où furent signées les Ordonnances, força les portes de l'École, entraîna ses camarades armés seulement de fleurets démouchetés et les conduisit sur les quais, d'où le peuple, enfin réveillé, tirait aux fenêtres du Louvre ; c'est encore lui qui, le lendemain, ramassait le fusil échappé aux mains d'un enfant frappé d'une balle dans le front et recueillait le dernier cri de ce compagnon d'armes improvisé : « Je me nomme Arcole ! » avait-il murmuré. Un pont de Paris a gardé le nom de ce jeune héros ; le décret qui l'a baptisé en fait foi.

Laissons maintenant la parole à un témoin oculaire ; un journal de 1830 raconte en ces termes quelques épisodes des *trois glorieuses* : « Déjà le peuple s'ébranle pour aller au Louvre et aux Tuileries quand un renfort inespéré lui arrive. Les élèves de l'École polytechnique venaient combattre, eux aussi, pour la Constitution et pour la loi. Ces braves ont été salués avec transport. Ils ont tout d'abord pris le commandement des troupes. Le manège du Luxembourg leur a été ouvert. « Je suis votre chef », disait l'un, et il montait sur un cheval blanc. (La Fayette avait mis à la mode les chevaux de robe blanche ou grise.) « Général, disait l'autre, je suis votre aide de camp. » Et il se mettait un foulard jaune à la ceinture en guise d'écharpe. L'un surveillait les poudres, l'autre dirigeait les canons ; à la fin, on courut au Louvre. A onze heures il était pris. »

Au même instant, un élève, Vaneau, tombait, mortellement frappé, à l'attaque de la caserne de la rue de Babylone. Il repose au cimetière Montparnasse, et, depuis cinquante-cinq ans, les élèves ont conservé la pieuse habitude d'aller déposer des couronnes sur sa tombe.

Louis-Philippe, reconnaissant, signa le décret suivant :

« Considérant les services distingués que les élèves de l'École polytechnique ont rendus à la cause de la patrie et de la liberté, et la part glorieuse qu'ils ont prise aux héroïques journées des 27, 28 et 29 juillet,

« Avons arrêté et arrêtons :

« Article premier. — Tous les élèves de l'École polytechnique qui ont concouru à la défense de Paris (?) sont nommés au grade de lieutenant.

« Article deuxième. — Vu les difficultés de connaître, parmi tant de braves, ceux qui sont les plus dignes de recevoir la croix de la Légion d'honneur, les élèves désigneront eux-mêmes douze d'entre eux pour recevoir cette décoration. »

Et voici quelle fut la réponse des élèves :

« Mon Général,

« Nous venons, au nom de l'École polytechnique, vous exprimer notre reconnaissance au sujet des croix d'honneur que l'on a bien voulu nous accorder ; mais cette récompense nous paraissant au-des-

sus de nos services, et, d'ailleurs, aucun de nous ne
se jugeant plus digne de l'accepter que ses camarades, nous vous prions de nous permettre de ne pas
la recevoir. Il est cependant une grâce que nous
vous demandons : un de nos camarades, Vaneau, a
succombé dans la journée du 27 ; nous recommandons
à votre bienveillance son père, employé du Gouvernement dans les contributions indirectes.

« Nous vous recommandons encore, mon Général,
un de nos camarades, Charras. »

Cette requête était signée : J. Dufresne et Ferri-
Pisani. Le général la transmit au ministre de la
guerre, qui s'inclina ; seulement, pendant huit mois,
la croix de la Légion d'honneur fut attachée au-
dessus de la porte d'entrée de l'École.

Quand éclata la guerre de 1870, tous les élèves
des deux promotions réclamèrent l'honneur de servir dans les batteries de campagne ; un seul, M. Pis-
tor, y fut autorisé. Quant aux camarades moins
favorisés, ils furent enrôlés, dès le début du siège
de Paris, dans une batterie de place qui devait défendre deux bastions de l'enceinte comprise entre
les forts de Vanves et de Montrouge. Du matin au
soir, on faisait l'exercice, et, du soir au matin, on
s'habituait à pointer dans les ténèbres.

Seulement, les obus prussiens n'arrivaient pas encore jusqu'aux remparts de Paris, et nos polytechniciens, las d'attendre, finirent par obtenir des em-

plois de lieutenant auxiliaire. On les vit à Champi-
gny, à Buzenval, partout où l'on se battait, partout
où l'on mourait sous le drapeau tricolore. La promotion de 1872 comptait dix chevaliers de la Légion
d'honneur ; MM. Cavaignac, aujourd'hui sous-secrétaire d'État ; Deroulède, frère de l'auteur du *Chant
du Soldat*, et Mortureux portaient crânement la médaille militaire. Et ce n'étaient point là de vaines
récompenses : les uns et les autres avaient ramassé
leurs décorations sous le feu de l'ennemi.

La popularité de l'École grandit tellement pendant les interminables et sombres journées du siège
que la Commune fit un appel pressant aux majors
des deux promotions. Les émeutiers qui siégeaient
à l'Hôtel de Ville offrirent des galons aux braves
jeunes gens qui, la paix signée, avaient repris le
cours de leurs études. A des offres semblables la
réponse n'était pas douteuse. Tambours et clairons
en tête, le bataillon de l'École polytechnique sortit
de la rue Descartes, descendit la rue Monge, gagna
les quais, puis les Champs-Élysées et disparut dans
la direction de Versailles. Les fusils n'étaient point
chargés et les élèves n'avaient plus de cartouches.
Mais nul n'osa les arrêter ; ils avaient donné tant de
gages à la cause libérale qu'ils avaient maintenant
le droit d'aller combattre — pour la France, et du
bon côté !

Je n'essayerai point de dresser la nomenclature

des Français illustres, des patriotes, des savants qui
se sont assis sur les bancs de l'amphithéâtre où
Monge exposa, jadis, les principes de la géométrie
descriptive. Mais voici justement qu'un entrefilet de
dix lignes — une note sèche, sans commentaires
— nous annonce la mort d'un homme qui fit honneur à l'École et dont l'extrême modestie mérite, à
titre de fait exceptionnel, d'être signalée. Le colonel Mangin, qu'une attaque subite a foudroyé en
quelques instants, fut un des savants les plus esti-
més de notre temps. Je me souviens que, voyageant
en Autriche, j'eus l'honneur d'être reçu par l'un des
principaux auxiliaires du ministre de la guerre.
Nous causions des forts modernes, des vastes places
que l'on construit, du rôle que joueraient, en cas de
guerre, les moyens de communication.

— Vous avez en France, me dit mon interlocuteur, un inventeur de génie.

— Qui donc? Question naturelle, les hommes de
simple valeur étant même rares.

— Le colonel Mangin.

J'avoue que je fus abasourdi. Cet étranger connaissait mieux que nous autres le mérite transcen-
dant des découvertes de notre compatriote. Reprenant, en 1872, les essais tentés, pendant le siège,
par un professeur du lycée Saint-Louis, M. Mangin
a créé de toutes pièces une science nouvelle, la
télégraphie optique. Les mémoires qu'il a publiés

dans plusieurs revues techniques et spéciales font autorité à l'Académie des sciences. C'était un physicien, un géomètre, un soldat de premier ordre. Il n'avait qu'un défaut, comme dit Dupuis dans la *Cigale,* il n'était pas moderne, pas moderne du tout.

Quand il eut résolu le problème qui préoccupait tous les physiciens, en France et au delà de nos frontières, il trouva naturel et juste de faire cadeau de sa découverte au ministère de la guerre. Le ministre, à son tour, fit exploiter l'invention du colonel Mangin ; d'autres ont fait fortune ; le glorieux travailleur a refusé une part de bénéfices et n'a point voulu de récompense honorifique. Il n'avait qu'à se présenter à l'Institut pour être élu ; il a toujours refusé de faire valoir ses titres. « Je reste soldat », disait-il à ses familiers.

N'est-ce pas qu'il n'était pas moderne ?

XVI

Sainte Barbe, patronne des artilleurs. — D'où vient le mot
artillerie. — L'inventeur de la poudre et le constructeur du
premier canon. — Fête au quartier. — Le mess des officiers.

1ᵉʳ décembre 1885.

C'est le calendrier qui, cette fois, m'impose le
sujet de cette chronique hebdomadaire ; vendredi prochain, les artilleurs du monde entier fêteront sainte
Barbe, leur patronne. Des flots de champagne cou-
leront de l'un et de l'autre côté du Rhin, sur l'une
et sur l'autre rive de l'Océan. Les canonniers bul-
gares eux-mêmes cesseront, au moins pendant une
heure, de poursuivre leurs camarades serbes ; il
est à craindre seulement que là-bas, du côté de
Widin, le dessert soit brusquement interrompu par
une pluie d'obus, comme le fut le déjeuner de nos
cavaliers, le 30 août 1870, à Beaumont.

En France, les officiers de réserve ont reçu la
lettre suivante :

« Mon cher Camarade,

« J'ai l'honneur de vous inviter à la fête de la

Sainte-Barbe, qui sera célébrée le 4 décembre 1885.

« Réunion au cercle de l'artillerie, à cinq heures; dîner au mess, à six heures ; réunion de tous les officiers après le dîner.

« La tenue militaire est de rigueur. »

Pour signature, celle du plus ancien lieutenant, capitaine ou commandant; quant à la réponse, elle est prévue d'avance. Qui donc, parmi nous, laisserait échapper l'unique occasion de retrouver nos compagnons d'armes? Le verre en main, nous cimenterons l'union, déjà conclue au polygone et au quartier, entre les vaillants officiers de l'armée active et les pékins, qui ne marchanderaient pas leur concours s'il était jamais nécessaire à la défense nationale. Point de toast : le président de la table souhaite la bienvenue aux officiers de réserve et aux invités étrangers au régiment. Puis, la musique de l'École d'artillerie, installée sous les fenêtres du mess, fait entendre ses valses les plus entraînantes. Parfois, un officier, digne émule de ce brave vicomte de Borelli écrivant, au siège de Thuyen-Quan, l'ode : *Sursum corda,* que l'Académie française vient de couronner, lit quelques strophes rimées avec facilité. L'an dernier, un professeur de Saint-Cyr nous racontait, en alexandrins, l'histoire de l'artillerie française. En l'honneur de sainte Barbe, essayons de la refaire en prose.

Et d'abord, quelle est l'origine du mot artillerie ?
Le général Susane, dont les ouvrages font autorité,
rappelle fort à propos qu'on se servait des mots
artiller, artilleur et même *artillerie* pour désigner
les servants et les machines de guerre que les croi-
sés emmenaient avec eux pour réduire les cités infi-
dèles et battre leurs remparts en brèche. D'ailleurs,
dans nombre de livres vénérables, on lit *attilerie* au
lieu d'*artillerie,* et il ne semble pas qu'il y ait bien loin
d'*attilerie* à *atelier.* L'auteur ingénieux et précieux
du *Roman de la Rose* qualifie d'*artilleux* un de ses
héros ; ici, le doute n'est pas possible : *artilleux* est
synonyme de *rusé.*

La poudre était connue de toute antiquité : les
prêtres des bords du Gange et les mages de la Perse
utilisaient les propriétés d'un mélange de soufre et
de charbon pour démontrer aux populations naïves
et stupéfaites que le feu descendait du ciel à leur
voix. Est-il nécessaire de rappeler que, dans toutes
les descriptions de l'enfer, le soufre joue un rôle
important ? Il est cependant établi que les Chinois
et les Hindous ignoraient l'usage et la construction
des armes à feu ; ils lançaient, soit avec un arc, soit
même à la main, des substances incendiaires qui
ressemblaient à ce feu grégeois dont nos ancêtres
surent tirer un si grand parti et qu'un archéologue
passionné prétendait ressusciter l'autre jour.

M. Lorédan Larchey, qui a consacré une étude

spéciale et complète aux origines de l'artillerie, cite deux passages qui sont à peu près concluants. Marchus Græchus, qui rédigea, vers l'an 850, un traité fort savant : *Liber ignium ad comburendos hostes,* s'exprime en ces termes : « Prenez une livre de soufre, deux livres de charbon de tilleul ou de saule et six livres de salpêtre, et broyez-les très subtilement tous les trois dans un vase de marbre. Que cette composition soit ensuite placée dans un roseau ou dans un bâton creux, et qu'on y mette le feu. *Elle s'envolera tout à coup dans la direction qu'on voudra.* »

Voilà une description bien nette de la poudre, et le fameux moine Berthold Schwartz n'est plus qu'un vulgaire imitateur ; il n'est pas plus l'auteur de cette révolution scientifique et militaire que Vespuce n'est le premier Européen qui ait abordé sur les côtes du nouveau monde. L'histoire a des lacunes et des injustices ; l'érudition moderne s'efforce de combler les unes et de réparer les autres.

D'ailleurs, Berthold Schwartz n'est pas le seul pour qui l'on ait revendiqué l'honneur d'une si merveilleuse découverte : Roger Bacon, Albert le Grand, Lorenzo Vola, ont, tous trois, trouvé d'ardents et fanatiques panégyristes. On a commenté et dénaturé les textes, fouillé les bibliothèques, remué les manuscrits poudreux, interprété de mille façons différentes des phrases qui paraissaient être suffi-

samment claires. Au fond, personne n'est, aujour-
d'hui, mieux renseigné qu'on ne l'était hier. L'artillerie moderne a de glorieuses origines qui se perdent dans la nuit des temps. Elle ne peut pas baptiser ses canons perfectionnés du nom inconnu du
premier artilleur! Laissons donc la légende à sa
place ; Berthold Schwartz méritait bien — il faut
l'avouer — une légère compensation ; on sait qu'à
force de piler du salpêtre avec du charbon ce moine
provoqua une explosion formidable et fut tué sur
le coup. Il a payé cher sa renommée illégitime.

Les recherches auxquelles se sont livrés tant de
patients archéologues offrent des difficultés d'autant
plus réelles que les renseignements abondent et
qu'ils sont souvent contradictoires. C'est ainsi que,
dès l'année 941, les Grecs, sous les ordres du patrice
Théophane, incendient les barques du tzar Igor, en
les couvrant de feux projetés à l'aide de tubes en
bronze. Cent ans plus tard, un roi de Hongrie emploie, au siège de Belgrade, de véritables bouches à
feu. Marmande et Toulouse sont à peu près bom-
bardées en l'an de grâce 1218. Le premier canon
fut tout simplement une espèce de chandelle romaine.

Bientôt apparaissent les bombardes et les arque-
buses : au siège de Brescia, à Pérouse, à Venise.
La fusée conserve des partisans ; elle est d'une
construction plus aisée, d'un emploi moins difficile ;

on en remplit quelques voitures qui suivent les armées en marche. Les bombardes, longues, lourdes, montées sur des affûts insuffisants, embarrassent tout le monde et ne rendent que des services insignifiants. Leur tir n'est pas précis ; les bombardiers du marquis d'Este, bien qu'ils fussent renommés pour leur adresse, tiraient à tout hasard, sans hausse, pointant leurs pièces à la grâce de Dieu ! La précision mathématique a pris, depuis ces temps reculés, une petite revanche.

Dans quelques villes cependant, l'artillerie fait des progrès rapides ; c'est ainsi que M. Larchey a copié cet intéressant extrait de la *Chronique de Praillon* : « L'armée de l'archevêque de Trèves, jointe avec les armées du roi de Bohême et du comte de Bar, le vendredi, après la Saint-Lambert, approchèrent plus près de Metz, espérant gagner le bourg Saint-Jullien, piller et brûler. Et de fait y donnèrent l'assaut plusieurs fois, où ils furent repoussés. Et durant celui assaut, le sire de Bitche, avec son armée, fit ouvrir la porte du pont Rengmont ; *avec serpentine et canon qu'il avait* vinrent où l'assaut se donnoit et tirent plusieurs coups d'artillerie et en tuent beaucoup. De quoi le roi de Bohême, voyant ainsi ces gens tués et meurtris, en fut si fort navré qu'il fit corner la retraite. »

Il résulte de ce témoignage irrécusable qu'en l'an 1324 les habitants de Metz possédaient deux bouches à feu mobiles de petit calibre, et qu'on traînait sur les champs de bataille.

Quel chemin nous avons parcouru depuis lors ! Des bombardiers d'Italie aux pointeurs d'aujourd'hui, des lourds véhicules traînés par douze bœufs aux affûts légers que six chevaux entraînent au galop sur les pentes les plus raides, que de transformations prodigieuses ! Avant la funeste guerre de 1870, la France possédait déjà vingt régiments d'artillerie ; elle en a trente-huit maintenant. Il y faut joindre seize bataillons d'artillerie de forteresse. Ceux-ci résident dans les forts perdus sur les cimes des Vosges ou des Alpes, à Épinal, à Verdun, à Briançon, à Mont-Dauphin. Les « artilleurs à cheval » sont mieux partagés : à Lunéville, à Paris, à Fontainebleau, ils vivent côte à côte avec les officiers de cavalerie qu'ils accompagneront sur les champs de bataille. Et tous, artilleurs à pied ou à cheval, boiront, vendredi soir, aux souvenirs impérissables qui leur ont été légués par les anciens.

On répétera les noms des grands maîtres de l'artillerie : Sully, l'ami et le conseiller de Henri IV ; de Rosny, qui appartenait à la religion réformée et qui fut remplacé par Henri de Schomberg ; Pierre de Mormès de Saint-Hilaire, qui fut lieutenant-général de l'artillerie, et dont une lettre célèbre de Mme de Sévigné a immortalisé la mémoire héroïque ; de la Harteloire, qui, en 1698, après la paix de Rys-

wick, commandait les quatre bataillons du régiment
Royal-Artillerie ; Vauban, l'inventeur du tir à rico-
chet, philanthrope et guerrier, philosophe et ingénieur ; Duroc, qui fut tué aux côtés de l'Empereur,
et Bonaparte lui-même, qui construisait des batteries de siège quand il fut distingué par Robespierre
jeune et par Salicetti.

A mesure que l'artillerie prenait une place plus
considérable dans l'armée, elle excitait des riva-
lités inattendues, des jalousies inexplicables. Je
retrouve, dans les journaux du commencement de
ce siècle, le récit d'un événement singulier qui fut,
pendant longtemps, l'objet de commentaires passionnés autant que variés. Au mois de juillet 1801,
la garnison de Turin, qui se composait de deux régiments de cavalerie, de quelques compagnies de sapeurs du génie et de dix compagnies du 1er régiment d'artillerie, réclama la solde qu'elle n'avait
pas, d'ailleurs, touchée depuis trois ans. Le général
Delmas, qui commandait à Turin, fit fusiller, séance
tenante, six sapeurs. La discipline était alors presque féroce ! Peut-être s'est-elle trop adoucie.

Le commandant d'armes de la citadelle s'appelait
Jacquin : c'était un officier brave, mais borné. Il
exécrait les artilleurs, les cavaliers et les sapeurs,
et n'aimait que son arme, l'infanterie, et que ses
troupiers. Jacquin sort à la première nouvelle
qu'une émeute ait éclaté ; il est tué d'un coup de

pistolet. Avant de mourir, ce singulier forcené a
la force de déclarer que ce sont des canonniers qui
l'ont assassiné. Le premier Consul, saisi de l'affaire,
n'hésite pas un instant à signer un arrêté qui ordonne le licenciement du 1ᵉʳ régiment d'artillerie.
Les officiers sont renvoyés dans leurs foyers. Le
colonel Allix exécute les ordres de Bonaparte ; il
ajoute simplement les mots qu'on va lire au rapport
qui fut mis sous les yeux du premier Consul : « Le
régiment se rappelle avec fierté qu'il a eu l'honneur
de vous compter parmi ses officiers, et attend tout de
votre justice. »

Inutile d'ajouter qu'une enquête supplémentaire
eut lieu et que le régiment, injustement accusé, fut
réhabilité.

Pendant que de graves ingénieurs et de laborieux
chefs d'escadron évoquent ces souvenirs historiques
et se communiquent le résultat de leurs recherches
archéologiques ou scientifiques, l'intrépide jeunesse,
peu soucieuse de ces sciences en *ique,* se livre aux
ébats désordonnés d'une folle gaîté. Enlevé par de
vigoureux sous-lieutenants, le billard a été relégué
dans l'arrière-boutique du cercle ; j'écris arrière-
boutique, à la Chambre on eût appelé « petit local »
cette pièce où les fourriers communiquent chaque
matin la décision du jour.

Puis, les officiers se sont emparés des chaises de
l'établissement, s'y sont installés à califourchon, et

le capitaine instructeur, doué, comme il convient, d'une voix de stentor, a entonné le refrain :

> Qu'on apporte mes armes !
> Et si jamais (*bis*)
> Dans les combats
> Le sort, le sort qui nous appelle
> Venait à nous être infidèle,
> Ne pleure pas, ma bien-aimée,
> C'est le drapeau que je défends !

Oui, je vous entends : refrains de café-concert, chansons sans esprit et sans rimes ; je le sais bien. Mais que de braves jeunes gens se sont fait simplement tuer en fredonnant ce refrain : « Ne pleure pas, ma bien-aimée ! » J'ai vu le cadavre d'un lieutenant de cuirassiers, tué à Morsbronn ; dans sa main droite, il étreignait son sabre bosselé ; dans sa main gauche, il avait caché la photographie de sa femme.

Et c'est pourquoi je te salue bien bas, drapeau dont la vue seule inspire tant de dévouements et de si mémorables actions ! Quelques énergumènes t'insultent ; mais, en te proscrivant, ils se hâtent de te remplacer ; ils agitent la loque rouge des émeutes en face de l'étendard tricolore de Valmy ! Des milliers de Français sont morts pour te défendre ; vingt mille jeunes officiers vivent aujourd'hui dans une quasi-misère pour ne pas t'abandonner.

Seulement, quand ils t'aperçoivent, symbole cher et vénéré, un frisson parcourt leurs âmes, une espérance fait battre leurs cœurs. C'est que

tu n'es pas seulement le ralliement du régiment, tu es aussi l'emblème de la patrie! Et
tu portes dans tes plis les plus frémissants souvenirs de notre histoire glorieuse : Jemmapes, Austerlitz, Sébastopol et Magenta. Qu'ils aient été les soldats de la Révolution ou de l'Empire, nos pioupious
n'en étaient pas moins les serviteurs de la France.

Ceux qui ont souffert, ceux qui ont combattu,
ceux qui rêvent d'autres destinées pour leur pays,
voilà le peuple dont les yeux sont tournés vers ta
hampe sacrée, drapeau tricolore qui fut salué par
Danton, glorifié par Bonaparte et relevé par Gambetta, comme si toi seul étais assez large pour abriter tous les Français !

XVII

La suppression des cantinières. — L'ordinaire et la pension
des sous-officiers. — Le numérotage des maisons. — Historique des régiments ; le 3ᵉ régiment du génie.

8 décembre 1885

Quelqu'un qui ne perd pas son temps, c'est
M. Gigot, capitaine en retraite et percepteur à
Dammarie. Les six pétitions qu'il vient d'adresser à
la Chambre des députés méritent réellement d'être
prises en considération ; il n'en est pas une seule
qui n'ait été mûrement étudiée, et, pour ne citer
que celle qui nous intéresse directement, il est
certain que les recherches de M. Gigot aideront la
commission sénatoriale de l'armée à résoudre le
problème qui s'impose à ses studieuses méditations.
Si quelque sénateur voulait bien faire convoquer
M. Gigot par la commission que préside l'héroïque
maréchal Canrobert, je pense que les généraux qui
délibèrent aujourd'hui sur les destinées de l'armée
ne regretteraient point d'avoir consulté un simple
capitaine.

Que de fois n'a-t-on pas dit : « Nous n'avons plus

de sous-officiers ! » D'éloquents écrivains nous ont
tracé le désolant tableau des cadres appauvris et des
régiments désorganisés. L'instruction des recrues
devient chaque jour plus difficile. C'est en vain que
les officiers se multiplient, qu'ils redoublent d'efforts : la durée du service est si courte et les exigences de la guerre moderne sont tellement compliquées, que le zèle de nos lieutenants ne suffit plus
à la mission patriotique qu'ils ont à remplir. Au milieu de doctes commentaires et de dissertations plus
philosophiques que pratiques, nous avons entendu
quelques vieux chevronnés invoquant les traditions
du passé. Ils affirmaient, ces troupiers blanchis sous
le harnais, que la graine de sous-officiers germait
encore dans la terre française et qu'il suffirait d'un
peu de bonne volonté pour rendre à nos cadres inférieurs la valeur qu'ils ont trop rapidement perdue.

Mettons, pour une fois, les points sur les *i*. Les
sous-officiers qui resteraient au service feraient un
métier de dupes ; or, les Français n'y sont pas ac-
coutumés. Et d'abord, comment devient-on sous-
officier ? Sait-on que, pour conquérir les galons de
brigadier, il faut avoir suivi les cours du peloton
d'instruction, c'est-à-dire fréquenter, du matin au
soir, le champ d'exercices, et, la nuit venue, s'en-
fermer dans une salle, froide l'hiver, chaude l'été,
pour s'absorber dans la lecture d'innombrables règlements ? Drôle de récréation ! Pendant que nos aspi-

rants caporaux piochent la théorie, les camarades paresseux parcourent, indifférents, les rues de la ville et, pour peu qu'ils aient touché le prêt, ils escaladent les chevaux de bois, chantent des romances de tourlourous sous les fenêtres des Elvires cordons bleus et se payent, au retour, avant de franchir le seuil du quartier, une de ces fines champagnes à cinq centimes dont le simple bourgeois ignore les douceurs.

Et puis? Après six mois de zèle patient et trop souvent mal récompensé, les galons ornent enfin le dolman de notre candidat. Paye médiocre, vexations de tout genre, tels sont les avantages qui lui sont attribués. S'il est fourrier, ce sont des écritures sans fin, des calculs malaisés; s'il est chargé d'instruire les recrues, le voilà responsable de la mauvaise volonté de quelques *propres à rien*. Quoi qu'il fasse, il ne contente personne, mais tout le monde le houspille; pour peu qu'il ait affaire à des conscrits peu consciencieux, l'infortuné s'assure une large provision de consignes. Trop heureux s'il évite la salle de police !

Alors, le démon tentateur élève la voix : « Achète, dit-il, quelques ouvrages d'histoire ou de géographie; apprends qu'Henri IV fut le père de Louis XIII; oublie momentanément qu'il fut l'amant de la belle Gabrielle; répète que deux et deux font quatre et ne t'avise plus de répondre, comme au baccarat, que

cinq et huit font... trois. Exerce tes doigts à dessi-
ner, sur un tableau très noir, une sorte de squelette
géographique de la France. Les portes des écoles te
sont ouvertes ! Vois tes camarades : ils sont allés à
Saint-Maixent, à Saumur, à Versailles ; les fournisseurs d'équipements civils et militaires leur ont ouvert un large crédit. Ils s'amusent pendant que tu
travailles ; imite-les ! »

O l'éternel mirage et la décevante image ! On suit
docilement le courant, quitte à tâcher de le remonter — plus tard !

Telle est l'une des faces du problème. L'autre,
nous l'indiquerons en deux mots : une armée qui ne
possède point de cadres inférieurs permanents et
solides n'est pas capable de faire bonne figure sur
un champ de bataille. Que faire ? Retenir les sous-
officiers sous les drapeaux. Comment y parvenir ?
M. Gigot nous apporte le remède en même temps
qu'il nous communique le résultat des observations
qu'il n'a cessé de faire depuis vingt ans. En 1868 déjà,
le persévérant et ingénieux officier de Dammarie
publiait une brochure chez l'éditeur Dentu. C'était
un cri d'alarme — qui n'eut pas d'écho : « Les sous-
officiers, disait-il, sont traités avec plus ou moins
d'égards : c'est l'affaire des chefs de corps. Mais
partout ils sont mal nourris. » Ah ! qui donc écrira
l'histoire de « l'influence des repas sur la valeur
des armées » ?

Voici cependant que plusieurs colonels se sont émus ; ils ont constaté que les cantiniers réalisaient des bénéfices extraordinaires. Un simple calcul en passant : l'armée française se compose de 305 régiments. A quatre cantiniers par régiment, voilà 1,220 ménages que l'État loge et qui, si l'on supprimait les emplois de cantiniers, pourraient être attribués à des sous-officiers. Dans chaque cantine, on dépense, d'après les estimations les plus modérées, 40,000 fr. par an. Admettons que le prix des denrées soit majoré de 20 p. 100 ; cette hypothèse n'a rien d'invraisemblable, ni même d'excessif. Il en résulte que le bénéfice de tous les cantiniers de l'armée ne s'élève pas à moins de 9,760,000 fr. ! Chiffre énorme, en vérité !

Il serait si facile d'employer cette somme à l'amélioration de l'ordinaire des sous-officiers ! Les moyens, les voici : congédier les cantiniers qui n'ont, d'ailleurs, aucun caractère militaire ; créer des mess de sous-officiers ; désigner, dans chaque bataillon, un caporal qui toucherait un supplément de solde et dont les fonctions se borneraient à gérer la cantine pour le compte du régiment. En un mot, supprimer les intermédiaires et charger les sous-officiers de se nourrir à leur guise.

Alors, plus de falsifications ; les hommes boiront du vin peu étendu et pas *fuchsiné* du tout ; quant aux sous-officiers de tous les régiments de France,

ils suivront l'exemple de leurs camarades du 33e
d'artillerie à Poitiers. « Nous avons débuté en 1883,
écrit un adjudant de ce régiment, en emprun-
tant 6,000 fr. en ville et 3,000 fr. à la caisse du trésorier. Aujourd'hui, nous devons encore 750 fr.
Notre installation est confortable ; la tranquillité, la
propreté et la bonne nourriture nous procurent une
existence très agréable, car, vous le savez comme
moi, après les fatigues des manœuvres, le sous-officier est à moitié reposé s'il s'assied en face d'une
table bien servie. Si des amis viennent nous voir,
nous pouvons au moins les recevoir convenoble-
ment. »

Inutile d'insister plus longuement sur les avantages de cette réforme. Conclusion : trente sous-officiers du 33e d'artillerie ont rengagé ; on en a trouvé
six seulement dans un régiment voisin. Ces chiffres
parlent.

Les Chambres seront prochainement saisies d'un
projet qui, sous une forme anodine, constitue un
progrès réel : on demande simplement que les maisons des 36,000 communes de France (est-ce bien
36,000 depuis 1870 ?) soient, à bref délai, pourvues
de numéros. Cela n'a l'air de rien ; tous ceux qui,
réservistes ou soldats, ont assisté aux manœuvres
d'automne, comprendront immédiatement les avantages inappréciables de cette réforme urgente.

Est-il rien de plus pénible, en effet, que d'arriver

à l'étape et d'être obligé de découvrir son gîte. On a
fait une longue marche sous la pluie, les habits sont
détrempés, les armes risquent de se rouiller. Chacun
a hâte de se réfugier dans une chambre spacieuse,
auprès d'un feu de sarments, et de bourrer une de
ces pipes dont le soldat seul sait apprécier l'inef-
fable douceur. Au demeurant, rien ne paraît plus
simple. Les fourriers sont partis dès l'aube ; ils ont
interviewé le maire ou ses adjoints, arrêté la répartition des logements. La distribution des billets est
terminée en un clin d'œil. Sans doute, mais ces billets ne contiennent que des indications confuses.
Notre ami Dumanet est envoyé chez M. Cotentin.
Cotentin qui ? Cotentin quoi ? Il y a vingt Cotentin
dans le village, et chacun d'eux s'empresse de renvoyer à son cousin l'infortuné militaire dont les vêtements ressemblent à une éponge. Ce sont, pendant deux ou trois heures, des courses interminables ; le maire est persécuté, les fourriers, exténués,
se réfugient dans l'arrière-salle du cabaret, le lieutenant tempête et le garde champêtre, épouvanté,
poursuit, à travers champs, des malfaiteurs imagi-
naires.

O spectacle effroyable ! Le paysan, malin, rit
dans sa barbe, sans penser que son fils, fantassin
comme Dumanet, souffre les mêmes tortures à cent
lieues du pays natal.

A vingt francs par commune on préviendrait le

retour d'aussi déplorables confusions. C'est pour
rien ! Mais voilà ! les réformes les plus simples sont
celles que l'on ajourne le plus volontiers aux calendes grecques. Parions que les Grecs eux-mêmes nous
ont devancés !

De toutes parts, nous recevons des publications
bien intéressantes ; dans chaque régiment de France,
il se trouve un officier pour écrire l'histoire du corps
de troupes dont il fait partie. Si mes souvenirs
sont exacts, c'est un sous-lieutenant de dragons,
M. Alexandre, qui, le premier, a pris la plume en
main pour conter à ses soldats les hauts faits de leurs
devanciers. Voici que l'exemple a porté ses fruits et
que ces monographies abondent.

Cette tentative mérite d'être encouragée. Dans ces
pages, rédigées avec une mâle simplicité, c'est le
passé de notre pays qui revit ; nous assistons, spectateurs émus, aux glorieux épisodes d'une longue
série de luttes gigantesques.

Relisons ce court résumé des aventures de la 4e
compagnie du 1er bataillon du 3e régiment du génie :
elle quitte Lyon, le 13 mars 1854, pour se rendre à
l'armée d'Orient ; débarquée à Gallipoli, elle rencontre un premier adversaire, le choléra. Le 20 septembre, elle prend part à la bataille de l'Alma ; puis
elle arrive devant Sébastopol. Son capitaine est tué,
le lieutenant Dupont est mortellement frappé à l'attaque du bastion du Mât. Huit jours après, devant

le bastion Central, le sergent-major Demaizière est atteint d'un éclat d'obus ; le lieutenant Hinstin — un futur général — est cité à l'ordre du jour de l'armée.

A la prise des retranchements russes de la Quarantaine, le capitaine Fescourt est grièvement blessé, le sous-lieutenant Blaise est relevé parmi les morts. M. Hinstin est blessé à deux reprises ; il continue de diriger sa section. Le jour de l'assaut général, la compagnie gravit les talus du bastion Central ; de vingt-quatre hommes qui ont répondu à l'appel, onze seulement reviennent, le soir, manger la gamelle. D'ailleurs, tous ont été, sinon blessés, du moins contusionnés.

Je voudrais que ces récits fussent répandus dans les casernes par centaines d'exemplaires. Rien n'est plus fortifiant qu'une pareille lecture ; voilà de l'éducation militaire bien entendue. Parmi nos régiments, il en est plusieurs qui, créés après la guerre de 1870, n'ont pas encore d'histoire. Ils l'écriront avec leur sang, en attendant qu'un de nos petits-fils puisse, à son tour, conter leurs exploits. C'est le seul vœu que nous tenions à formuler.

XVIII

En campagne ! Le journal d'un officier au Tonkin. — Avant et
pendant le combat. — Un brin de chauvinisme ; nos morts à
Lang-Son.

23 décembre 1885.

Le 13 novembre 1884, M. Émile Portier, sous-lieutenant au 113e régiment d'infanterie de ligne, arrivait
à Toulon. A peine âgé de vingt-six ans, brillant élève
de Saint-Cyr, M. Portier avait obtenu, grâce à de
hautes protections, la faveur d'être appelé à servir
au bataillon du 111e régiment détaché au corps expéditionnaire du Tonkin. J'écris « faveur », au risque d'exaspérer ceux qui feignent de croire que
notre armée n'est plus friande de combats ; d'ailleurs, l'ordre de départ était si bien considéré comme
une « faveur » insigne, que M. Émile Portier, quoi-
qu'il fût alors en garnison en Paris, s'en allait avec
enthousiasme.

Officier studieux, M. Portier avait eu le bonheur
de vivre, à Paris, auprès de sa famille ; il partageait
les rares loisirs que lui laissait le métier militaire

entre le travail et les joies du foyer paternel ; ces détails intimes paraissent nécessaires pour fixer la physionomie du soldat que nous accompagnerons jusqu'à Lang-Son.

Comme il n'avait guère quitté Paris que pour assister chaque année aux manœuvres d'automne, M. Portier avait l'âme accessible à toutes les impressions du premier voyage de longue durée qu'il allait entreprendre ; l'aspect de Valence le ravit, il décrit minutieusement les rues de Toulon ; puis, quand il met enfin le pied sur le pont du *Bien-Hoa*, il éprouve une gaieté presque enfantine. Et c'était un enfant, en réalité, que ce soldat intrépide et robuste, héroïque et savant, doué de toutes les qualités de notre race, courant au feu comme s'il allait au bal, et dont un boulet chinois a si tôt interrompu les brillantes destinées.

La mère de M. Portier a bien voulu nous communiquer les lettres qu'elle a reçues de son fils ; après avoir donné ses deux enfants à l'armée — ils sont tombés l'un et l'autre sur les champs de bataille — cette mère inconsolable, mais vaillante, a pensé que de tels exemples devaient nous aider à former la jeune armée qui n'a pas encore reçu le baptême du feu. Personne ne parcourra les pages que nous avons sous les yeux sans ressentir un double sentiment d'admiration et de tristesse. Et pourtant, n'est-ce pas ici surtout qu'il convient de rappeler la parole des philosophes d'autrefois : « Ceux qui meurent jeunes sont aimés des dieux ? »

Que de voyageurs ont déjà décrit les traversées qu'ils ont faites ! Que de plaisanteries, plus ou moins spirituelles, n'a-t-on pas rééditées à propos du mal de mer ! Et comme ces histoires de tout genre offrent peu d'intérêt, maintenant que le voyage d'Amérique ressemble à une simple partie de plaisir ! Aussi passerions-nous sous silence cette partie de la correspondance de M. Portier, si quelques détails sur le régime militaire à bord ne méritaient pas d'être reproduits.

Officiers et soldats sont soumis aux prescriptions d'une sévère discipline ; les officiers sont de semaine, comme au quartier. On se lève à sept heures, mais, dès cinq heures, les manœuvres de l'équipage troublent le sommeil des passagers. Chaque homme a droit à une tasse de café noir. On déjeune à neuf heures et demie ; puis, chacun s'en va de son côté ; on se retrouve à quatre heures pour le dîner ; quelques parties de tric-trac et une promenade sur le pont remplissent tant bien que mal, et plutôt mal que bien, l'interminable soirée ; à huit heures, tout le monde est couché. A ces renseignements d'apparence un peu sèche, M. Portier joint un croquis de la cabine où il est logé et qu'il occupe avec un de ses camarades, M. Normand.

Il y a quelques distractions, qui nous paraîtraient

bien futiles et qui, dans l'existence monotone des voyageurs embarqués sur le *Bien-Hoa,* acquièrent une énorme importance :

C'est aujourd'hui jeudi, jour de festin à bord, car nous avons à déjeuner et à dîner un verre de vin fin ; la cuisine est toujours passable et, comme je suis à la table du capitaine président, le pourvoyeur accepte nos réclamations sans trop de tirage. La principale préoccupation est l'heure des repas ; on se lève à sept heures pour être prêt à neuf heures, pour le déjeuner et, dès deux heures, on calcule le temps qui vous sépare de l'heure du dîner.

Une nouvelle distraction existe depuis quelques jours : les soldats embarqués à Alger se réunissent tous les soirs sur le pont et, de sept à dix heures, font un petit concert vocal qui aide à passer une partie de la soirée. La plupart des passagers possèdent deux ou trois romans qui circulent de main en main, de telle sorte que nous en serons amplement pourvus jusqu'à notre arrivée. J'ai déjà fait sur mon grand album un petit croquis de Port-Saïd, et, sur mon petit carnet à dessin, quelques petits croquis *que je reverrai plus tard, en repassant par ici.*

Vain espoir ! Portier ne devait plus revoir Port-Saïd, dont il avait admiré l'aspect pittoresque, ni ces rives déjà lointaines de la France, vers lesquelles se dirigent les regards de tous ceux qui ne s'en éloignent qu'avec déchirement.

D'ailleurs, notre voyageur est sobre en fait de descriptions ; il a visité Aden et n'en retient qu'une chose, c'est qu'il a payé trois roupies un dîner exécrable ; à Saïgon, il entre au théâtre chinois :

Nous avons visité les coulisses où se grimaient les artistes, tous hommes, les femmes ne paraissant jamais sur la scène. Quant à la pièce elle-même, elle était incompréhensible ; au milieu était un homme costumé en femme, assis devant une table et poussant de temps en temps des cris aigus ; toujours la même note, accompagnant la musique de huit Chinois placés sur le côté. En dehors de ces acteurs, il y avait une trentaine d'autres Chinois sur la scène, courant, se promenant, sans s'inquiéter du drame. Quant aux deux cents ou trois cents spectateurs, ils écoutaient avec beaucoup d'attention, sans prendre garde à nous.

Pour le reste, M. Portier engage sa mère et ses amis à lire les correspondances qui ont été publiées dans les journaux ; il a hâte d'arriver au Tonkin, où l'on se bat, et la traversée lui semble bien longue. Le sort lui ménageait une première compensation ; au moment où il quittait enfin l'entrepont du *Bien-Hoa,* on préparait la marche sur Lang-Son, dont il a été si souvent reparlé depuis un mois ; le bataillon du 111ᵉ de ligne était désigné pour concourir à cette expédition. Notre sous-lieutenant remerciait le ciel, puisque ses vœux les plus ardents étaient si vite exaucés.

Le 12 janvier 1885, M. Portier campe, avec sa compagnie, dans un village situé près du fort de Chu ; les habitants se sont sauvés, et nos soldats s'abritent dans des cabanes en bambous qui sont solidement construites. « La nourriture est bonne, écrit notre sous-lieutenant, et nous avons de tout en abondance ; nous appliquons le principe de prendre le plus possible tant qu'on le peut, et nous nous nourrissons avec un luxe presque oriental. »

La colonne, placée sous les ordres du colonel Giovanninelli, se met bientôt en route ; elle pousse jusqu'à la pagode de Kepp-Ha, dont M. Portier, commandé de grand'garde, fait un croquis très complet et très pittoresque. On n'a rencontré ni Chinois ni Tonkinois. C'est une marche militaire, une reconnaissance sans coups de feu. Même aux avant-postes, une moitié des hommes s'installe commodément dans de vastes lits annamites, « claies élevées à 30 ou 40 centimètres au-dessus du sol, et recouvertes de paille ». C'est dans ces moments-là que l'officier apprécie le dévouement du soldat qui l'accompagne et le sert, et que l'on désigne sous le nom d'ordonnance. Quand les hommes se reposent, le sous-lieutenant court les champs, inspecte les alentours, visite les armes et échange le mot d'ordre avec les sentinelles :

Le capitaine m'a désigné un ordonnance excellent : c'est un Corse, nommé Fieschi, ayant l'air quelque peu rébarbatif, mais fort dévoué et toujours aux petits soins pour moi. Le soir, à quelque heure que je me couche, je le vois apparaître, comme sortant de terre, pour m'envelopper dans ma couverture. Le matin, il est encore là, la serviette et un verre de café brûlant à la main.

On était mieux servi à Chu que nous le sommes à Paris !

Vous souvient-il des désolants tableaux qu'on nous a faits de la misère et de la famine qui régneraient au Tonkin ? M. Portier, qui ne jouit assurément d'aucun privilège, écrit à sa mère :

L'intendance nous donne tous les jours du bœuf et du bon pain, et nous complétons nos repas au moyen de poulets et d'œufs, qui sont en abondance. On trouve également des pommes de terre et un peu de carottes. La température est supportable ; pas de soleil, un peu de pluie, mais la marche n'est pas fatigante. Le pays va changer d'aspect, car nous sommes en ce moment à l'entrée des montagnes ; nous devons rester quelques jours ici (à Kepp-Ha), et, de là, nous avancerons peu à peu sur Lang-Son.

Je fais venir force provisions, de sorte que nous sommes montés, en cas de départ, pour quelques jours. Je viens de détacher des coolies, à l'instant, dans les villages environnants, avec mission de rapporter tous les œufs qu'ils pourraient acheter ; j'arriverai peut-être ainsi à en avoir une vingtaine, ce qui nous fera des omelettes pour deux ou trois jours. Cette occupation de cuisinier ne manque pas d'un certain charme, et les conférences avec le maître coq, pompeusement décoré du nom de Vatel, m'aident à passer ce dimanche que la pluie nous rend monotone. Nous avons quelques *Figaro* à dévorer, mais c'est tout ; aussi n'oubliez pas de m'envoyer le *Temps,* dont le format nous permettra de passer de longues après-midi.

La pagode de Kepp-Ha est située à l'embranchement des deux routes qui mènent, l'une à Dong-Song, et l'autre à Liem-Son. La colonne, qui suivait le chemin de Dong-Song, et dont les avant-postes étaient alors à Kepp-Ha, à quelques kilomètres en avant de Chu, était chargée de tourner le défilé de Bac-Lé.

Le 30 janvier, le général Brière de l'Isle arrive, on part pour Lang-Son. La marche est pénible :

Il n'y a en effet qu'un mauvais sentier laissé libre pour l'artillerie, et nous (l'infanterie) marchons sur le côté, par sections par le flanc, à distance de 20 à 30 mètres. Comme ce ne sont partout que rizières, on est obligé d'escalader ou de descendre, tous les vingt ou trente pas, des marches qui ont 50 centimètres de hauteur. Mon personnel domestique s'est augmenté d'un jeune Annamite, nommé Lam, qui me sert pour porter ma sacoche et ma capote.

L'eau n'est pas bonne, en général, mais le filtre est trop encombrant en colonne ; j'ai laissé le mien, par force majeure, au dépôt de Chu ; ce qui est meilleur et plus pratique, c'est de se condamner à boire de l'eau de thé légère avec le vin. Nous avons fait venir de Chu quelques bouteilles de Saint-Galmier qui se vendent 1 fr. 75 c. *Le pays est splendide ;* tout est cultivé ; presque partout du riz. Les hameaux sont rarement distants de plus de huit cents mètres l'un de l'autre. La population nous est assez sympathique, mais en même temps fort craintive ; elle se trouve, en effet, entre l'enclume et le marteau. Occupons-nous un village, les abus arrivent forcément de la part des soldats, qui commettent quelques excès, réprimés énergiquement, mais inévitables.

On le voit, M. Portier est un excellent observateur ; il emploie ses trop rares instants de repos à décrire le spectacle qu'il a sous les yeux ; il y joint des commentaires qui mériteraient d'être reproduits si la place ne nous faisait pas défaut.

Les événements se précipitent maintenant ; le 7 février, le bataillon du 111ᵉ est à Dong-Song ; notre sous-lieutenant compte quarante forts qui couronnent les hauteurs défendues par les Chinois. Le combat se termine par une victoire complète ; mais il faut revenir en arrière pour chercher les sacs dont les soldats se sont débarrassés au moment de l'assaut. M. Portier, chargé de cette mission, part à six heures du soir :

Il faut chercher un chemin dans les herbes pour redescendre, traverser l'arroyo et remonter ; nous ne sommes de retour qu'à une heure du matin. En arrivant, nous couchons par terre, comme la veille, arrosés, comme la veille, pendant toute la nuit.

Pas une plainte ne s'élève cependant. Citons encore cet épisode du combat du 13 février :

A quatre heures arrive le général de Négrier, qui nous assigne comme domicile pour la nuit un mamelon, à 800 mètres en avant, et sur lequel flottent encore trois pavillons ennemis. Il nous donne l'ordre d'aller y coucher de la manière la plus naturelle du monde, et nous y allons avec entrain, deux compagnies du 111ᵉ et mon peloton.

A 300 mètres, les Chinois nous accueillent par un bon feu ; on franchit un arroyo rapidement, l'eau montant jusqu'à la ceinture ; les clairons sonnent la charge et nous montons à l'assaut ; les Chinois se retirent ; mais, à peine sur la hauteur, nous recevons des balles de tous côtés ; on

est entouré de fumée ; la situation semble un peu critique.
On continue à tirer pendant dix minutes, puis les Chinois
cessent leur feu, et nous nous reformons en bon ordre. Le
colonel Herbinger, qui nous accompagnait, me dit, au milieu de la fusillade : « Vous êtes bien servi pour la pre-
« mière fois ; vous pourrez dire que je vous ai offert un
« baptême de premier ordre. »

Et puis ? Le 24 février, le général de Négrier envoyait de Lang-Son cette dépêche au colonel Mour-
lan : « Regrette vous annoncer lieutenant Portier
mort dans la nuit du 24. » Le lendemain, M. Normand, lieutenant au 111e, écrivait une longue et
touchante lettre à la mère de son camarade ; il y joignait un croquis où une croix indique la place où
Portier est tombé, frappé à la tête au moment où il
enlevait ses hommes sur les pentes des coteaux de
Dong-Song, occupés par les Chinois. La mort, par
une de ces fatales coïncidences qui lui sont fami-
lières, a réuni ces deux amis, qu'elle avait momentanément séparés. Le lieutenant Normand est tombé,
comme Portier, sous le drapeau de la France. Il
paraît bon de montrer, par de si glorieux exemples,
que les traditions chevaleresques n'ont pas dit leur
dernier mot, et que notre chère armée compte encore des Molène qui joignent l'esprit, l'intelligence
et les plus nobles qualités du cœur à l'héroïsme le
plus raffiné.

XIX

Les chambres militaires. — Locataires du Gouvernement ; l'a-
meublement d'un officier dans un fort. — Une heureuse
amélioration. — Les soldats-laboureurs et l'agronomie militaire. — Permissions de trente jours ; pas de permissionnaires !

29 décembre 1885.

Il va paraître un règlement dont les officiers détachés dans les forts et les adjudants mal installés dans
les casernes salueront l'arrivée avec un véritable
enthousiasme ; en renouvelant son traité avec la Société dite des « Lits militaires », l'administration
a fini par tenir compte des plaintes qui depuis
longtemps s'élevaient de toutes parts ; elle a pris
quelque souci des intérêts du personnel placé sous
ses ordres — ce qui est extraordinaire dans notre
beau pays où fleurit la routine.

On sait — ou l'on ne sait pas — qu'un certain nombre d'officiers sont logés dans les bâtiments militaires ; ainsi, le pavillon des Princes, dans le palais
de Fontainebleau, a été transformé en internat pour
les sous-lieutenants élèves ; il en est ainsi dans les

forts, où quelque casemate humide est pompeusement décorée du nom de chambre à coucher. Là, le
capitaine commandant fait subir un interrogatoire
très court au jeune lieutenant qui arrive de province et qui grille d'envie de goûter aux délices de
la capitale.

— Enchanté de vous voir ; je vous attends depuis
quinze jours.

— Mon capitaine...

— Oui, je sais : vous avez profité jusqu'au bout
du congé réglementaire. Suffit, n'en parlons plus.
Êtes-vous marié ?

— Non, mon capitaine, répond l'infortuné, complètement interloqué.

— Parfait ! C'est alors vous qui remplirez les fonctions de commandant d'armes ; vous serez le seul
officier résidant au fort même ; il faudra donc
que vous y rentriez, chaque soir, avant neuf heures.

Il est très flatteur, pour un débutant, de porter le
titre de commandant d'armes ; mais comment faire
pour concilier les exigences du service et les perpétuelles excursions à Paris ? Bast ! on s'y fera ; après
un ou deux mois d'exemplaire assiduité, le lieutenant déléguera quelquefois ses pouvoirs à l'adjudant
et, revêtu du complet traditionnel, s'en ira rejoindre, à la station la plus proche, le chemin de fer de
ceinture.

Toujours est-il que, chaque soir, le lieutenant ou

l'adjudant resteront dans leur petite chambre protégée par quinze pieds de terre contre les obus d'un
assiégeant imaginaire. J'entends d'ici un brave ami
de Joseph Prudhomme s'écrier : « Qu'ils travaillent ! » C'est bientôt dit ; je voudrais vous y voir,
vertueux conseiller ! Un philosophe n'a-t-il pas dit
que les objets et les êtres qui nous entourent exercent
une singulière influence sur nos dispositions personnelles ? Or, l'officier enfermé dans un fort est complètement isolé ; tout au plus le chat de la cantine s'ap-
proche-t-il de la table boiteuse où l'ordonnance a servi
le modeste déjeuner. Soldats et sous-officiers se sau-
vent, dès qu'ils sont revenus de l'exercice ; dans
l'étroite enceinte de la petite citadelle, le silence
règne ; l'ombre des murs humides s'étend jusqu'à la
porte. Au loin, par delà les glacis que surveillent
les énormes canons d'acier, un laboureur, campé en
plein soleil, rentre sa dernière gerbée pendant que
les moissonneuses chantent une de ces mélodies
ineptes que Paris exporte par milliers chaque
année.

Là-bas, c'est la vie avec ses aspects multiples et
changeants, ses faces ondoyantes et diverses ; ici,
c'est comme une image avant la lettre de l'éternel
repos !

Voilà pour les êtres ; voyons les choses maintenant. S'il se réfugie dans sa chambrette, qu'y trouve-
t-il, l'officier dévoré par l'ennui d'une existence

monotone ? Un lit plus que sommaire, où une pail-
lasse très mince remplace incomplètement le som-
mier absent et que garnissent d'affreux rideaux
jaunes troués ; un bureau de dimensions exiguës et
qui semble n'avoir jamais été neuf ; puis, deux
chaises, un bougeoir, une paire de mouchettes
avec un éteignoir, et, pour les jours de « haulte
liesse », un verre en cristal !

Une fois par semaine, un employé pénètre dans
ce réduit moins bien meublé que la plupart des cellules de nos prisons ; il apporte deux serviettes qui
devront servir pendant huit jours. Une serviette
pour quatre jours ! Que ce soit l'hiver ou l'été, le
règlement est inexorable sur ce point. N'insistons
pas sur ces détails intimes de toilette ; avouez au
moins que c'est un peu l'histoire de cette autre
prescription en usage dans les bureaux d'état-major :
« On fera du feu à partir du 1er novembre. » S'il
gèle durant les derniers jours d'octobre, tant pis
pour les malheureux scribes, qui souffleront sur
leurs doigts sans parvenir à les réchauffer, et qui,
d'autre part, étoufferont de chaleur si l'été de la
Saint-Martin vient à se prolonger. Ce qui serait, en
tout cas, une maigre compensation.

Nous n'aurions pas de peine à prolonger cette description peu séduisante ; ce que nous avons dit suffit au moins à faire voir que les chambres d'officiers
ou d'adjudants n'ont aucune analogie avec le para-

dis. Toujours est-il que d'importants progrès vont
être réalisés et tous les isolés, dont nous avons décrit
la mélancolique oisiveté, nous sauront gré de les
prévenir, dès aujourd'hui, que l'ameublement de
leurs pièces comprendra désormais :

Des rideaux en damas de coton rouge ; un dessus
de lit de même étoffe ;

Des rideaux de vitrage pour chaque croisée ;

Une armoire porte-manteau à deux battants et à
corniche ;

Une glace à cadre noir.

Ce n'est pas tout : l'unique verre en cristal sera
remplacé par deux chopes, une carafe et un sucrier ;
les chandeliers feront place à une superbe lampe
« de seize lignes », et les locataires de la Société des
Lits militaires recevront quatre serviettes par semaine ! Ce n'est plus de l'aisance, c'est du luxe !

Seulement, n'oubliez pas que, le jour où vous
quitterez ces somptueux appartements, le garde ou
l'employé se présentera pour procéder, en votre présence, à la visite du matériel qui vous aura été confié.
Rien n'échappe à la vigilance de cet austère représentant ; une tache sur le bureau n'existait pas lors
de votre entrée en possession ; ci : deux francs
soixante-cinq centimes ; tel rideau est un peu dé-
chiré, telle chaise semble moins équilibrée ; et tout
cela se paye. A quoi bon insister ? Vous avez tous,
mes camarades, subi ces petites épreuves ; en atten-

dant, réjouissez-vous de tout cœur et réservez un bon accueil aux deux serviettes supplémentaires qui vous sont enfin octroyées !

La race des soldats-laboureurs ne s'est pas éteinte avec Cincinnatus, et les économistes, en tous pays, n'ont pour ainsi dire jamais cessé de considérer l'armée comme un des éléments essentiels de la fortune et de la prospérité nationales. Aujourd'hui, la question revient sur l'eau ; les journaux algériens, s'inspirant des sages conseils du maréchal Bugeaud, demandent que les concessions de terre soient désormais réservées à d'anciens militaires ; M. Pierre, qui s'intitule modestement « ancien élève d'une école primaire de village », revendique une place à l'exposition de 1889 pour l'agronomie militaire, qui n'existe encore que dans les rêves de ce généreux écrivain.

En n'envisageant ces différentes propositions qu'au seul point de vue de l'armée, il n'est que juste de reconnaître que les ministres de la guerre n'ont pas attendu pour agir les exhortations raisonnables de nos prudents philosophes. Une fois n'est pas coutume. Depuis que le service obligatoire existe, les colonels reçoivent l'ordre, vers la mi-juillet, d'accorder à tous leurs soldats, sauf aux recrues encore mal instruites de la dernière classe, des permissions de quinze ou de trente jours. Ces jeunes gens sont autorisés à se rendre auprès de leurs parents, pour

les aider dans les travaux de la moisson. Voilà qui
est fort bien. Quelle ne sera pas cependant votre
surprise si je vous dis que, chaque année, le nombre
des permissions à accorder dépasse sensiblement le
nombre des permissionnaires volontaires !

« Eh quoi ! direz-vous, refuser d'accepter un
congé ! Cela ne s'est jamais vu ! »

Détrompez-vous, cela se voit encore ; rien n'est
plus naturel, d'ailleurs. Mais, pour bien expliquer
la situation bizarre où se trouvent, au mois d'août,
les colonels de notre armée, il est indispensable de
remonter un peu loin.

Avec les ressources ordinaires du budget voté par
les Chambres, le ministre de la guerre ne saurait
évidemment faire face à certaines dépenses imprévues et qu'il est souvent nécessaire de tenir absolument secrètes. Mais, fort heureusement, il est avec...
le budget des accommodements. A-t-on fondu quelques canons de trop, chose louable, on tâchera d'a-
voir quelques journées de présence en moins. Les
Chambres ont compté sur tel effectif ; nous ne dimi-
nuerons point cet effectif : nous enverrons seulement
en congé temporaire cinquante, soixante, cent mille
hommes, et, du même coup, nous ferons le bonheur
de l'agriculture, qui manque de bras, suivant un
mot bien connu.

Hâtons-nous d'ajouter, bien que la critique ne
doive jamais intervenir dans ces études passagères,

que les Allemands, les Russes, les Italiens, agissent de la même façon. Il paraît que l'agriculture est aussi abandonnée chez eux que chez nous.

Le colonel du 141e de ligne reçoit donc l'ordre de distribuer deux cent cinquante permissions de trente jours. Voilà qui est parfait; la décision ministérielle est transcrite au rapport et les capitaines, habitués jusqu'alors à refuser des permissions, cherchent à découvrir maintenant des permissionnaires de bonne volonté. Il est bien entendu que les engagés conditionnels sont tenus à l'écart et qu'ils restent au régiment; s'il n'en était pas ainsi, tous demanderaient à partir et les difficultés seraient promptement tranchées. Après deux ou trois jours d'inutiles recherches, le major, furieux, fait comparaître les inculpés :

— Un tel, pourquoi refusez-vous d'aller en congé?

— Eh ! mon commandant, que voulez-vous que je devienne? Mes parents sont pêcheurs de crevettes et plus pauvres que Job. Il n'y a pas plus de crevettes dans cette saison-ci *qu'autrement;* je leur serais donc une charge bien inutile et bien lourde et... je ne mangerais plus la bonne soupe que fabrique notre cuisinier.

Ils sont cent, deux cents, trois cents qui tiennent le même langage.

Alors, de guerre lasse, le colonel laisse partir d'abord des recrues, puis quelques conditionnels. On fait une cote mal taillée ; on remplace les congés de trente jours par de plus nombreuses permissions de huit jours.

Les Allemands, gens décidément pratiques, ne connaissent pas ces menus ennuis. Par un avis inséré dans tous les journaux de la région où il commande, le général fait savoir qu'il accordera, en nombre illimité, des permissions prolongées à tous les soldats-laboureurs. Aussitôt les fermiers des environs assiègent le quartier, guettent les soldats, les embauchent pour quinze jours ou pour un mois, et emmènent, triomphants, ces utiles auxiliaires à bon marché.

Pourquoi n'agirions-nous pas de même ?

Quant aux observations que présentent les journaux algériens, il suffirait, pour les justifier, de rappeler la devise qu'avait adoptée Bugeaud et qu'il n'a pas eu le temps de faire prévaloir : *Ense et aratro.* Et il ajoutait : « Le soldat doit précéder le colon et devenir colon. » Jusqu'à présent, on n'a essayé de coloniser qu'en accordant des concessions ; elles ont été données surtout — ce n'est un mystère pour personne — à des paysans français qui n'étaient pas acclimatés. Ne pourrait-on pas les réserver à d'anciens soldats qui, ayant servi en Algérie, connaîtraient le pays et ses habitants et supporteraient plus facilement les épreuves que réserve le climat aux nouveaux arrivants ?

Sous la domination romaine, la Numidie et la Mauritanie avaient mérité d'être appelées « les greniers de Rome ». Les vestiges des voies romaines, les débris de monuments que l'on retrouve presque sur les limites du désert, montrent combien l'Algérie était exploitée par ces légions de soldats-laboureurs, les mêmes qui mirent en déroute les bandes de Jugurtha.

Si l'on doute de l'aptitude de nos braves troupiers à pousser le soc de la charrue, que l'on visite l'un de nos camps ; le spectacle qu'ils auront sous les yeux convaincra les plus sceptiques.

XX

5 janvier 1885.

Les bureaux de la guerre sont infatigables ; les circulaires pleuvent et les réformes se succèdent avec une étourdissante rapidité. « Cessez de vaincre, ou je cesse d'écrire ! » L'immuable comptabilité n'échappe pas à l'attention vigilante des implacables censeurs grandis à l'ombre des bâtiments de la rue Saint-Dominique ; on ne simplifie pas les opérations compliquées des officiers comptables, mais on augmente encore le nombre des « écritures ». Telle question de solde devient un problème plus difficile à résoudre qu'une équation du quatrième degré. Sur les rayons de l'unique bibliothèque du régiment, les volumes du *Journal militaire officiel* s'alignent avec une désespérante monotonie ; il en naît un ou deux, chaque année. Telle circulaire de 1883 est en con-

tradiction flagrante avec telle autre circulaire de
1882, qui n'a pas été rapportée ; l'une dit blanc,
l'autre dit noir. Dorénavant, il sera bon de faire subir aux futurs officiers comptables un stage prolongé
au Conseil d'État et à la Cour des comptes.

Voyez le sort que l'on réserve à l'infortuné capitaine d'habillement ! Ce n'est pas que jusqu'à présent son métier fût réellement enviable : dès l'aube,
il ouvre les registres, vérifie les additions des scribes
placés sous ses ordres ; puis affairé, craignant toujours une visite de M. l'intendant, il court à ses
rayons, déplace des piles de dolmans et de pantalons, de képis et de shakos, remue des centaines de
gibernes, de ceinturons et de paires de bretelles ; la
poussière l'aveugle ; il continue, impassible, éternellement attelé à cette fastidieuse besogne qu'il recommence du 1er janvier au 31 décembre et qu'il ne
termine jamais.

Manque-t-il un objet quelconque, quel émoi ! sous-
officiers et employés sont aussitôt mandés ; le maître
tailleur est convoqué ; on procède à une contre-visite
minutieuse. Il y a là quelques milliers de dolmans,
cinquante mille effets d'équipement, et le règlement
exige que l'état des magasins soit dressé chaque
jour. D'ailleurs, le major et le colonel y veillent de
leur côté ; membres du conseil d'administration, ils
ont une grosse part de responsabilité.

Vous vous dites que tant d'efforts obtiennent au

moins une récompense honorifique ou pécuniaire ;
détrompez-vous. Le capitaine d'habillement ne touche pas une autre solde que celle de ses camarades
dont les fonctions se bornent à commander, deux ou
trois fois par semaine, l'école de compagnie ; et,
quand vient son tour d'être proposé pour la croix ou
pour le grade supérieur, il est presque toujours impitoyablement écarté. Les comités de classement
n'aiment pas les « ronds de cuir ». C'est la formule
consacrée.

Mais les bureaux de l'administration centrale,
eux, sont sans pitié ; bien qu'ils n'aient pas encore
lu les rapports qui leur ont été adressés en 1850, et
que ces respectables papiers dorment au fond de
tiroirs ignorés, nos rédacteurs inoccupés, las de rouler des cigarettes, ont de temps en temps l'impé-
rieuse envie de recevoir quelques nouveaux documents... dont il sera fait, d'ailleurs, le même usage
et qui rejoindront infailliblement leurs prédécesseurs dans les insondables oubliettes du ministère
de la guerre.

Alors, le chef et le sous-chef confèrent pendant
une heure ; les attachés et les surnuméraires reçoivent des instructions formelles ; tout le monde se
met au travail, les plumes courent, fébriles, sur le
papier, et, pour le jour de l'an, une circulaire prend
son vol. Quelles étrennes !

De quoi s'agit-il aujourd'hui ?

De par l'ordre du ministre de la guerre, les vêtements civils des recrues seront désormais conservés
dans les magasins des régiments. « Ils y seront en-
« tretenus en bon état de réparation et de propreté,
« et seront remis à l'homme au moment où il quit-
« tera l'armée pour rentrer dans ses foyers. » Ce paragraphe a l'air inoffensif ; nous allons voir ce qu'il
signifie et quelles sont les obligations qu'il crée.

Un régiment ne ressemble pas précisément à un
pensionnat, et nous ne ferons nulle difficulté pour
reconnaître que la société y est un peu mêlée. Dans
la nuit du 5 au 6 décembre dernier, les cours de
nos casernes offraient un coup d'œil réellement pittoresque : à chaque instant, le sergent de garde ouvrait la porte à quelque nouveau détachement de
recrues. Les conscrits arrivaient, les uns isolément,
les autres par bandes de vingt ou trente : ceux-ci de
l'Est, ceux-là du Nord, les blonds gars de Bretagne,
les « petits bruns » du Midi ; un peu ahuris, fatigués
par un long voyage en troisième classe — heureux
ceux qui évitaient les wagons à marchandises ! —
ils contemplaient avec effroi les vastes bâtiments endormis dans la nuit et qui devaient leur servir de
demeure pendant cinq ans. Ouvriers, bourgeois,
riches et pauvres, tous, pendant cinq ou dix minutes,
donnaient un souvenir à la maison paternelle, à la
ville natale, aux amis absents et, qui sait ? à la bien-
aimée. Attendra-t-elle le retour du soldat ?

Puis, les premières émotions dissipées, nos jeunes gens se retournent vers le sergent-major qui les attend, les appelle, les dévisage et les envoie dormir sur une botte de foin étendue dans le vaste hangar où sont remisés les voitures à outils et l'élégant équipage de la cantinière.

Le lendemain, dès le point du jour, quel vacarme et quelle cohue ! Le major ne sait à qui entendre ; l'adjudant de semaine crie, se fâche, distribue la consigne et la salle de police avec une libéralité peu goûtée de ses subordonnés, et les officiers de compagnie s'efforcent en vain de retrouver leurs hommes dans cette foule bigarrée de *messieurs* en veston et de paysans en sabots. Le calme se rétablit enfin ; on forme les rangs comme on peut, sans commandement, sans régularité, sans précision. Puis, en route pour le magasin d'habillement. Les voyez-vous entrer, ces cinquante garçons de vingt ans ? Ils ont l'aspect de gens cruellement embarrassés ; n'osant parler haut, ils bousculent leurs voisins pour « avoir l'air crâne ». Ils vont sortir d'ici, tout à l'heure, équipés de pied en cap en galants tourlourous. Plus d'étiquette ! L'uniforme supprime les distinctions sociales. Le paysan, qui n'avait qu'une méchante blouse sur le dos, sera peut-être plus élégant sous la tunique que le gommeux privé de son complet et de ses chaussures pointues.

Seulement, n'oubliez pas que, pour réaliser de

pareils prodiges, le capitaine d'habillement et ses
adjoints ont dû prodiguer leur zèle. Imaginez un
cordonnier recevant le même jour cent clients qui,
tous, chaussent la même pointure. Comment se tire-
ra-t-il d'affaire ? Estropiera-t-il les uns pour débiter
sa marchandise ? Les officiers d'habillement se trouvent fréquemment dans une situation aussi gênée ;
les prévisions du maître tailleur sont déçues ; on
n'envoie au régiment que des *petits* hommes. Où découvrir un nombre suffisant d'effets à leur taille ?
Équation qui ne contient que des inconnues !

Un point par-ci, un coup de ciseaux par-là. L'officier met la main à la pâte, empoigne le mètre classique, indique, d'un trait à la craie, les modifications urgentes. On se tire de ce mauvais pas comme
on peut. A la revue du dimanche suivant, les conscrits n'auront pas trop fâcheuse tournure, et peut-
être le colonel daignera-t-il exprimer sa satisfaction.

Ce n'est pas tout. Après la classe, ce sont les
engagés conditionnels, les sous-officiers, et les réservistes. Pour ces derniers, des vêtements légèrement usés suffisent assurément, puisqu'ils ne les
gardent que pendant vingt-huit jours. Encore est-il
indispensable que ces habits ne soient ni trop larges,
ni trop étroits. Et, du haut des rayons, les piles de
pantalons, dont le sommet touche au plafond de la
salle, s'écroulent jusque sur le plancher. Chacun de
ces effets est muni d'inscriptions plus difficiles à dé-

chiffrer que des hiéroglyphes. « 3ᵉ 1884 pour 18. »
Ce qui signifie : ce dolman date du 3ᵉ trimestre de
l'année 1884 et doit servir pendant 18 mois. Après
18 mois d'usage, il sera *réformé*. Notez bien que les
à-peu-près n'ont pas cours dans l'armée et que l'intendant sévirait s'il découvrait qu'une seule paire
de bretelles a été portée une minute de plus que
l'exigent les règlements.

Est-il besoin d'insister et de transcrire un folio de
la formidable comptabilité de l'officier d'habillement? On connaît l'histoire de cet officier d'un dépôt de remonte qui, ayant perçu 70 centimes en
trop, fut obligé d'aller verser pareille somme dans
la caisse du plus proche receveur des finances, et
qui toucha, de ce fait, une indemnité de 32 fr. 75 c.
pour frais de route. Je sais un officier d'habillement
qui fut puni de huit jours d'arrêt pour une erreur
de 2 centimes. Et voici pourquoi :

Les magasins où sont enfermés les effets abritent
naturellement une multitude de souris et même de
rats. Ces intéressants animaux ont une affection particulière pour les immenses bâtiments dont le repos
n'est troublé que par les allées et venues des scribes
et des employés. Pour se défendre contre les dépré-
dations de ces adversaires ingénieux, le capitaine
d'habillement a le droit d'entretenir un chat dans
chacune des salles de son magasin ; or, le colonel du
...ᵉ régiment avait ordonné de réunir dans un petit

local disponible les pantalons de toile et les vestes
appelées « bourgerons ». Une salle de plus, un chat
de plus. L'État alloue deux centimes par jour pour
la nourriture de ces braves serviteurs. Une somme
équivalente fut donc inscrite sur les livres du capitaine d'habillement. L'intendant arrive, à l'improviste, le lendemain du jour où s'était achevée cette
installation. Il parcourt les registres, approuve du
geste et de la voix ; tout à coup, ses sourcils se fron-
cent, et, du doigt, il indique une somme de deux
centimes qui n'était pas « justifiée ». L'officier se
trouble, balbutie quelques explications qui ne sont
pas accueillies : « J'ai découvert une erreur ; il doit
y en avoir d'autres. » En vertu de cet aphorisme
d'une logique contestable, le capitaine fut puni.
Vingt-quatre heures plus tard, il découvrait l'erreur.
Le scribe, en transcrivant les dépenses, avait oublié
le chat !

Et, maintenant, quand il faudra conserver, pêle-
mêle, les vestes des citadins, les *treillis* des laboureurs, que de chats supplémentaires ne devra-t-on
pas introduire dans les magasins militaires ! On frémit rien que d'y penser ; les chats vont faire prime
sur les marchés français !

Enfin, je cite un dernier argument : les marchands
d'habits vont criant que leur commerce ne marche
plus. Comment accueilleront-ils une circulaire qui
les prive de leurs dernières ressources ? Hier encore,

on les rencontrait aux abords des quartiers : à Versailles, dans l'avenue de Paris, au Champ-de-Mars, à Vincennes, guettant nos troupiers incorporés le matin même ; ils multipliaient les offres séduisantes et s'en allaient, joyeux, cachant sous leurs amples paletots la redingote râpée de l'ouvrier de la ville ou la blouse déchirée du cultivateur. Les beaux jours sont passés ! Plus de moissons abondantes pour le marchand d'habits ! Le long des quais, dans les rues étroites, sous les portes cochères des maisons hautes où grouillent vingt-cinq ménages, il continuera, mélancolique, sa promenade fastidieuse, et le cri perçant qu'il pousse de sa voix éraillée se mêlera de nouveau au bruit assourdissant de la grande cité.

Le 1er janvier n'arrive jamais assez vite au gré des officiers qui comptent sur une récompense ; pendant le mois de décembre, les commentaires vont bon train au *mess*, au café, dans la cour du quartier. Chacun dit son mot ; on discute les chances d'avancement des camarades. Le régiment sera-t-il enfin débarrassé de son lieutenant-colonel et quels sont les malheureux qui recevront, en guise d'étrennes, ce chef insupportable ? Pendant que les badauds de province causent et bâtissent des châteaux en Espagne, les différents comités se réunissent à Paris. A Saint-Thomas-d'Aquin, sept généraux d'artillerie siègent, matin et soir, dans la vaste salle où les compagnons de Napoléon ont déjà délibéré.

Leurs séances ne manquent ni d'intérêt ni d'apparat. Sévères d'aspect, vêtus de redingotes boutonnées haut, nos généraux tiennent dans leurs mains le sort des officiers de l'arme : ils dressent ce que l'on appelle, en termes du métier, le tableau d'avancement. Comment procèdent-ils ? Ils travaillent à huis clos ; écartons cependant la boiserie que cache un portrait en pied de Gribeauval — l'organisateur et le créateur de l'artillerie française — et jetons un coup d'œil indiscret sur cet auguste aréopage.

Voici d'abord le secrétaire du comité qui donne lecture des noms de cent ou cent cinquante capitaines, susceptibles, par leur mérite et par leur ancienneté de grade, d'être classés pour le grade de chef d'escadrons. Cent cinquante, c'est beaucoup trop ; quinze d'entre eux seulement seront définitivement choisis. Une courte discussion s'engage ; chacun fait valoir les titres de ses protégés. Puis on passe au vote. Sur des listes numérotées d'avance, les généraux inscrivent quinze noms. Un capitaine obtient-il quatre suffrages — la moitié plus un — il est classé. Et le comité vote, revote sans désemparer, jusqu'à ce que quinze candidats aient triomphé. C'est le régime parlementaire dans toute sa beauté.

Les listes ainsi dressées sont expédiées au ministre de la guerre ; les bureaux s'y conforment strictement pour arrêter les promotions du 1er janvier. On suit les mêmes errements pour la répartition des croix de la Légion d'honneur. Quelle part est réservée à l'inconnu, puisque toutes ces listes sont officiellement imprimées aussitôt qu'elles ont reçu l'approbation ministérielle ? Jusqu'à présent, les officiers se rattrapaient en essayant de décrocher quelque décoration universitaire : les palmes en argent et le ruban violet font bien sur l'uniforme égayé par les galons en or et par les parements rouges. On intriguait ferme pour obtenir le droit de les porter, et le ministre de l'instruction publique en faisait tous les ans une généreuse distribution.

Hélas ! les bureaux infatigables sont intervenus ; parcourez quelques extraits de cette nouvelle circulaire : Nul officier ne peut être proposé pour les palmes d'officier de l'instruction publique s'il n'est officier de la Légion d'honneur ou officier d'Académie depuis cinq ans au moins ; le nombre de ces propositions doit être *très limité*. Ces deux mots sont *soulignés* dans le document ministériel ! Heureux ceux qui sont déjà munis des palmes !

XXI

Les conséquences d'une capitulation. — L'honneur et l'intérêt.
— Nouveaux documents sur Baylen. — Une histoire d'hier :
l'artillerie de forteresse ; les dessous de cartes. — Une poignée d'indiscrétions. — L'anniversaire de la bataille de Buzenval ; Garches, Montretout, Buzenval. — Gardes nationaux
et troupes de ligne. — La vraie résurrection.

19 janvier 1886.

M. Lorédan Larchey, dont nous avons eu déjà
l'occasion de louer l'érudition patiente et raisonnée,
vient de publier une nouvelle édition d'un ouvrage
dont la place est marquée dans toutes les bibliothèques de garnison. Quand nous écrivons : nouvelle
édition, nous employons un terme peut-être ambitieux ; M. Larchey ne recherche, en effet, ni la
gloire ni les bénéfices que procure la vente de plusieurs milliers d'exemplaires. Animé seulement du
désir de restituer à son pays quelques pages ignorées
d'une histoire féconde en prodiges, le bibliothécaire
de l'Arsenal orne son petit livre d'une couverture
qui ne porte pas d'autre indication que celle-ci : Pa-

ris, 1885. Les bibliophiles du vingtième siècle se disputeront, à coup sûr, les rarissimes exemplaires de ces volumes d'apparence si modeste.

Nous sommes persuadés cependant que tous les officiers liront les *Suites d'une capitulation* et que, selon l'expression du poète, ils y « prendront un plaisir extrême », bien mieux encore qu'au récit des aventures merveilleuses de Peau d'Ane. On sait, en effet, qu'il s'agit ici de la fameuse capitulation de Baylen ; le souvenir cruel en était resté vivant parmi nous jusqu'au jour où l'infamie de Bazaine eut fait oublier la lâcheté de Dupont. A maintes reprises, on avait discuté la conduite de ce général français qui, commandant à neuf mille soldats héroïques, mit bas les armes presque sans combattre et qui, plus tard, quand la Restauration l'eut comblé de faveurs, essaya de se défendre en affirmant qu'il n'avait eu d'autre souci que d'épargner le sang de ses troupes. Napoléon Ier avait jugé d'un seul mot la conduite de son lieutenant : « Qu'on le fusille ! » avait-il ordonné. L'opinion publique a ratifié la sentence du capitaine d'Austerlitz. Mais il n'était pas inutile de démontrer qu'en signant la capitulation de Baylen, Dupont n'a même point obtenu le résultat qu'il s'était proposé d'atteindre, puisque parmi les Français dont il avait la prétention de sauver la vie un très petit nombre à peine a survécu aux épreuves d'une longue et horrible captivité.

Peu soucieux de déclamations vaines ou de commentaires passionnés, M. Lorédan Larchey s'est borné à réunir les témoignages écrits de quelques-uns des subordonnés du général Dupont ; le drame qui s'est joué sur les pontons de Cadix revit ainsi en quelque sorte sous nos yeux : ici, c'est le docteur Treille, attaché aux ambulances de la division, qui compte ses morts ; là, c'est l'officier de dragons Daubon et le timonier Ducor qui nous disent les périls auxquels ils n'ont échappé qu'à force d'adresse et de vigueur ; puis, un officier qui a gardé l'anonyme dresse le menu des repas qui se composaient uniformément d'une once de riz et d'un pain de munition. Et, s'il faut enfin une conclusion à ces dépositions si tragiques dans leur émouvante simplicité, un extrait du *Moniteur universel* la fournit : Le 3 juin 1847 — trente-neuf ans après la fatale capitulation de Baylen, — l'escadre française, commandée par le prince de Joinville, mouille en vue de la rade de Palma ; une corvette à vapeur, *le Pluton,* s'approche de l'îlot de Cabrera et son capitaine constate que sur plusieurs points de cet îlot, où les soldats de Dupont avaient été relégués en 1808, « on aperçoit des ossements sans sépulture, tristes restes de nos malheureux compatriotes morts de misère sur ce rocher ». Alors, sur les ordres de l'amiral, les officiers et les soldats de l'escadre descendent à terre, recueillent pieusement ces débris, les ensevelissent

et gravent sur une pierre voisine cette inscription
laconique :

A LA MÉMOIRE DES FRANÇAIS MORTS A CABRERA
    L'ESCADRE D'ÉVOLUTIONS DE 1847.

Rien ne saurait mieux faire ressortir l'inanité de
certaines conceptions soi-disant humanitaires que
l'attristante lecture des documents recueillis par
M. Lorédan Larchey. Que l'on s'efforce d'éviter la
guerre, rien de mieux ; mais, une fois le premier
coup de canon tiré, que l'on ose préférer la défaite
à l'effusion du sang, voilà ce qui restera éternellement
incompréhensible pour ceux qui ont étudié de près
l'histoire des campagnes d'autrefois. Wellington, à
Waterloo, criait à ses soldats : « Tenez bon ! Si vous
reculez, vous êtes perdus ! » Chanzy, au Mans, faisait mettre en batterie, en arrière de sa ligne de
combat, deux mitrailleuses chargées et modifiait
ainsi l'expression du général anglais : « Résistez, ou
vous êtes morts ! » Il est prouvé — autant que cela
peut l'être dans un débat rétrospectif — que Dupont
eût balayé les bandes espagnoles, s'il eût déployé
plus d'énergie et montré plus de sang-froid.

On a agité cette question quand, l'an dernier,
M. Lorédan Larchey eut conté l'histoire douloureuse
des « captifs de Baylen » ; nous ne reviendrons pas
aujourd'hui sur ce sujet, qui paraît épuisé. Seulement, parmi les pièces originales qui ont trait à cette

honteuse capitulation de 1808, il en est une qu'on
a jointe récemment, et à juste titre, aux « Œuvres
complètes » du maréchal Bugeaud ; elle mérite de
fixer, au moins pendant un instant, l'attention respectueuse d'une nation qui tâche de renouer la chaîne
brisée de ses plus glorieuses traditions.

Nous voulons parler de la retraite du 116e régiment d'infanterie ; évoquer ce mémorable souvenir,
c'est placer l'exemple à côté de la leçon.

Le 116e régiment avait été chargé d'aller châtier,
à Cuença, des bandes espagnoles qui avaient mas-
sacré un convoi de Français ; détaché de la division
du général Dupont, le 116e était accompagné par
une section d'artillerie (deux pièces) et par un escadron de chasseurs. Le colonel Rouelle, qui commandait cette petite colonne expéditionnaire, apprit à
son retour et lorsqu'il n'était plus qu'à une faible
distance de Baylen que son chef avait capitulé ; on
le sommait, d'ailleurs, de suivre cet exemple peu
recommandable. Cédons la parole à un témoin oculaire :

Malgré les sommations, Rouelle refuse de se rendre ;
mais, ne voulant pas assumer sans conseil la responsabilité
qu'entraînait sa désobéissance, il fait battre à l'ordre, et
réunit au centre du régiment les officiers et les sergents-
majors.

« Messieurs, leur dit-il, je vous ai convoqués à une espèce d'assemblée de famille pour vous informer des événe-

ments déplorables qui viennent d'avoir lieu et prendre
votre avis. »

Il leur fait ensuite le récit de ce qui s'est passé à Baylen ; et il ajoute : « On veut nous forcer à nous rendre, nous
qui n'étions pas à cette malheureuse affaire, nous dont on
n'a pu disposer que par un abus de pouvoir et un excès de
lâcheté, nous enfin qui avons des armes ! Le souffrirons-
nous, mes amis ?... »

Ces paroles sont suivies d'un murmure approbateur ;
mais personne n'élevait la voix, lorsque le sous-lieutenant
de voltigeurs Bugeaud, s'avançant au milieu du cercle :
« Mon colonel, s'écrie-t-il, puisque vous nous avez appelés
pour nous consulter, et qu'il nous est permis d'exprimer
notre opinion, je vous dirai, au nom de tous, que nous
partageons votre sentiment. Nous regarderions comme une
honte de nous rendre quand la retraite est si facile. Que
dirait l'Empereur s'il apprenait qu'une colonne de quatre
bataillons et d'un escadron a déposé les armes sans combat, lorsqu'il lui restait un moyen de salut ? Ordonnez la
retraite, mon colonel, nous vous suivrons ; et, pour ma
part, je demande que ma compagnie ait l'honneur de faire
l'arrière-garde jusqu'à notre arrivée à Madrid.

— Est-ce votre avis à tous ? demande le colonel.

— Oui, mon colonel, oui ! s'écrie-t-on. Et que Bugeaud
commande l'arrière-garde !

— Eh bien, mon cher Bugeaud, dit le colonel, qu'il en
soit fait ainsi. Vous ferez l'arrière-garde avec votre compagnie, puisque vous la commandez si bien depuis que
nous avons perdu votre capitaine et votre lieutenant.

Le colonel Rouelle avait-il tort ? Avait-il davantage raison, ce brave général Lapasset, qui est mort
récemment et qui, à Metz, brûlait ses drapeaux mal-

gré l'ordre formel de Bazaine ? Nous n'avons point qualité pour entreprendre une dissertation qui, au surplus, ne saurait aboutir à une solution définitive. L'obéissance militaire est absolue en principe ; elle souffre cependant des exceptions, tant que parmi les chefs suprêmes il s'en rencontrera qui ne seront pas « sans peur et sans reproche ». Nulle théorie ne prévaudra contre un fait. Or, pendant que Dupont se sauvait en voiture, abandonnant ses hommes destinés aux pontons espagnols, Rouelle se dirigeait vers Madrid.

On avait jeté les bagages, rempli les sacs de cartouches et de pains, encloué l'artillerie, qui fut précipitée dans le Tage. On mit cinq jours à parcourir trente lieues, tant la chaleur était accablante. Point d'eau ! La cavalerie espagnole harcelait l'arrière-garde, qui se battait nuit et jour. Cette vaillante troupe arrive enfin en vue de Madrid ; une révolte avait éclaté, la veille, dans la capitale espagnole, et le maréchal Jourdan s'était retiré sur les hauteurs environnantes. Le colonel Rouelle continue sa marche, rejoint Jourdan, expose les motifs qui lui ont inspiré « un acte de désobéissance » et mérite l'approbation de son supérieur.

Quatre des officiers du 116e ont vu briller, plus tard, sur les manches de leurs tuniques, les étoiles de général : ils se nommaient Rouelle, Roussel, Marcel et Coman. Un de leurs camarades était réservé

à de plus hautes destinées encore : c'était ce sous-
lieutenant qui, en arrière de l'arrière-garde, avait
multiplié les preuves du plus admirable courage ; il
s'appelait Bugeaud ; ce qu'il était en 1808, il l'est
demeuré jusqu'à son dernier soupir : simplement un
soldat.

Bugeaud nous console de Dupont.

On parle beaucoup de l'artillerie de forteresse ;
en Italie, en Angleterre, même en Turquie, on
construit des canons énormes qui lancent des projectiles formidables ; sur le Danube, on essaye de nouvelles coupoles. Il semble, en réalité, que les lois
immuables de la guerre aient été modifiées et que
les places fortes soient destinées à jouer désormais
un rôle prépondérant. Sans entrer dans ce débat,
auquel mettraient fin seulement des événements
belliqueux que personne n'oserait souhaiter, nous
voudrions rappeler en deux mots comment la France
a été pourvue des ressources indispensables pour
l'armement des forts et des camps retranchés qui
couvrent nos frontières. Cette histoire, très courte,
mais très authentique, n'a jamais été écrite ; on
peut, on doit suppléer maintenant à cette lacune,
puisqu'on ne risque plus d'alarmer la susceptible
modestie de personne.

Après la guerre, l'Assemblée nationale avait créé,
à l'aide des régiments d'artillerie qui existaient dans
l'armée du second Empire, trente-huit régiments

mixtes, où figuraient à la fois des batteries montées, des batteries à cheval et des batteries à pied. Le général Chareton, rapporteur de la loi du 13 mars 1875, avait déjà prévu qu'il serait nécessaire tôt ou tard — et tôt plutôt que tard — d'organiser une artillerie exclusivement destinée au service des places. Cependant, les hésitations durèrent pendant six ans. D'une part, les ressources pécuniaires n'étaient pas abondantes ; d'autre part, on craignait d'affaiblir outre mesure le contingent de l'infanterie.

En 1881, le général Tricoche, directeur de l'artillerie, imagina de prévenir l'une et l'autre objection en supprimant le train d'artillerie ; les hommes disponibles devaient être versés dans les batteries d'artillerie, et les crédits affectés jusqu'alors à l'entretien du train suffiraient à couvrir le supplément de dépenses. On n'a pas oublié que le projet du général Tricoche fut finalement adopté par le général Thibaudin, qui était alors ministre de la guerre. Mais ce que l'on n'a pas dit, ce que l'on ignore, ce sont les mille et une résistances des comités spéciaux et du Parlement, les obstacles qu'il fallut franchir ou tourner, les difficultés innombrables que rencontrèrent les rares défenseurs d'une transformation qui, fatalement, lésait les intérêts des officiers d'artillerie et ceux tout aussi respectables des officiers du train.

La commission de la Chambre, qui fut chargée

d'examiner le projet de loi, comptait, au début, 18 membres hostiles sur 22. Que d'efforts pour transformer cette infime minorité en majorité ! 18 contre, 4 pour, telle était la situation. Après vingt conférences, la proportion fut renversée : le projet fut adopté par 18 voix contre 4. Au Sénat, les objections soulevées furent tout aussi redoutables ; sans l'intervention de M. de Freycinet, on échouait au port et nos forts ne contenaient pas des garnisons suffisantes.

Le jour même où fut enfin votée par le Sénat la loi concernant la création de l'artillerie de forteresse, une pluie diluvienne survint au moment où les hôtes du Luxembourg quittaient la salle des séances. Sous la porte d'entrée, deux militaires en bourgeois s'étaient arrêtés.

— Monsieur le Ministre, dit l'un — qui n'était autre que le général Tricoche, — vous feriez bien d'entrer dans la loge du concierge ; il passe un courant d'air ici qui donne froid dans le dos.

— Baste ! répondit le général Thibaudin, il faisait autrement froid, tout à l'heure, dans la salle des séances, avant le discours de M. de Freycinet !

Encore n'était-on pas au bout : après le Parlement, ce fut l'artillerie qui fit grise mine au projet. Un jeune lieutenant, sorti la veille de l'École de Saumur, cavalier émérite, était désigné pour servir dans un des nouveaux bataillons de forteresse. Le voilà qui s'emporte, qui s'indigne, et qui jure qu'il est déshonoré. L'artillerie à pied... pourquoi pas l'infanterie ?

— Mon cher camarade, lui dit un de ses supérieurs, je comprends que ce changement ne soit pas de votre goût ; mais n'oubliez pas que l'artillerie de forteresse va défendre nos frontières et que cette création, qui vous atteint dans votre amour-propre, est un acte de haute sagesse et de patriotique prévoyance.

— Je vous entends, répond le lieutenant, malheureusement vos arguments ne me touchent guère. Que l'artillerie de forteresse soit destinée à rendre d'importants services, je n'en doute pas. Mais les officiers ne manquent pas, Dieu merci ! pourquoi le sort injuste me désigne-t-il ? »

Et les réclamations arrivaient en foule, d'autant mieux que le comité d'artillerie lui-même avait sévèrement jugé le nouveau projet. Le directeur fit face à l'orage, calma les uns, consola les autres. Aujourd'hui l'épreuve est faite ; l'artillerie de forteresse existe, et tout est pour le mieux dans l'artillerie française.

C'était justement le 16e bataillon d'artillerie de forteresse qui gardait hier les abords du monument élevé, à Buzenval, en l'honneur des Français tués le 19 janvier 1871. Un grand nombre de sociétés s'étaient donné rendez-vous pour célébrer l'anniversaire du combat de Montretout.

Pour ma part, je m'étais arrêté sous un des arbres qui se dressent à l'extrémité du mur de Buzenval, et je contemplais la vallée qui s'étendait à mes pieds. Là-bas, presque perdu dans la brume du soir, le Mont-Valérien dessinait sa redoutable silhouette ; c'est de là que partit, le 19 janvier 1871, à neuf heures du matin, le signal de l'action. L'obscurité profonde de la nuit précédente avait rendu très difficile la concentration des troupes, et la colonne de droite était arrivée sur ses emplacements avec un retard de deux heures. A dix heures dix, le général Trochu envoyait, depuis le Mont-Valérien, une dépêche au ministre de la guerre : « Long et vif combat autour de la redoute de Montretout ; nous en sommes maîtres ! »

C'était l'exacte vérité ; mais par delà la redoute, couronnant les pentes du plateau, le mur du parc de Buzenval, ce mur précédé d'un large fossé et bâti en pierres de taille cachait d'innombrables tirailleurs prussiens. Nos ennemis avaient prévu depuis longtemps que nos efforts seraient dirigés de ce côté ; j'en trouve la preuve dans ce détail ignoré : sur la petite route qui conduit de Villeneuve-l'Étang à Garches, une batterie de huit pièces avait été installée derrière une haie. Par-dessus le coteau de la Jonchère, cette batterie tirait sur le bois de Saint-Cucufa.

La journée, commencée sous de favorables auspices, n'eut pas l'issue qu'on espérait : à trois heures, la gauche fléchissait ; la nuit mit fin au combat. Nous avions échoué dans toutes nos attaques : le général Vinoy, à Garches ; le général Ducrot, à la Bergerie, et le général Carrey de Bellemare, qui commande aujourd'hui le 13e corps d'armée à Clermont-Ferrand, ne parvenait pas à s'emparer de la Bergerie. La forêt de Saint-Cucufa, la deuxième ligne de coteaux qui se rejoint aux hauteurs de Villeneuve-l'Étang, restaient entre les mains de l'ennemi. Et, dès le lendemain, la presse parisienne enregistrait l'échec « absolu » de nos troupes.

Maintenant, nous défilons devant les tombes des braves soldats qui sont tombés sur ce champ de bataille. Moins de fanfares, jeunes gens des sociétés de gymnastique et de tir, et du travail ! Soyez, l'an qui viendra, de bons conscrits, disciplinés, respectueux, zélés. Voilà la vraie résurrection !

XXII

Lucullus à la caserne; comment on mange au 20ᵉ de ligne. — Les menus de la semaine et le cercle des sous-officiers. — Instituteurs et sous-officiers allemands; un souvenir de Wilhelmshœhe. — La Société amicale des Polytechniciens. — Anciens et conscrits; l'artillerie inoffensive.

26 janvier 1886.

Autrefois, Lucullus dînait chez Lucullus ; s'il revenait parmi nous, j'imagine qu'après avoir fait le tour des restaurants à la mode il irait peut-être frapper à la porte de l'une de nos casernes, et, pour peu que le capitaine de la 10ᵉ compagnie d'ouvriers d'artillerie et le colonel du 20ᵉ régiment de ligne trouvent des imitateurs, le célèbre gourmand romain ne serait pas à plaindre. Tout au plus regretterait-il l'absence complète de vins fins, mais, d'autre part, le sous-officier de semaine lui offrirait, en guise d'apéritif, deux heures d'exercice ou de pansage, et cela serait suffisant, d'autant mieux que les temps sont passés où l'ordinaire du soldat se composait exclusivement de bouillon à l'aspect douteux et d'une tranche de bœuf trop gras. On fait maintenant d'ex-

cellente cuisine à la caserne, et le jour n'est pas
loin, sans doute, où nos futurs *cordons-bleus* seront
obligés de faire un stage au régiment.

Cette question de l'alimentation offre une importance bien plus considérable qu'on ne pense. C'est
de Montauban qu'est parti le signal du progrès ;
c'est au 20° régiment d'infanterie qu'appartient
l'honneur d'avoir fait une démonstration que toute
l'armée attendait avec impatience. Pendant que
nous réclamions vainement des Chambres une loi
sur le recrutement des sous-officiers, le colonel du
20ᵉ régiment et ses officiers, lâchant la théorie pour
la pratique, s'efforçaient de rendre le séjour sous les
drapeaux vraiment agréable. A Montauban, les soldats sont enchantés de leur sort ; les demandes de
rengagements affluent, les livrets de punition demeurent intacts. Visitons cette Arcadie militaire.

Deux vastes bâtiments, construits à droite et à
gauche de la caserne elle-même, servent de réfec-
toires ; ils contiennent juste autant de chambres que
le régiment compte de compagnies. Dans chaque
pièce, on a dressé huit tables, qui sont entourées de
bancs et de tabourets. Une table par escouade, rien
de plus simple, ni de plus logique, puisqu'ainsi
chaque caporal devient président et assure l'ordre
pendant les repas. Les murs de ces salles à manger
étaient, au début, simplement blanchis à la chaux,
mais l'ingénieuse activité des convives a suppléé à

tout : les engagés conditionnels ont apporté des ten-
tures, d'autres soldats ont offert des images à un sou,
l'obole du pauvre ; tapis et dessins enluminés forment un ensemble tout à fait réjouissant. Les détails
d'ornementation ainsi réglés, il a fallu penser à l'a-
meublement : grave souci ! Les armuriers du régiment ont été réquisitionnés ; avec de vieilles caisses
hors d'usage, ils ont confectionné des buffets dont
les rayons supportent les assiettes et les couverts.
Surmontés de bibelots gagnés aux foires des environs, flanqués de trophées de vieilles armes emprun-
tées à l'arsenal, ces buffets en bois de sapin feraient
bonne figure dans les appartements les plus cossus.
L'originalité tient lieu de richesse.

Voilà le cadre ; voyons à présent si le reste en est
digne. A l'heure de la soupe, les hommes arrivent
au réfectoire et s'assoient aux places qui leur ont
été assignées ; chacun d'eux s'empare de sa serviette,
de son assiette, de son verre, et de son couvert ; tous
ces objets lui appartiennent ; sitôt qu'il a fini de
manger, il les nettoie et les range sur une planche
à bagages divisée en cases garnies d'étiquettes. Deux
baquets contenant de l'eau chaude et de l'eau froide
sont installés à la porte du réfectoire ; c'est là que
nos soldats, momentanément transformés en cuisi-
nières, lavent leur vaisselle. Le matériel commun
consiste en soupières, plats, salières, cuillers et cou-
teaux. Défense formelle de plonger sa fourchette

dans le ragoût : le caporal veille à ce que les prescriptions de la « civilité puérile et honnête » soient exactement observées.

Il est également interdit d'assister aux repas dans une tenue négligée ; en été, la blouse de toile sera de rigueur ; le « débraillé » est proscrit. Les assistants ne revêtent pas l'habit noir, comme font les officiers de l'armée anglaise, mais ils brossent leur veste avec soin, et Dumanet, sans troquer son uniforme contre une redingote banale, affecte l'élégance d'un gommeux. Si les yeux sont satisfaits, les oreilles ne sont pas moins respectées : point de propos grossiers, point de ces saillies peu spirituelles, mais extrêmement licencieuses, que prodiguent surtout les nouveaux arrivés pour « épater » les anciens. Pendant le repas, le sous-officier chargé de la police du réfectoire lit à haute voix des récits patriotiques ; ses auditeurs l'interrompent parfois, l'interrogent ou communiquent à leurs camarades les réflexions que leur inspirent les actions héroïques de leurs aînés. Je vois d'ici plusieurs sceptiques et tous les pessimistes qui haussent les épaules ; les premiers murmurent : « On dirait un pensionnat ! » Et les autres : « A quoi bon ? » Un pensionnat ? Je le veux bien ; on y forme des soldats pour la France ; tant pis pour les esprits soi-disant forts qui restent indifférents devant un pareil spectacle !

Nous n'avons jusqu'à présent décrit que le décor ;

les plats sont alignés sur les tables ; c'est au tour du cuisinier de les remplir. Le voici justement qui s'approche ; il est plus fier que Vatel et tout pénétré de son importance, car le menu du repas dont il dirige la confection varie chaque jour de la semaine : lundi, mouton et haricots ; mardi, bœuf et pommes de terre en purée ; mercredi, bœuf braisé aux pommes de terre ; jeudi, ragoût de mouton ; vendredi, bœuf au macaroni ; samedi, morue aux pommes de terre, et dimanche, bœuf à la mode. On recommande même de glisser dans la marmite deux gousses d'ail, du persil et du laurier. Voilà des précautions maternelles faites pour rassurer ceux qui ont pris au sérieux les déclamations inspirées par de regrettables incidents.

Les sous-officiers ne sont pas moins bien traités que les soldats ; quand ils sortent de la cantine, convenablement nourris, ils se réfugient, s'il pleut, dans une vaste salle où sont réunis des tables de jeu, des billards, des journaux et des livres ; ils complètent ainsi leur éducation et ne songent même plus à quitter le quartier. Qu'ils soient de semaine ou non, c'est encore au quartier qu'ils se sentent le mieux en famille. N'est-ce pas le but qu'il convient de poursuivre ?

Les dépenses, d'ailleurs, sont minimes. Au 20e de ligne, les adjudants versent, chaque semaine, 25 centimes ; les sergents-majors, 20 centimes ; les sergents,

15 centimes; les caporaux, 10 centimes et les soldats, 5 centimes. Cinq centimes pour manger à sa guise, dans une assiette propre, et pour boire, à sa soif, dans un verre irréprochable, est-ce une contribution exagérée? Et tant d'avantages ne valent-ils pas le sacrifice d'une gorgée de cognac frelaté?

Un détail inédit pour terminer ce rapide aperçu : au mois d'octobre 1868, les pédagogues allemands se réunissaient en un banquet solennel; la France y était représentée par un inspecteur de l'Université, patriote ardent, Alsacien qui voyait venir l'orage. Quarante sous-officiers servirent les convives à table. Notre concitoyen, surpris, interpella l'un d'eux :

— Pourquoi donc, lui dit-il, est-ce vous qui remplacez les garçons d'hôtel?

— Nous avons réclamé, répondit le sous-officier, l'honneur de verser à boire aux instituteurs, qui ont été les maîtres et les créateurs de notre armée.

C'était à Wilhelmshœhe que se tenait ce colloque ; deux ans plus tard, Napoléon III, revenu de Sedan, subissait sa captivité dans cette même ville où la solidarité de l'armée et de l'école allemandes s'était affirmée avec tant d'éclat.

C'était fête, hier, à l'École polytechnique. Aux abords du vaste enclos qui s'étend de la rue Descartes à la rue de la Montagne-Sainte-Geneviève, une foule bigarrée se pressait à partir de midi. Généraux et capitaines, inspecteurs des mines et jeunes élèves de l'École des ponts et chaussées, industriels, inspecteurs des finances, professeurs, tous étaient accourus des villes lointaines de province ou même de l'étranger. On se retrouvait, on échangeait des poignées de main ; puis, c'étaient des exclamations de joyeuse surprise : « Te voilà décoré ; quelle chance ! » La cohue bruyante envahit le grand amphithéâtre où, chaque matin, les polytechniciens actuels viennent assister aux cours d'analyse, de géométrie, de physique ou de chimie. On s'est groupé par promotions : tout au bas, près de l'immense tableau noir, un vieillard vénérable est assis ; on le considère avec respect : il appartient à la promotion de 1814, celle-là même qu'un maréchal de France conduisit à la barrière de Paris attaquée par l'armée prussienne.

A deux heures, M. Sadi Carnot, qui préside, ouvre la séance en prononçant un brillant discours ; dans son allocution, souvent interrompue par les applaudissements de l'auditoire, le ministre des finances rappelle le glorieux passé de l'École, les services qu'elle a rendus, qu'elle rend encore à la science et à la patrie.

M. Sadi Carnot termine son discours et, quand les applaudissements ont cessé, il donne la parole à M. Pradelle, secrétaire, qui fait connaître, au nom du Comité, la situation financière de la Société amicale. Fondée à l'École même en 1865, cette société s'est très rapidement développée ; ses premiers adhérents n'avaient d'autre but que de secourir les familles de camarades morts sans laisser aucune fortune. Ce généreux projet fut accueilli avec un si vif empressement que, dès 1866, la Société amicale touchait, en souscriptions annuelles, une somme de 17,380 fr. En 1870, le chiffre de ces souscriptions s'élevait à 21,800 fr., et le capital, constitué à l'aide de dons volontaires et de souscriptions perpétuelles, n'atteignait pas moins de 98,000 fr.

En 1867, la Société avait été reconnue comme établissement d'utilité publique. Pendant les dix premières années de son existence, elle a distribué 152,281 fr., répartis entre 67 familles qui ont reçu, en moyenne, une rente annuelle de 585 fr. L'École polytechnique ouvre vingt carrières différentes ; les unes et les autres réservent parfois des déceptions cruelles à ceux qui s'y sont engagés. Ici, c'est un ambitieux qui entreprend des opérations colossales et qui marche à la ruine ; là, c'est un inventeur qui s'attelle à la recherche de la solution d'un problème de mécanique et qui meurt fou, laissant derrière lui trois petits enfants sans pain. La Société amicale veille à tout, distribue les secours avec autant de discrétion que d'empressement ; partout, dans l'artillerie et dans le génie, dans les ponts et chaussées et dans les mines, dans la marine et dans les manu-

factures de l'État, la Société rencontre des infor-
tunes qu'elle soulage et qui ne sont jamais connues
que du président et du secrétaire.

Depuis la guerre, les affaires de la Société amicale
ont prospéré ; elle dispose maintenant d'un capital
de 494,574 fr. ; le bal qu'elle organise, tous les
ans, dans les magnifiques salons de la Légion d'honneur, est une source de nouveaux revenus. Pour des
mathématiciens, les chiffres seuls ont, paraît-il, une
véritable valeur ; s'il en est ainsi, les polytechniciens
ont dû être satisfaits du petit discours de M. Pradelle.
Ils l'ont été tout autant quand, à leur sortie de l'amphithéâtre, ils ont été accueillis par une nuée de
boules de neige ; cachés à l'autre bout de la cour,
blottis derrière les fenêtres de leurs salles d'étude,
les conscrits des promotions 1884 et 1885, qui sont
élèves de l'École en ce moment, mettaient à exécution l'inoffensif complot qu'ils avaient tramé depuis
longtemps. Avec une précision que leur envierait
plus d'un artilleur émérite, nos jeunes gens ont
criblé de projectiles leurs professeurs et leurs futurs
chefs.

On a bien vite organisé un semblant de résistance ;
les officiers ont ramassé de la neige pour « fabriquer »
des obus, mais les mesures avaient été bien prises
et la victoire est restée aux polytechniciens. « Bah !
disait un membre de l'Institut, j'aime mieux des
boules de neige que des pommes cuites. » Et un

général répliquait : « Quel dommage que tous ces jeunes gens ne deviennent pas artilleurs ! Ils étaient prédestinés ! »

Pour clore une journée si bien commencée, les anciens élèves de l'École ont assisté, le soir, aux « dîners de promotion ». Au Palais-Royal, les salons de tous les restaurants étaient enlevés d'assaut ; ici, la promotion de 1830, peu nombreuse, mais bruyante ; là, la promotion de 1874, dont la réunion offrait comme une image réduite de l'École elle-même : artilleurs, sapeurs, ingénieurs, ont fraternisé. Que de morts cependant qui sont déjà restés en chemin et qui manquent au banquet annuel ! On les compte, on redit leur histoire : l'un, Pol, tué à la prise de Quita, au Sénégal, le jour même où le ministre de la marine lui envoyait la croix de la Légion d'honneur ; l'autre, Piétri, qui maniait la plume avec autant d'esprit que de grâce, compagnon du colonel Borgnis-Desbordes, explorateur du Sénégal, emporté, au Tonkin, par une attaque de choléra, alors qu'il méritait au moins de tomber sur un champ de bataille. D'autres ont eu plus de veine, et parmi eux un ingénieur hydrographe qui accompagnait le commandant Rivière dans la sortie où la mort attendait, au coin d'un bois, cet académicien doublé d'un héros ; l'ingénieur est revenu, après avoir traîné une pièce de 4 que les Pavillons noirs ou jaunes essayaient d'enlever ; on l'a décoré à vingt-deux ans ;

et ses camarades, qui l'ont félicité de bon cœur, disaient hier : « Quelle chance d'être envoyé au Tonkin ! Comment faire ? Pour une place vacante, il y a cinq cents candidats, tous plus recommandés les uns que les autres. »

XXIII

Les changements de garnison ; de Tours à Pontivy. — Histoire
d'un préfet et d'une statue ; les suites d'un défilé. — Les garnisons en 1830 et le mouvement perpétuel. — Étapes du 2ᵉ
dragons. — Le plus ancien régiment de la cavalerie française ;
quatre cents ans d'existence. — Un tambour à cheval.

1ᵉʳ février 1885.

Il n'est plus question que de la 9ᵉ brigade de cavalerie ; sur l'ordre du ministre elle quitte la bonne
ville de Tours pour gagner les bords de l'Océan. Au
son des trompettes, les deux régiments de chasseurs
et de dragons abandonnent les rivages enchanteurs de
la Loire — tel est au moins l'avis de Raoul, au premier acte des *Huguenots* — et se dirigent : l'un vers
Nantes, l'autre vers Pontivy. Nantes est une grande
cité, où les officiers de la 9ᵉ brigade retrouveront
tout le confort qu'ils peuvent désirer ; quant à Pontivy, n'essayons même point de prétendre que cette
petite sous-préfecture est un paradis militaire. C'est
peut-être un séjour charmant pour les Bretons, mais
pour des officiers, Pontivy est décidément trop éloigné de Paris. Songez que la Bretagne centrale n'est

sillonnée que par des chemins de fer à voie unique,
où ne circulent que des trains plus qu'omnibus !

Il faut donc renoncer à ces permissions d'un jour
qui permettaient aux heureux habitués de Tours
d'aller déjeûner sur les boulevards ; plus de rendez-
vous improvisés par télégrammes ; plus de visites
intéressées aux commandants de corps d'armée qui
distribuent l'avancement et les décorations ! En revanche, de fastidieuses excursions dans les landes,
et, pour seule consolation, la ressource de fredonner
sur place les airs du *Pardon de Ploërmel*.

Il ne nous appartient pas d'empiéter ici sur le domaine politique : on nous permettra cependant de
dire que les officiers de la 9ᵉ brigade expient des
fautes qu'ils n'ont pas commises. Ils paient pour
leurs prédécesseurs.

Si ce n'est toi, c'est donc ton frère.

La ville de Tours abrita, pendant longtemps, des
officiers hostiles, non seulement au régime républicain, mais encore aux institutions militaires adop-
tées par la France vaincue et travaillant à sa régé-
nération. On cite tel général qui, pendant trois ans,
refusa systématiquement d'assister aux revues du
14 juillet. J'ignore s'il comptait quelque ancêtre
parmi les défenseurs de la Bastille ; en tout cas, son
abstention a été sévèrement jugée par la presse lo-
cale, et les officiers maintenant exilés doivent sa-

voir mauvais gré à leur ancien chef de son inopportune opposition. Ce qui est au moins curieux, c'est que le 2ᵉ régiment de chasseurs va remplacer, à Pontivy, le 7ᵉ hussards, qui fut, en 1880, l'innocente victime d'un accident analogue.

C'était alors le 6ᵉ hussards qui tenait garnison à Pontivy, et M. de X... qui était préfet du Morbihan. L'armée accusait ce fonctionnaire d'avoir prononcé, en recevant le corps des officiers à l'occasion du 1ᵉʳ janvier, les paroles suivantes : « Je suis heureux de vous voir sous l'uniforme national, vous qui portiez jadis la livrée de la servitude. » Nul sténographe n'assistait à cette cérémonie officielle et quelque propos inconsidéré avait, sans doute, été travesti, dénaturé par les serviteurs du comte de Chambord qui peuplaient alors la ville de Vannes et ses environs. Toujours est-il qu'il régnait une vive irritation dans les *mess* du département quand M. de X... vint présider au concours hippique de l'aimable cité de Pontivy.

Je suis forcé d'avouer que les officiers du 6ᵉ hussards firent le plus mauvais accueil du monde à ce représentant du Gouvernement, tant et si bien que le ministre de la guerre dut intervenir et ordonner le départ du 6ᵉ hussards. Par dépêche télégraphique, le colonel de ce bienheureux régiment reçut l'ordre de partir pour Bordeaux, en même temps que le 7ᵉ hussards quittait la capitale de la Gironde

pour s'acheminer, par étapes, vers l'extrême Bretagne. On reconnaîtra, sans dire de mal de Pontivy,
que le 6ᵉ hussards gagnait au change ! Aujourd'hui,
le 7ᵉ hussards, à son tour, permute avec le 2ᵉ chasseurs et se dirige vers Tours.

Parions que le 7ᵉ hussards fera sa route au trot et
que le 2ᵉ chasseurs conservera des allures plus que
lentes !

Le sort n'est pas toujours si favorable aux officiers
qui ont le mauvais goût d'afficher des opinions réac-
tionnaires, et les ministres de la guerre n'hésitent
guère à les envoyer méditer, dans la solitude des
camps, sur les dangers de manifestations plus ou
moins séditieuses. Voici, par exemple, une anecdote que les officiers de la 9ᵉ brigade méditeront en
guise de consolation :

En 1880, le général Campenon fut chargé de
passer la revue des troupes de la garnison de Versailles, le jour où la population fêtait, pour la première fois, l'anniversaire de la naissance de Hoche.
Deux régiments d'artillerie, un régiment de cuirassiers, un bataillon de chasseurs et le 1ᵉʳ régiment du
génie étaient massés sur la place du Château. A
neuf heures précises, le général Campenon descendait de wagon à la gare de la rive gauche, montait
immédiatement à cheval et parcourait l'avenue de
Saint-Cloud, pendant que les musiques militaires
jouaient la *Marseillaise*. Puis, le général de Brives

prenait le commandement des troupes et les faisait défiler devant la statue du général Hoche. L'ordre prescrivait de rendre les honneurs à cette statue, au pied de laquelle étaient réunies, d'ailleurs, les autorités et la municipalité.

Inconcevable résultat de la fatalité! Les chevaux des cuirassiers défilèrent en tournant la croupe à la statue! Il n'y eut pas une seule exception à cette règle, si bien que tous les assistants en firent tout bas la remarque.

Trois mois plus tard, cet incident était oublié, et tout allait pour le mieux dans le meilleur des régiments possible. On était revenu des grandes manœuvres; les capitaines et les lieutenants étaient partis en permission et se reposaient des fatigues de l'année. Un beau matin d'octobre, le cantinier se précipite, effaré, dans la salle des rapports et, tout ahuri, aborde l'adjudant de semaine :

— Mon lieutenant...

— Qu'est-ce encore? Quelque cavalier pris de boisson? Remettons l'enquête à demain. Je vais de ce pas au rapport du colonel.

— Vous ne savez donc pas, mon lieutenant, qu'à l'instant des fournisseurs de Châlons se sont présentés pour me faire leurs offres de service?

— De Châlons? Que voulez-vous que j'y fasse? Il faut les congédier.

— Les congédier? Ce n'est pas si facile. Ils

m'ont affirmé que le régiment était désigné pour se rendre au camp de Châlons!

Stupéfaction générale! L'adjudant rend compte de son entretien avec le cantinier au commandant de semaine, lequel communique ses réflexions au colonel, qui, prompt comme la foudre, saisit son chapeau, et par le plus prochain train gagne Paris, court au ministère, frappe à la porte du directeur de la cavalerie... Il arrivait trop tard! L'ordre de départ était signé. Le 10e régiment de cuirassiers était envoyé au camp de Châlons. Toutes les récriminations étaient vaines, toutes les recommandations devenaient superflues.

Trois jours après, sous le fin brouillard du matin, nos cuirassiers filaient mélancoliquement le long de l'avenue de Paris, et ne faisaient que contourner la capitale pour rejoindre, à Vincennes, la route de Châlons. Leur chagrin, au surplus, ne fut pas de longue durée : ils avaient eu le tort de faire une manifestation politique, mais tous étaient d'ardents patriotes. Ils allaient du côté de l'Est, aux avant-postes! Heureux soldats!

Au fait, quand une mutation semblable est prescrite, de quoi se plaint-on? Pour un officier qui jouit des agréments de la capitale, il en est vingt ou trente qui se morfondent dans quelque sous-préfecture inconnue. Et nos aînés, n'étaient-ils pas toujours en marche? Avant que l'armée eût subi la profonde transformation de 1872, les régiments ne voyageaient-ils pas perpétuellement à travers le pays ? Je prends presque au hasard le plus ancien régiment de notre cavalerie, le 2ᵉ dragons, dont le commandant Brugère vient d'écrire l'histoire.

En 1834, le 2ᵉ dragons est à Melun ; il en part, au mois d'octobre, pour Stenay, et voici la liste des garnisons qu'il occupe successivement : 1836, Commercy ; 1837, Saint-Mihiel ; 1838, Longwy ; 1839 ; Sedan et Amiens ; 1840, Abbeville ; 1842, Niort ; 1843, Nantes ; 1844, Vienne ; 1846 ; Schlestadt ; 1847, Colmar ; 1848, Beauvais. De l'Est au Nord, de l'Ouest au Midi, le 2ᵉ dragons a parcouru une bonne partie de la France. Officiers et soldats sont toujours à cheval. Point de trêve ni de repos ! Et notez que les chemins de fer n'existaient pas et que les familles des officiers faisaient le même trajet dans ces diligences qu'on a justement qualifiées de *guimbardes* et dont Paul de Kock nous a laissé un tableau moins que séduisant.

Ces habitudes se sont conservées jusqu'en 1870 ; l'Empire faisait voyager les régiments avec une prodigieuse rapidité. De 1856 à 1870, le 2ᵉ dragons passe par Belfort, Huningue, Thionville, Lunéville, le camp de Châlons, Clermont-Ferrand, Lyon, Vienne, Chambéry, Abbeville, Amiens, Lunéville, Toul, Versailles et Cambrai : soit quinze changements de résidence en quatorze ans ! L'existence de ces soldats rappelle celle des comédiens d'autrefois, que Gautier décrivit si merveilleusement dans son *Capitaine Fracasse*. Toujours en route ! On s'arrête, dans chaque ville, pendant cinq ou six mois, juste le temps de suivre une amourette ! Aussi, quand arrive l'ordre du départ, les grisettes forment la haie sur son passage ; Arianes qui semblent inconsolables, elles adressent un dernier regard aux beaux dragons qui s'éloignent ; pensives, elles écoutent pour la dernière fois le refrain du régiment qu'elles ont si souvent entendu, le matin, quand il précédait la sonnerie du pansage et qui retentit, maintenant, mélancolique comme un adieu. Bah ! ceux-ci partent, d'autres viendront qui les remplaceront !

Nous appelions tout à l'heure le 2e dragons « le plus ancien régiment de la cavalerie française ». Voilà une affirmation bien hasardeuse, que nous avons empruntée au commandant Brugère et qui vaudrait à son auteur les reproches de ses camarades s'il n'avait pris soin d'en établir l'exactitude. Ce point d'histoire, si souvent contesté, vaut la peine d'être éclairci une fois pour toutes.

Seulement, il est nécessaire de remonter un peu haut. Quand, le 16 mai 1635, le cardinal de Richelieu forma les premiers régiments de cavalerie, en réunissant en « esquadres » les compagnies de lances éparses, l'un des nouveaux régiments, qui devait porter le nom de Condé, fut fourni par les anciennes compagnies d'ordonnance qui avaient été créées, en 1444, par Charles VII et qui, depuis lors, s'étaient conservées sous des titres différents. Le 25 mars 1776, le comte de Saint-Germain, ministre de la guerre, fait passer six régiments de cavalerie, dont le régiment de Condé, dans les dragons. Le 1er août 1791, l'Assemblée nationale supprime les anciennes appellations des régiments, qui reçoivent simplement un numéro d'ordre. *Condé-dragons* devient alors le 2e dragons. Pourquoi pas le 1er? Il est probable que les employés du ministère n'ont pas longuement consulté les archives, qu'ils se sont prononcés à la hâte, sans attacher une importance extrême à des considérations purement honorifiques. Il s'agissait bien, en 1791, de discuter sur les origines d'un régiment !

Quoi qu'il en soit, le commandant Brugère a restitué ses véritables origines au régiment où il sert ; le doute n'est plus permis, et le 2e dragons a maintenant quatre cents ans d'existence. Longue et glorieuse carrière ! Pendant les vingt-trois ans que dura la guerre soutenue par la France contre l'Europe, de 1792 à 1815, le 2e dragons ne se reposa pas un instant. On le rencontre à la fois sur les champs de bataille de tous les pays : un de ses escadrons est en Russie, pendant que les autres organisent en Espagne la contre-guérilla ; cinquante hommes représentent le régiment au siège de Dantzig et s'y font remarquer par le maréchal Davout. Au jour suprême, enfin, dans la plaine de Waterloo, le 2ᵉ dragons forme la tête du corps de grosse cavalerie commandé par Kellermann ; on le voit au plus fort de la mêlée ; il refuse d'abandonner le champ de bataille où se jouent les destinées de la France, où se clôt la plus formidable épopée militaire qu'aucun homme ait jamais écrite. Comme leurs camarades, les dragons du 2ᵉ ont compris que, selon l'expression d'un témoin oculaire, « la partie décisive est engagée et qu'il est bon d'abattre tous les atouts ». Le rapport du général Lhéritier contient ce passage : « Le 2ᵉ dragons s'est couvert d'une gloire immortelle au milieu des carrés ennemis, pendant toute la journée du 18. Il est impossible de citer les prodiges de valeur et l'excès extraordinaire de bravoure avec lequel ce régiment s'est avancé sous le feu effroyable de la mousqueterie et d'une immense artillerie. Rappeler que la conduite du régiment a excité de la part de l'armée anglaise une noble admiration, c'est faire du 2ᵉ dragons un éloge complet. »

Ajoutons que le 2ᵉ dragons a assisté à cinquante batailles rangées, à deux cents combats ou sièges et qu'il a mérité d'être cité quarante fois à l'ordre de l'armée.

On le voit, les recherches de M. Brugère ne sont

pas ordinaires ; deux engagés conditionnels du 2ᵉ
dragons ont joint au texte des dessins fort exacts ;
ils ont retrouvé les uniformes de Condé-cavalerie,
et je ne sais rien de plus amusant que la quasi-pho-
tographie d'un tambour de ce régiment. Ces tambours montaient à cheval, s'il vous plaît ; ils étaient
coiffés d'immenses mitres analogues à celles dont
Pierre le Grand avait affublé ses soldats ; sur le côté
gauche de la selle pendait un tambour, que le cavalier pouvait, à l'occasion, accrocher sur ses épaules.
Ajoutez-y une veste bariolée comme celle d'un jon-
gleur de la foire de Saint-Cloud, une longue perru-
que et un superbe baudrier blanc, et vous imagine-
rez sans peine l'aspect réellement comique de ces
tambours à cheval.

Nous avions signalé déjà la publication de plusieurs historiques de régiment ; certes, nous n'espérons pas en parcourir souvent qui soient aussi luxueusement édités que celui du 2ᵉ dragons ; mais les ouvrages de ce genre, quelque modestes qu'ils soient,
offrent un intérêt exceptionnel. Tous nos régiments
ont une histoire, même ceux dont la création remonte à ces dernières années. Écrire cette histoire,
c'est stimuler l'esprit de corps et rendre ainsi le
meilleur service à l'armée. Que nos officiers ne re-
culent pas, d'ailleurs, devant pareille entreprise et
qu'ils n'invoquent pas, en guise d'excuse, leur inap-
titude à manier la plume. Il ne faut, en ces sortes

de récits, ni phrases à effet ni considérations philosophiques, ni style alambiqué : c'est aux simples
soldats que doivent s'adresser ces mémoires de l'armée nationale ; c'est assez dire que les savantes
dissertations seraient à la fois inutiles et déplacées.

XXIV

Cinq heures du matin ; le réveil du 5ᵉ dragons. — Les préparatifs de départ ; de Saint-Omer à Compiègne et *vice versâ*.
— Chansons de route ; le déjeuner à l'étape. — Un dîner
dans un couvent ; histoire d'un maire susceptible.

8 février 1886.

Cinq heures viennent de sonner ; dans la rue
sombre et silencieuse quelques dévotes qui grelottent
de froid sous la bise aigre du matin se hâtent vers
l'église, où le vicaire va célébrer la première messe.
A part ces apparitions fugitives, personne ne bouge
dans la petite ville endormie. Tout à coup, une
sonnerie aiguë de trompettes trouble le repos des
bourgeois paisibles ; M. le président, voisin du général de brigade, se retourne dans son lit et consulte
son chronomètre ; l'épicier du coin s'éveille en sur-
saut et, demi-vêtu, enlève la devanture de son magasin ; car, depuis dix ans, les trompettes du 5ᵉ dragons sonnent le réveil, chaque matin, pour la population laborieuse de la cité. A cinq heures en été, à
six heures en hiver, l'adjudant de semaine crie,

dans la cour du quartier, de sa voix retentissante :
« Trompettes, sonnez la botte ! » Aussitôt, du fond
des écuries, monte un bruit assourdissant de chaînes
remuées et de trépignements confus. Les hommes
de garde courent le long des râteliers, distribuant
la paille ; les chevaux s'impatientent, les sous-officiers se fâchent...

« Garde à vous ! » Dans la cour, les cavaliers
sont alignés, et tous les trompettes du régiment
sonnent l'appel à pleine volée. Pour les horlogers de
la ville, c'est alors l'instant solennel où l'on doit
régler les pendules. L'heure du quartier est pour
eux ce que l'heure de la Bourse est pour nous.

— Dites donc, voisin, s'écriait hier matin le fruitier de la place des Archers, ils n'attendent pas le
lever du soleil, aujourd'hui, les dragons du 5e !

— L'inspecteur général est sans doute arrivé,
répondit le cloutier, qui fournit les maréchaux-
ferrants du régiment et qui se pique d'être au courant
des choses militaires.

Et chacun de dire son mot et de défendre sa thèse :
« — Ils vont au champ de manœuvres », affirme le
marchand de vin. « — A la gare », réplique le ca-
mionneur. On échange mille propos, les commentaires affluent, les exclamations se croisent. Jamais,
de mémoire d'homme, le réveil n'a été sonné de si
bonne heure au quartier des dragons. « — Ils partent pour Compiègne », murmure enfin une jeune

et fraîche couturière, qui, paraît-il, s'est levée avant
l'aube pour contempler « l'aurore aux doigts de
rose ». Ni le fruitier, ni le cloutier n'avaient eu connaissance de l'*ordre* de la place.

Donc, les dragons s'étaient éveillés dès cinq heures. C'est que ce n'est pas une petite affaire qu'un
départ. La veille, le colonel a passé la revue de son
régiment « en tenue de campagne ». Les fourgons à
bagages ont été chargés ; dans les bissacs, une ration d'avoine ; dans les sacoches, une paire de bottes
de rechange, le pantalon de treillis et la musette de
pansage. On a dormi comme on a pu et, à l'instant
même, les cuisiniers ont apporté dans les chambrées
du café confectionné depuis vingt-quatre heures, et
qu'ils ont réchauffé à la diable, en brûlant quelques
fagots dans un coin de la cour. Les cuisines seront
ainsi nettes pour les dragons de Compiègne, qui,
déjà, sont en route pour Saint-Omer.

Et maintenant, debout ! Par les fenêtres entr'ouvertes, chacun jette un dernier regard sur la ville
encore enveloppée dans les brumes du matin. « Saint-
Omer, un joli port de mer » ; ainsi s'exprime une
vieille chanson classique en honneur dans les écoles
militaires. Certes, Saint-Omer est loin de Paris ;
mais, après quelques mois de séjour, les conscrits se
familiarisent avec les habitants de ce « port de mer ».
Les bals du dimanche, où, moyennant un sou, on
dansait une valse de Métra avec une jolie fille fla-

mande, ont réconcilié les « Parisiens », qui avaient débuté par d'interminables lamentations. On noue bien vite des relations en province, surtout dans les villes de garnisons, où les déclamations antimilitaires, maintenant à la mode, sont totalement inconnues ou dédaignées. La caserne est à la même place depuis un demi-siècle ; elle fait partie de la « cité », au même titre que la cathédrale et que la mairie.

Cependant, les sous-lieutenants manifestent bruyamment leur enthousiasme. Quand, au sortir de Saumur, ils ont reçu l'ordre de rejoindre le régiment de Saint-Omer, ils ont maugréé. Ils comptaient aller à Versailles, à Saint-Germain, tout au moins à Compiègne, et, quand ils ont parcouru leur lettre de service, ils n'ont pas caché leur mauvaise humeur. Aussi quelle n'a pas été leur joie quand ils ont appris qu'ils quittaient Saint-Omer pour Compiègne ! Tant pis pour les camarades de Compiègne ! A chacun son tour ! La capitale appartient, à tour de rôle, à tous les officiers de l'armée française !

« Présentez armes ! » Accompagné de l'escorte d'honneur, l'étendard paraît au centre du régiment formé en bataille. Les trompettes sonnent ; le silence s'est fait dans les rangs. Puis, sur un signe du colonel, le premier escadron se forme par file de quatre et franchit, pour la dernière fois, la porte du quartier. En tête, le colonel, suivi du capitaine instructeur et des adjudants-majors ; puis, les chefs d'esca

drons, les capitaines, les lieutenants, les sous-lieutenants qui montent des chevaux réputés indomptables et, sur les flancs de la longue colonne, le
lieutenant-colonel, dont les attributions sont indé-
terminées, et qui galope à fond de train, comme s'il
voulait justifier le surnom irrévérencieux de « chien
du berger » que lui décernent tout bas les soldats.

A l'arrière du régiment, les cantiniers et les voitures chargées de malles et de valises, les chevaux
de remonte conduits en main, et les hommes punis
de salle de police ou de prison et qui font la route à
pied. Cruelle humiliation pour des cavaliers ! L'é-
tendard est enveloppé dans un étui de serge noire ;
ses trois couleurs éclatantes ne se déploient pas
comme aux revues ou sur les champs de bataille ;
les trompettes, montés sur leurs chevaux gris, n'entonnent point ces fanfares joyeuses qui, chaque jour,
dans la rue qui mène au polygone, faisaient tourner
la tête aux grisettes de Saint-Omer. On est joyeux
sans doute de partir, puisqu'on « va voir du nouveau » ; mais l'étape est longue, la terre promise est
encore éloignée, et chaque séparation, ici-bas, est
cruelle.

On [s'ennuyait ferme l'hiver dans telle ou telle
ville dépourvue de distractions ; seulement, rien que
d'y avoir vécu, n'y laisse-t-on pas quelque chose de
soi, une part de son existence, un morceau de son
cœur ?

Sous le ciel brumeux de ce mois de février qui ressemble à quelque vilain mois de novembre, le départ, toujours mélancolique, est plus triste encore. Des peupliers, semés sur les bords de la route, s'envolent des nuées de corbeaux ; deux ou trois charretiers passent en jurant ; un gendarme s'arrête, fait front, et, respectueusement, salue le régiment où il a servi jadis. De la main les cantonniers souhaitent bon voyage aux sous-officiers qui leur ont payé la goutte. Il est sept heures : la pluie tombe par fines ondées ; machinalement, officiers et soldats tournent la tête en arrière, comme s'ils devaient apercevoir, au détour du chemin, la vague silhouette du passé.

Ces impressions désagréables s'évanouissent à la grande halte. Un lieutenant, accompagné d'un sous-officier et de deux plantons, est parti en avant ; il s'est arrêté dans un bourg, a mis pied à terre devant l'auberge et commandé un succulent déjeuner. Le menu de ce repas est, d'ailleurs, invariable : omelette, côtelettes aux pommes et fromage. Une demi-bouteille de vin par tête et du cidre à discrétion. Chaque soldat, dans son bissac, a enfermé, la veille, un quartier de viande et quelque gros morceau de pain. Pendant que les officiers déjeunent, les hommes se répandent dans les maisons avoisinantes, marchandent un litre de vin et des oignons, causent avec le patron et risquent un coup d'œil du côté de la jeune fermière. Le docteur, assis sous une porte cochère, distribue ses consultations gratuites aux piétons de l'arrière-garde que la marche a fatigués.

La halte dure trois quarts d'heure, pas une minute de plus. « A cheval ! » Et, sur la route, qui s'étend à perte de vue, à travers les plaines indéfinies et monotones, le régiment continue d'avancer. Saint-Omer est oublié déjà ; on a bu, mangé ; on fume, on chante. Ce sont d'abord les refrains de café-concert, auxquels succèdent les chansons légendaires du *Petit Tambour* et de l'*Adieu :*

> Ne t'en vas pas! ne me fais pas souffrir !

Vers le soir, quand on approche du gîte, les intrépides chanteurs semblent envahis par des impressions plus graves ; ils entonnent, à pleins poumons, ce couplet qui vient on ne sait d'où et qu'on répète depuis 1870 :

> Si l'étranger venait encore
> Sous nos murs nous livrer combat,
> Pour chasser celui qu'il abhorre,
> Chacun de nous serait soldat.

Sur ce terrain, les Parisiens remportent le prix : ils ont un répertoire inépuisable et des notes plein leur gosier. Sur la route de Fontainebleau, l'un d'eux chantait, au mois d'août 1880, l'immortelle épopée de Béranger : le *Vieux Sergent*. Sa voix puissante avait, peu à peu, dominé l'incessant tumulte des bruyantes conversations de ses camarades

et les officiers du bataillon s'étaient eux-mêmes
rapprochés, prêtant l'oreille aux vers fameux :

> De quel éclat brillaient dans la bataille
> Ces habits bleus par la victoire usés !

« — Où diable ai-je entendu cet animal-là ? »
murmura le capitaine. Le ténor avait l'ouïe fine ; sans
s'émouvoir, il termina son couplet ; puis militaire-
ment : « C'est au café-concert de X..., mon capitaine, répondit-il ; nous avions soupé, ce soir-là,
tous les deux, de compagnie avec des étoiles. » Aujourd'hui, ce cavalier mélomane chante à l'Opéra,
et son ancien capitaine, non moins passionné mélomane, va l'applaudir chaque semaine ; l'un et l'autre ont gagné leurs éperons.

L'arrivée à l'étape est moins agréable que la halte.

L'officier de semaine, dans chaque escadron, conduit les hommes à la boulangerie et au magasin de
fourrages. Quand ces deux établissements sont situés aux extrémités opposées de la ville — comme à
Saint-Germain, par exemple — et que les rues sont
envahies par une boue épaisse, la course paraît longue, après une journée de chevauchée ininterrom-
pue. Il faut ensuite faire un brin de toilette, revêtir,
pour s'asseoir à la table que préside le colonel, un
pantalon d'ordonnance. Les officiers supérieurs courent d'écurie en écurie et s'assurent que les chevaux
sont bien soignés ; cette visite n'est pas une petite
opération, car il y a des chevaux du régiment dans

toutes les écuries de la ville, ici, cinq ou six, là, trois, plus loin, dans un taudis, une seule jument rétive qui se démène furieusement et tire sur son licol jusqu'à le briser.

Parfois, on ne sait où dîner; il n'existe point, dans l'hôtel où descendent, depuis deux cents ans, les commis-voyageurs, une salle assez vaste pour abriter tous les officiers du régiment. Au mois de septembre 1882, quatre batteries du 39e régiment d'artillerie, revenant des manœuvres du 3e corps d'armée, s'arrêtèrent à Evreux. Le maire avait choisi, pour loger tout ce monde, un couvent, dont les locataires habituels étaient justement absents. Seul, le frère cuisinier était resté, et cela tombait à merveille. Un jeune sous-lieutenant de réserve fut chargé de faire d'importantes emplettes au marché ; puis le frère cuisinier se mit à l'œuvre et servit à ses hôtes un succulent dîner. Au dernier moment cependant, le colonel du 39e régiment avait éprouvé quelques légers scrupules. Un dîner dans un couvent, c'était grave ! Pour ménager les susceptibilités les plus exagérées et prévenir tout commentaire malveillant, le colonel du 39e, homme d'esprit, courut jusqu'à la préfecture et pria le préfet d'Evreux de venir partager le repas préparé par le frère cuisinier.

En route, la tâche du colonel est devenue, depuis quelques années, singulièrement pénible et difficile à remplir. Entre les réclamations, souvent très justifiées, de ses hommes et les protestations, parfois fondées, des habitants, il est nécessaire que le chef de corps tienne la balance à peu près égale. Voici, par exemple, un épisode comique qui faillit, jadis, avoir un dénouement... sérieux.

Dans une petite, très petite commune des environs de Longjumeau, vivait un maire qui, à de précieuses qualités d'administrateur, joignait une susceptibilité tout à fait exagérée. Il avait eu maille à partir avec tous les préfets et sous-préfets du département ; il avait cependant conservé son titre, étant le seul habitant de la modeste commune, dont nous tairons le nom, qui consentît à se déranger, deux ou trois fois l'an, pour un mariage ou pour la traditionnelle inauguration d'un nouveau « bal champêtre ». Ce maire avait porté l'uniforme autrefois ; il avait servi, en qualité de sous-officier, dans l'artillerie de la garde impériale. Avait-il conservé un mauvais souvenir de ses anciens chefs? Était-ce rancune ou jalousie ? Toujours est-il que ce fonctionnaire ne professait qu'une affection modérée pour tout ce qui touchait à l'armée.

Une batterie du 39e d'artillerie, dont nous parlions tout à l'heure, se rendant de Versailles à Fontainebleau, s'était, en 1883, installée pour la nuit dans la petite, très petite commune des environs de Longjumeau, etc. Tout s'était passé dans un ordre parfait, quand, vers trois heures du matin, un cheval, s'étant échappé d'une écurie mal fermée, prit sa course à travers champs, parcourut au galop quatre ou cinq kilomètres sur la route poudreuse d'Arpajon et revint se faire prendre dans un jardin potager, dont il avait, d'un seul bond, franchi la claire-voie en osier. Informé de cet événement, notre maire se transporte « de sa personne » sur le « théâtre de l'accident ». Il mande le garde champêtre, procède à l'audition de plusieurs témoins et s'apprête à verbaliser. Survient le capitaine qui commandait la batterie.

— Monsieur le maire, dit-il avec une politesse exquise, je vous serais fort obligé si vous vouliez bien me délivrer mon certificat.

Ouvrons une parenthèse : quand un détachement militaire a séjourné dans une commune, la municipalité constate, sur papier dûment paraphé, que les habitants n'ont eu qu'à se louer de l'attitude des soldats.

— Je ne saurais, reprit le maire, faire droit à votre requête.

— Et pourquoi ?

— C'est que, si vos hommes ont été convenables, vos chevaux ne l'ont pas été !

Stupéfait, le capitaine éclate de rire : son hilarité gagne tous les assistants, jusqu'au garde champêtre.

— Monsieur, s'écrie alors le maire outragé, vous insultez le gouvernement que je représente. » Et, entr'ouvrant son veston, il laisse apercevoir le bout de l'écharpe qu'il avait, à tout hasard, enroulée autour de sa ceinture.

On pense bien que cette altercation n'eut pas d'autres suites; le capitaine adressa son rapport à l'autorité militaire et s'en alla sans certificat. Quant au maire, il dressa l'état détaillé des dégâts commis par le cheval échappé; cet état fut vérifié, comme le prescrivent les règlements, par une commission que présidait le capitaine de gendarmerie et, après de longs pourparlers, une indemnité de *15 centimes* fut allouée au propriétaire du jardin potager !

XXV

L'espionnage militaire ; échange de bons procédés. — Comment
on vole un fusil. — Le secret de la mobilisation. — L'espionnage en temps de guerre et la cryptographie. — Henri IV et
le général Berthaut. — A propos de l'unification des soldes ;
ce n'est pas un compte. — Les premières vacances ; la section de cavalerie à Saint-Cyr.

22 février 1886.

Quelques-uns de nos confrères nous ont gratifiés
d'un intéressant fait-divers à l'adresse de nos voisins : « La police de sûreté, ont-ils dit, vient de
procéder à l'arrestation d'un sujet suisse accusé d'a-
voir dérobé les plans du canon de Bange et de les
avoir vendus au gouvernement allemand. » Au ministère de la guerre, on ignore, à l'heure où nous
écrivons, le nom du voleur et le fait même de son
arrestation. D'abord, où ces plans ont-ils été pris ?
Si quelque gouvernement européen tient à posséder
des exemplaires du canon de Bange, rien n'est plus
simple : il n'a qu'à en faire l'acquisition.

Mais ces réflexions ne touchent pas ceux qui
croient quand même à l'existence de je ne sais quel

espionnage permanent et qui voient un agent secret
dans tout inconnu, pour peu qu'il soit orné par la
nature d'une barbe blonde abondamment fournie et
qu'il porte lunettes. Notre fait-divers n'a pas d'ailleurs découragé l'ingénieuse érudition des rédacteurs de deux ou trois gazettes d'outre-Rhin. Par
dépêche, ces messieurs nous ont envoyé, en guise
de réponse, une anecdote à la fois tragique et comique, et que nos lecteurs connaissent déjà. On conte
que, l'autre jour, un homme déguisé en officier bavarois, s'est introduit dans la caserne que le régiment des grenadiers de la garde prussienne occupe
à Spandau. Cet officier bavarois — qui n'était ni
officier, ni Bavarois — a tranquillement passé devant les soldats du poste ; il a gravi l'escalier qui
mène au premier étage et s'est arrêté, comme en
extase, devant un râtelier d'armes.

Survient un honnête conscrit, qui le contemple
surpris. L'officier bavarois se retourne, interpelle
vivement cet intrus :

— Que faites-vous là ? Ne sauriez-vous me saluer
avec politesse ? Allons, fixe !... Passez votre chemin.
Fest und schnell !

Ce furent ses dernières paroles ; elles ont été soigneusement enregistrées pour la postérité. Interdit,
le conscrit s'éloigne. Il avait à peine tourné le dos
que notre soi-disant officier bavarois s'empare d'un
fusil, le cache sous les plis de son vaste manteau et

s'en va comme il était venu, de l'air posé d'un homme qui a rempli son devoir.

Personne ne s'aperçoit, le lendemain, qu'il manque un fusil au râtelier de la 11e compagnie. Seulement, quelques jours après, le bruit se répand que le gouvernement français s'est procuré le modèle de l'arme à répétition mise en essai dans le régiment des grenadiers de Spandau. Alors, les nouvelles les plus étranges circulent ; il y a eu trahison : on recherche, sans réussir à retrouver ses traces, l'homme déguisé en officier bavarois. Et nul ne songe à constater que cet habile agent a bien inutilement exposé sa liberté, puisque le fusil dont il a dérobé un exemplaire avait été décrit vingt fois, notamment dans une brochure intéressante publiée, à Berlin, avec l'autorisation de l'état-major général !

A franchement parler, rien n'est plus sot que de crier sans cesse à l'espionnage. En temps de paix, les espions n'apprennent que ce que tout le monde sait. Un employé infidèle a livré quelques feuilles du plan de fortifications de Valenciennes ; il a simplement évité aux étrangers qui avaient acheté sa complicité la peine de copier les dessins très complets que le ministère de la guerre publiera très prochainement. Grâce aux progrès de l'industrie moderne, grâce aux développements de la presse, il n'y a plus de secret militaire, ou tout au plus y en a-t-il un qu'il soit en même temps nécessaire et facile de

garder : je parle de la mobilisation. Le ministre et
son chef d'état-major sont seuls à la connaître ; encore faut-il un travail assidu de plusieurs mois pour
étudier cet immense problème. Un des prédécesseurs du chef d'état-major actuel nous disait qu'il
avait redoublé d'efforts, jour et nuit, pendant près
d'un an, et qu'il n'était pas *au courant*. Il a quitté le
ministère juste à l'heure où il était en mesure de
rendre d'importants services.

Une loi sur l'espionnage est donc absolument
inutile ; les espions ne jouent un rôle sérieux qu'en
temps de guerre ; et, s'ils se laissent prendre, leur
affaire est claire. Ils sont alors traduits, pour la
forme, devant un conseil de guerre et fusillés dans
les plus brefs délais. Nous n'insisterons pas sur l'intérêt qu'offrent les renseignements surpris au quartier général d'une armée en marche. On en pourrait
citer mille exemples fameux ; n'en choisissons qu'un
seul : Le général Chanzy, quand il eut concentré
son armée déjà vaincue, mais encore solide, aux environs de la ville du Mans, fut obligé, pour couvrir
son front d'attaque, de faire appel aux mobilisés du
camp de Conlie. C'étaient des soldats improvisés qui
n'avaient jamais vu le feu. Les nécessités stratégiques forcèrent malheureusement le commandant de
l'armée de la Loire à leur confier la garde de la Tuilerie, qui était la clef de nos positions. Comment les
Allemands l'ont-ils appris ? On l'ignore ; toujours

est-il qu'à la faveur de la nuit ils attaquèrent précisément la Tuilerie. Une débandade s'ensuivit ;
c'était le commencement de la déroute finale ; on
sait le reste de cette douloureuse histoire.

Comment s'y prendra-t-on à l'avenir pour éviter
les indiscrétions de ce genre ? Les télégrammes peuvent être facilement interceptés, les cavaliers qui
portent les ordres tombent parfois dans une embus-
cade et sont faits prisonniers ; d'habiles ingénieurs
parviennent aisément à déchiffrer les signaux opti-
ques. La cryptographie — c'est le nom technique de
l'art de chiffrer — est, fort heureusement, fertile en
ressources variées. Elle a, comme on dit, des tours
plein son sac.

C'était autrefois une chose grave que d'écrire en
chiffres ; au moyen âge, les moines et les cabalistes
déguisaient ainsi les conceptions métaphysiques que
l'Église punissait du bûcher ; en Angleterre, le
comte de Sommerset se servait de chiffres pour rédiger les lettres qu'il adressait à quelques amis. Soup-
çonné fort injustement de menées ténébreuses, il fut
bel et bien condamné, et le chancelier Bacon, esprit
ouvert cependant, intervint personnellement pour
soutenir l'accusation. Puis la diplomatie fait des progrès, invente des moyens de correspondance secrète
dont elle fait un usage journalier.

Aujourd'hui, toutes les dépêches qu'échangent
entre eux les généraux de l'armée allemande et

leurs subordonnés sont chiffrées. Nos officiers ont suivi cet exemple, et la cryptographie compte de nombreux adeptes dans les rangs de l'armée, parmi les officiers brevetés, en particulier, qui font ou feront partie de nos états-majors. A voir une de ces dépêches, on reste persuadé qu'elle est illisible pour les profanes. Hâtons-nous, par une anecdote, de dissiper cette illusion. Au cours de la dernière guerre d'Orient, le général Berthaut, alors ministre de la guerre, reçut, un dimanche, un télégramme chiffré expédié par notre attaché militaire à l'ambassade de Constantinople. Les bureaux de la rue Saint-Dominique étaient fermés ; les officiers attachés au service des dépêches, humaient l'air de la campagne et se reposaient des fatigues de la semaine. Que faire ? Le ministre était fort embarrassé, quand un de ses aides de camp s'offrit à résoudre le problème. Il était de la maison, avait vu des dépêches déjà, mais n'en possédait pas exactement le chiffre. Il s'empara cependant de la dépêche, se mit au travail et réussit à la transcrire en clair, après trois heures d'un labeur acharné.

C'est ainsi que le mathématicien Viète avait découvert le chiffre adopté par les meneurs de la Ligue et que le roi de Navarre fut informé, au jour le jour, des menées de ses adversaires.

Une brochure, publiée en 1644 par maître Robert du Carlet, contient de curieux détails à ce sujet :

« Un chiffre, écrivait cet ancêtre de la cryptographie, ne vaut quelque chose que s'il est indéchiffrable. » Ce chiffre existe-t-il ? L'anecdote que nous citons plus haut tend plutôt à démontrer le contraire.

Une grande nouvelle ! Le ministre de la guerre a soumis au Parlement un projet d'unification des soldes. Le terme est barbare, mais les officiers des armes spéciales ne le comprennent que trop, et de vives discussions se sont élevées dans les *mess* et les pensions des six cents garnisons de France. L'unification des soldes ! On en parle depuis dix ans ; tous les prédécesseurs de M. le général Boulanger — Dieu sait s'ils sont nombreux ! — ont dit leur petit mot dans cette affaire. Quinze projets successifs ont été analysés, discutés, remaniés. L'armée ne considérait pas sans méfiance ces longs préparatifs ; car, disait-elle, il existe deux façons d'unifier les soldes : en les augmentant ou bien en les diminuant.

Artilleurs, cavaliers et sapeurs, que vos alarmes se dissipent ! Vous ne payerez pas les frais de la réforme annoncée à grand fracas. Seuls, les sous-lieutenants d'artillerie verront leur solde réduite : ils toucheront 7 francs par jour au lieu de 7 francs 10 centimes. Excusez du peu ! 10 centimes par jour, soit 3 francs par mois, c'est une somme. Il faudra moins fumer ou renoncer aux douceurs du whist à

2 centimes la fiche. Gros sacrifice ! Il est vrai qu'en guise de compensation, mes camarades, vous aurez droit à une solde journalière de 52 fr. 40 c., quand vous aurez décroché les trois étoiles du général de division. Autant vous renvoyer aux calendes grecques, n'est-ce pas ?

Si les intentions du ministre de la guerre sont excellentes, la rédaction du projet qu'il patronne est un des plus merveilleux exemples que je connaisse de la routine administrative. Jugez-en plutôt : un maréchal de France va toucher 79 fr. 50 par jour ; un général de brigade, 34 fr. 90 ; un lieutenant-colonel, 19 fr. 70 ; un chef de bataillon, 16 fr. 60. Ces chiffres rendent rêveur : 79 fr. 50 au lieu de 80 fr. tout net ; 19 fr. 70 au lieu de 18 francs ! N'est-il pas bizarre que l'administration semble n'avoir pas d'autre but que la complication des écritures ?

Il était si facile d'établir une progression rationnelle et de fixer à 16, 20 et 24 francs la solde des chefs de bataillon, des lieutenants-colonels et des colonels. Je vois d'ici le commandant X... risquant une demande en mariage, et son futur beau-père, digne émule du géomètre créé par Topffer, posant aussitôt la question :

— Que gagnez-vous, année commune ?

— Je gagne...., je gagne.... 16 fr. 60 c. par jour.

Puis, tirant prestement un agenda de sa poche,

l'infortuné fiancé *in partibus* alignera des chiffres, procédera à des multiplications très difficiles, subira une véritable épreuve d'arithmétique pour déclarer enfin, triomphant : « Je gagne 498 fr. par mois ! »

Comme disait, un jour, l'illustre Dumanet au boulanger du coin : « Cinq sous pour deux pains, c'est pas un compte ! »

La joie règne dans les écoles, car l'heure des premières vacances va sonner. Les polytechniciens passent leurs examens de semestre, et les saint-cyriens vont bientôt débarquer, en petite tenue de voyage, à la gare Montparnasse. Les uns et les autres ont bravement gagné quelques jours de repos et de liberté : ils ont fait connaissance avec la vie militaire ; ils en ont apprécié surtout les ennuis, les vexations, les déboires et même les tristesses ; ils en goûteront plus tard les enivrements et les voluptés. Bien qu'il règne une franche cordialité entre camarades, les premiers jours que l'on vit au *bahut* comptent parmi ceux dont le poète a dit qu'ils sont marqués au sceau de la mélancolie. Les dortoirs sont humides et froids ; le pain est brûlé et le vin semble avoir subi plusieurs baptêmes consécutifs. L'accent vif, le ton impérieux des adjudants, inspirent une crainte exagérée — mais salutaire — aux conscrits tremblants et naïfs. A partir de neuf heures, chaque soir, le silence règne dans les chambrées ; le règlement dit qu'il faut

dormir de neuf heures du soir à six heures du matin,
et nos jeunes gens se conforment strictement aux
paternelles et minutieuses prescriptions du règlement. La consigne est de ronfler !

La section de cavalerie de l'École de Saint-Cyr,
dont on a tant parlé pendant la dernière semaine,
avait autrefois une organisation spéciale. Dès leur
arrivée à l'École, les élèves optaient pour la cavalerie ou pour l'infanterie. Les premiers subissaient
alors un « examen d'équitation », et, comme ils
étaient toujours fort nombreux, quelques-uns d'entre eux étaient immédiatement éliminés. On cite
des jeunes gens qui, ayant échoué à cette épreuve,
obtinrent l'autorisation de passer un an de plus à
Saint-Cyr afin de servir dans la cavalerie.

La section de cavalerie, qui se recrutait presque
exclusivement parmi les fils de familles nobles et
parmi les sportsmen, faisait bande à part et affectait
un profond mépris pour les fantassins. Dédaignant
les brimades, les anciens accueillaient les conscrits
avec autant d'affection que d'empressement. Ils se
désignaient eux-mêmes sous le nom de mousquetai-
res et poussaient au plus haut point le goût de l'élégance et la culture d'une politesse raffinée. Que de
folies n'ont-ils pas commises pour porter le pantalon
collant dont l'usage était rigoureusement interdit !
On en a vu quitter l'École un dimanche du mois de
juillet, avec deux pantalons de drap, le pantalon

d'ordonnance, plus ample, recouvrant le pantalon collant. Au sortir de la gare Montparnasse, nos jeunes élégants se débarrassaient bien vite du pantalon d'ordonnance et, fiers comme des enfants, ils arpentaient les boulevards en laissant traîner leurs grands sabres et résonner leurs éperons.

Les jours de revue, quand l'état-major de la section de cavalerie défilait en culotte blanche, bottes molles, tunique noire ornée de passementeries et d'aiguillettes en or, il n'était pas un élève qui ne fît le rêve d'arborer plus tard ce costume séduisant. Et le chapeau de Saumur ! Combien de nos camarades ne l'ont-ils pas acheté un an à l'avance ! On employait une partie de l'après-midi du dimanche à se promener, dans une chambre bien close, sous cet étrange et classique couvre-chef.

Il n'y a pas que les pensionnaires de Mme de Maintenon qui aient donné des représentations théâtrales à Saint-Cyr : de 1850 à 1870, le général de l'École conviait, une fois par mois, la presse versaillaise et une société d'élite à des concerts dont les *anciens* n'ont pas perdu le souvenir. Un cavalier, qui possédait une superbe voix de baryton, avait été prié de chanter deux fragments d'un opéra de Meyerber. Il y consentit en réclamant le droit de paraître en « pantalon collant » sur la scène. Refus absolu. — « Alors, reprit notre cavalier, je ne chanterai qu'en habit noir ; le col de ma tunique m'empêcherait de filer les sons. » Il fit si bien qu'il gagna sa cause à moitié ; en sa faveur on permit au costume civil de paraître sur les planches du théâtre de Saint-Cyr ; l'autorité aima mieux tolérer l'habit noir que le pantalon collant !

XXVI

La liberté d'écrire dans l'armée. — L'ancienne et la nouvelle
école ; les travaux d'hiver. — Une séance officielle ; le règlement de la cavalerie autrichienne rédigé par un Français. —
Quelques souvenirs à propos d'Arago.

2 mars 1886.

Avec une touchante unanimité, la presse militaire
mène une vigoureuse campagne en faveur de la liberté d'écrire. Il ne s'agit de rien de moins que d'obtenir pour les officiers le droit de manier la plume
comme le sabre. Les tirailleurs des journaux quoti-
diens ont ouvert le feu ; les tacticiens des revues
graves sont accourus à la rescousse. Les arguments
pleuvent comme les obus dans l'entonnoir de Sedan.
On voit bien que ce ne sont pas de simples pékins
qui conduisent cette affaire.

Et cependant, malgré les efforts de nos confrères,
malgré la bienveillante impartialité du ministre de
la guerre, je doute du succès final.

Auprès des jeunes officiers sortis de Saint-Cyr ou
de l'École polytechnique, futurs élèves de l'École de

guerre, les vieux préjugés ne trouvent plus d'écho.
Ils savent, ces soldats laborieux autant qu'intelli-
gents, que les leçons du passé doivent être longuement méditées par les futurs capitaines ; que, si l'on
n'apprend pas, dans les livres, à enlever sa compagnie à l'assaut d'un retranchement, on y puise de
précieuses indications sur les précautions qu'il faut
prendre et les travaux qu'il est nécessaire d'exécuter. La théorie leur semble utile, si l'on consent à y
joindre des explications suffisamment claires. Ils se
souviennent que Napoléon ne voyageait en chaise
de poste qu'entouré de cartes, de journaux, de rapports, et qu'avant de monter à cheval et de parcourir le terrain où il comptait livrer bataille, ce grand
stratégiste avait étudié jusque dans leurs moindres
détails non seulement la configuration du pays, mais
son histoire économique et politique. Ces officiers
n'ignorent pas que le hasard joue un rôle très secondaire et qu'il sert tout au plus de paravent aux généraux incapables ; ils sont aussi persuadés que
l'issue d'un combat ne dépend pas seulement du
nombre des régiments et des pièces de canon, mais
aussi de mille circonstances qui, au premier abord,
semblent étrangères à l'art militaire.

Les critiques superficiels ont écrit : « C'est le fusil
Dreyse qui a décidé la victoire de Sadowa. » Les
érudits ont ajouté : « La marche foudroyante des
trois armées prussiennes, traversant simultanément

les défilés qui débouchent dans les plaines de la Bohême, a permis la concentration des troupes en avant de Kœniggractz. » Les vrais historiens, qui sont, chacun, doublés d'un philosophe, rectifient ces appréciations incomplètes en démontrant que l'Autriche était vaincue d'avance.

Pourquoi ? Il serait trop long de le dire, et tous les cours d'histoire moderne contiennent la réponse à cette question.

Revenons à nos moutons, ou, c'est le cas de le dire, aux moutons de Panurge. Je crains de soulever des objections innombrables si j'affirme que les officiers noircissent plus de papier que personne. « En vérité ! Se moque-t-on ? A qui fera-t-on croire que les officiers ont d'autres occupations que l'exercice monotone, la promenade journalière et le piquet traditionnel ? » Que nous voilà loin cependant de l'actuelle réalité ! Jugez-en plutôt par ce simple exposé :

Tous les ans, les officiers rédigent des mémoires dont la plupart forment de véritables volumes de format plus que respectable. Ce sont eux-mêmes qui choisissent les sujets qu'ils traitent. Et, de l'étude d'un point peu connu de l'histoire à la description des plus récents et plus compliqués appareils de pointage, les officiers de notre armée parcourent ainsi le champ presque illimité de l'art militaire. Celui-ci raconte, à l'aide de documents inédits, la

campagne de 1814 ; tel autre, qui revient d'un voyage
en Russie, décrit cette immense armée, dont les
mœurs et la constitution sont également étranges.

Une parenthèse devient ici nécessaire : ces mémoires, dont plusieurs offrent un véritable intérêt,
ne sont pas lus d'ordinaire avec l'attention qu'ils
méritent. Quand ils ont été déposés à la salle des
rapports, à jour fixe — le 1er mars, avant midi (c'est
aujourd'hui même qu'expirent les délais) — le lieutenant-colonel les fait porter, par deux plantons de
garde, jusque dans son cabinet de travail. Il a, d'ailleurs, les meilleures intentions du monde et se propose très sérieusement de lire les 3,000 ou 4,000
pages d'écriture qui s'étalent sous ses yeux. Seulement, il remet sans cesse au lendemain l'examen du
premier mémoire, lequel est justement, comme par un
malencontreux hasard, le plus volumineux. Quand
il revient d'une longue séance de tir à la cible, le
lieutenant-colonel n'a qu'une médiocre envie de se
plonger dans cette lecture aride, absorbante, et, à
tout prendre, au moins inutile.

Inutile ? Sans doute, car l'opinion du colonel est
faite à l'avance, et le lieutenant-colonel est parfaitement convaincu que son chef n'ouvrira pas un seul
de ces mémoires, qu'on a surnommés « travaux d'hiver ». Il en verra les titres, les transcrira sur une
belle page de papier officiel et les fera suivre de
quelques réflexions dans ce genre : « L'auteur a cons-

ciencieusement étudié son sujet. Peut-être n'a-t-il
pas assez tenu compte des dernières découvertes.
On regrette qu'il n'ait pas su généraliser, et ses conclusions manquent sinon de nouveauté, au moins de
précision. » Il y a dans le répertoire des colonels
une dizaine de ces phrases toutes faites, qui ont un
double mérite : elles n'ont pas la moindre significa-
tion, s'appliquent à n'importe quel ouvrage et ne
compromettent personne.

Au mois de juillet, le général inspecteur convo-
que les officiers du régiment ; on se réunit dans une
des salles de l'école que possède chaque caserne.
Les officiers sont en grande tenue. Sur une table,
soigneusement recouverte d'un tapis vert — rien du
baccara, — les « travaux d'hiver » s'alignent côte à
côte. Leurs auteurs contemplent, avec un respect
mélangé d'émotion, ces manuscrits qui leur ont coûté
tant de peines et d'efforts.

Le capitaine X..., inventeur d'un système de
pointage, attend avec une impatience fébrile qu'on
le charge d'exposer sa découverte devant ses camarades. Quel triomphe s'il réussissait à gagner à sa
cause le général, dont l'influence est toute-puissante
au ministère de la guerre !

Au milieu d'un silence profond, le général prend
la parole : « Je suis très content de vous, dit-il. Vos
mémoires, que j'ai parcourus — à ce moment, un
sourire narquois — sont les témoins muets, mais ir-

réfutables, d'un zèle auquel je me plais à rendre hommage. J'espère que vous continuerez à travailler avec la même ardeur, et je me propose de porter au ministre l'expression de ma satisfaction. Si l'un de vous avait quelque observation à présenter, je lui donne la parole. » Tout le monde se tait. Qui donc aurait l'audace extrême de répondre à cet appel de pure forme et de troubler, par une inopportune intervention, la béatitude du général? Le tour est joué ; les « travaux d'hiver » rentrent dans l'éternel repos d'un casier caché sous une couche de poussière séculaire. Ils n'en sortiront plus !

Je me trompe : l'un de ces mémoires fut retrouvé, en 1867, par un attaché militaire étranger ; celui-ci demanda et obtint l'autorisation de l'emporter, le lut d'un bout à l'autre, en comprit la valeur, y fit de copieux emprunts et se hâta d'envoyer à Vienne les résultats de ses recherches. Et c'est ainsi que le règlement de manœuvres de la cavalerie autrichienne, innovation qui marque un immense progrès, eut pour premier auteur un officier inconnu de l'armée française !

Le ministre de la guerre avait délégué le général Berge pour le représenter aux fêtes du centenaire d'Arago. S'il eût pris la parole, le général Berge eût salué sans doute, au nom de l'armée, le savant qui a découvert le télégraphe, et le Français qui, en 1848 comme en 1814, soumit ses opinions politiques

aux hautes inspirations du plus pur patriotisme.
Mais on pourrait ajouter que François Arago faillit
être soldat. On sait, en effet, qu'il se présenta, en
1795, aux examens d'admission à l'École polytechnique. Il arrivait du fond de sa campagne d'Estagel,
et le département des Pyrénées-Orientales jouissait
alors d'une médiocre réputation dans le monde savant. Méchain, qui était seul examinateur dans cette
région de la France, reçut assez mal le jeune Arago.
« Ce n'est pas la peine de vous interroger, dit-il ;
nous perdrions notre temps. » Arago insiste, répond
avec une merveilleuse clarté aux questions qu'on
lui pose et sort victorieux de cette première et redoutable épreuve.

A l'École, il fut bientôt le *major* de sa promotion.
Deux ans plus tôt, quand la Révolution, pour faire
face à l'Europe coalisée, créait, chaque jour, de
nouvelles armées, les cent premiers élèves de l'École
polytechnique étaient, *d'office*, nommés sous-lieutenants. Aux derniers les carrières civiles ! Quatre
ans plus tard, le premier Consul ordonnait que le
classement se fît désormais de la même façon. Deux
ans plus tôt, quatre ans plus tard, Arago eût été le
premier artilleur de France !

Sur les instances de Laplace, il consentit à rester
à l'Observatoire de Paris ; envoyé presque aussitôt
en Espagne, il y termina, au prix de mille dangers et d'une dure captivité, la mesure d'un arc de

méridienne ; à son retour en France, le jeune astronome fut reçu par acclamation à l'Académie des sciences ; il n'était âgé que de vingt-trois ans.

Professeur d'analyse à l'École polytechnique, Arago assistait, une fois l'an, aux réceptions solennelles de l'Empereur. Napoléon aimait à rappeler qu'il avait été artilleur ; il prodiguait des faveurs aux savants ; il daignait même — ce qui était plus rare — être aimable avec eux.

Laplace, qui jouait le bonhomme brusque et même grossier, était un adroit courtisan ; Arago ne voulut jamais faire fléchir devant l'Empereur tout-puissant ses austères convictions républicaines. Aux fêtes du couronnement, l'Empereur l'aborde :

— Eh bien ! monsieur Arago, me préparez-vous des artilleurs ?

— Je cherche à lire dans les astres, sire, répondit le savant, sans ajouter ni un compliment flatteur à l'adresse du nouveau souverain, ni un pronostic à *posteriori* de son éclatante fortune.

Vexé, l'Empereur va droit à Laplace : « — Que me dit-on, monsieur Laplace ? J'apprends que vous prêchez l'athéisme à vos élèves ! Vous, le Christophe Colomb du ciel, vous douteriez de l'existence de Dieu ? »

Laplace s'incline et, d'un ton froid : « — Sire, dit-il, je n'ai jamais trouvé Dieu dans la deuxième partie d'une équation. »

XXVII

9 mars 1886.

Depuis quelques jours, la place Saint-Thomas-d'Aquin est encore plus déserte que d'ordinaire ; les rares visiteurs qui franchissent le seuil de l'hôtel où trônait le comité d'artillerie ont un air lugubre. Sous les voûtes majestueuses où l'ombre de Gribeauval erre, mélancolique, le silence règne, plus profond que dans le palais de la Belle au bois dormant. Il semble, quand on se hasarde dans ce bâtiment sombre et froid, que l'on pénètre dans une nécropole, et, si les gardes-consignes et portiers n'étaient pas revêtus d'un uniforme moderne, on les prendrait volontiers pour des spectres veillant aux portes d'un cimetière. Spectres sans emploi d'ailleurs puisqu'ils n'ont plus rien à garder, depuis qu'un décret présidentiel — le *Journal officiel* est sans pitié ! — a supprimé brutalement les comités spéciaux et permanents, et les a remplacés par de simples commissions consultatives.

Rien n'était plus compliqué que l'organisation des comités ; on n'en comptait pas moins de dixhuit ; le ministre de la guerre avait-il une décision à prendre, aussitôt les bureaux se mettaient à la besogne et rédigeaient, très lentement, une note confidentielle que d'infatigables scribes recopiaient jour et nuit — en écrivant deux lignes par heure ! — et que l'état-major expédiait ensuite aux présidents des différents comités. S'agissait-il d'un fort, la note allait rue Saint-Dominique, au comité des fortifications ; d'un canon, le comité d'artillerie recevait le dossier ; d'une selle nouvelle..., alors la solution apparaissait moins claire ; le cas devenait embarrassant. Il y a des officiers montés dans toutes les armes. Qui doit-on consulter ? Le comité de cavalerie ? Soit ; mais le comité d'artillerie est susceptible, et le comité d'infanterie ne manquera pas de protester au nom des officiers supérieurs.

Un ministre zélé se souvint, un jour, qu'il avait employé, étant colonel, jusqu'à cinq soldats de son régiment : deux ordonnances, deux plantons, un sapeur. Comme il n'était plus colonel et qu'au ministère les huissiers, Dieu merci, ne font pas défaut, ce novateur audacieux fit préparer une circulaire invitant les chefs de corps à se contenter désormais d'un seul soldat-ordonnance. On parlait justement de compléter les effectifs appauvris de nos régiments. La circulaire venait donc à propos. Seulement le chef de cabinet du ministre, qui avait précisément le grade de colonel, n'osant point présenter des observations verbales, se hâta de soumettre, *par ordre*, cet important et gênant document à l'étude des comités. Ceci se passait vers 1875 ; à l'heure où j'écris, les comités n'ont pas encore répondu ! Dans quelque carton vert d'un cabinet, la circulaire ministérielle dort son dernier sommeil ! Personne n'y a plus songé ; le ministre avait duré... ce que durent les ministres ; atteint par un vote de l'Assemblée nationale, il avait accompagné ses collègues dans leur retraite. Ce soldat avait offert sa démission au sujet de l'élection des conseillers d'arrondissement ou de toute autre contestation aussi militaire. Et les colonels ont continué depuis lors — quelques-uns d'entre eux au moins — à distraire du service actif des soldats qui passent cinq ans à « faire le marché » !

Entre parenthèses, un de nos correspondants nous signalait, l'autre jour, un colonel qui avait attaché à son service particulier un engagé conditionnel de son régiment. Le colonel aimait à recevoir ses officiers, les autorités et le monde élégant de la localité ; l'engagé conditionnel, qui dessinait de façon agréable, n'a jamais fait autre chose, pendant un an, que des lettres d'invitation et des menus de dîner. On l'a proposé pour le grade d'officier de réserve !

Qu'on n'aille pas croire cependant que les comités n'avaient aucune raison d'être. D'abord., ils existaient, et c'est un motif tout-puissant pour *continuer* comme le nègre de Saint-Cyr. Ensuite, les généraux de division, qui se souciaient médiocrement d'exercer un commandement actif en province, sollicitaient, obtenaient leur nomination dans l'un de ces comités et passaient ainsi, de la façon la plus agréable, quelques années à Paris. Enfin, ce sont les comités qui dressaient ces fameux tableaux d'avancement que l'on attend avec une si vive et si légitime impatience. Et ce n'était pas une petite affaire !

A partir du mois d'octobre, le logis des généraux chargés de répartir la manne ministérielle entre les officiers de l'armée française était littéralement assiégé. Soixante capitaines de cavalerie seront nommés chefs d'escadrons en 1886 ; trente d'entre eux passeront à l'ancienneté ; ils figurent à l'*Annuaire* avec les premiers numéros. Tout est dit pour ceux-là ; la loi est formelle à ce sujet. Mais les autres ? Que l'on ait le n° 50 ou le n° 350, il suffit, en somme, de conquérir les suffrages du comité pour attraper le quatrième galon. Un général — il vit

encore et je ne le nommerai pas — fut jadis proposé pour chef d'escadron alors qu'il n'avait
exercé que pendant trois ans les fonctions de capitaine. C'était une chance tout à fait extraordinaire,
incroyable, unique, bien que ce jeune officier fût
rempli de mérite et qu'il eût été envoyé comme
attaché militaire dans une capitale européenne. Le
comité avait-il donc de pressants motifs pour accorder une si rare faveur?

Peut-être s'était-il souvenu que le père de cet attaché militaire était justement ministre de la guerre,
et qu'il pourrait, à l'occasion, rendre au comité la
monnaie de sa pièce. Toujours est-il que la nomination du capitaine de X... fut, suivant le désir du
comité, soumise à la signature du ministre de la
guerre. « Mon fils! s'écria ce vigilant gardien
des traditions militaires, y pensez-vous? Il n'a que
trois ans de grade et la loi veut que l'on en ait
quatre! » Puis, après un moment de réflexion : « Je
n'irai pas contre le vœu du comité, ajouta-t-il; je
cède; comme père, je suis satisfait; comme ministre, je suis mécontent. » Et, repoussant la lettre
de nomination — après l'avoir signée — il termina
par ces paroles mémorables : « Soyez bien convaincu
que je ne signerai plus de nomination semblable! »
Ce ministre n'avait qu'un fils! Caton eût fait mieux :
il n'eût pas signé.

Mais tout le monde n'est pas Caton !

Revenons à nos trente capitaines de cavalerie, d'artillerie, de ce que vous voudrez, car le sort des uns et des autres dépendait, jusqu'à présent, de la même fantaisie arbitraire. Trente à choisir, parmi cinq ou six cents ! Notez que les arrêts du comité offrent, en l'espèce, une importance capitale. En effet, la date de nomination au grade de chef d'escadron marque, dans la carrière de chaque officier, une étape solennelle, décisive. Passe-t-il avant ses camarades, quelquefois avant ses aînés, l'officier a le droit d'entrevoir les étoiles de général. S'il n'obtient qu'un avancement honnête et médiocre, on lui « fendra l'oreille » avant qu'il soit seulement parvenu au grade de colonel.

C'est donc, en réalité, le comité qui désigne les futurs généraux. « Diable ! dirait Ramollot lui-même, voilà de bien lourdes responsabilités ! » Les comités défunts n'éprouvaient point de semblables scrupules ; ils avaient gaillardement pris l'habitude de dresser des listes que le ministre ne corrigeait que très rarement et dont la publication excitait cependant, chaque année, presque autant de surprise que de contrariété.

Quand le télégraphe transmettait aux chefs de corps les résultats trop souvent inattendus des impeccables comités, les commentaires allaient bon train au mess, où l'adjudant-major arrivait comme une trombe :

— Vous ne savez pas? s'écriait-il en débouclant son ceinturon, le petit Z... est au tableau!

— Z...! pas possible!

— Allons donc!

Et les exclamations se croisaient, et le président de table, confondu, négligeait d'infliger une amende au capitaine X... qui, de colère, renversait une bouteille de vin sur la nappe presque fraîche.

Le silence une fois rétabli, non sans peine, l'adjudant-major reprend de sa voix sonore:

— C'est parfaitement exact. J'ai vu la liste sur le bureau du colonel.

— D'ailleurs, ajoute le capitaine instructeur, Z... est du « dernier mieux » avec Mme A...

— Mme A... fait-elle partie du comité?

— Eh! non sans doute; mais vous n'ignorez pas qu'elle est très bien avec le général B...

Et les camarades s'empressent d'accepter cette explication qui repose sur une calomnie, et de répéter à qui veut les entendre: « Mme A... est très, très intime avec le général B... et avec le petit Z... aussi. » O comité, que de réputations ont été injustement sacrifiées pour excuser tes fantaisies!

A vrai dire, les amies de nos généraux auraient tort de se plaindre. Les officiers, dont la réputation semble, à première vue, moins fragile, en ont bien vu d'autres! Je cite un exemple entre mille; il est récent, et dans les milieux militaires, on remplacera aisément les initiales par des noms propres. Le commandant K... avait brillamment servi en 1870 ; lieutenant dans un régiment d'infanterie de l'armée de Metz, il s'était échappé au péril de sa vie ; Chanzy l'avait nommé capitaine, puis chef de bataillon ; la commission des grades l'avait replacé lieutenant. Lentement, péniblement, ce brave soldat avait rattrapé, à l'ancienneté, le quatrième galon qu'il avait jadis ramassé sur le champ de bataille. Major dans une ville de province, il attendait, non sans étonnement mélangé de quelque amertume, qu'il fût proposé pour le grade de lieutenant-colonel.

— Sœur Anne, ma sœur Anne, ne vois-tu rien venir ?

— Hélas ! je ne vois que des circulaires ministérielles qui s'accumulent dans ton bureau !

Las d'espérer en vain, le commandant K... eut recours aux moyens extrêmes : il pria son colonel de lui communiquer ses « notes d'inspection ». Ces notes, qui contiennent les appréciations des généraux sur chaque officier, sont transcrites avec soin sur un registre *ad hoc*. Une copie en doit être remise à tout officier qui la réclame ; mais, ici comme ailleurs, il y a très loin de la coupe aux lèvres et des prescriptions du règlement à la réalité. Quatre-vingt-dix-neuf fois sur cent, le général s'est contenté de signer les observations présentées par le

colonel, et l'on conçoit sans peine que ce dernier ne
se soucie guère de soumettre au capitaine O... des
réflexions de ce genre : « M. O... fait conscien-
cieusement son métier ; on le juge incapable, vu
son ignorance, de commander un bataillon. » Ou
bien : « M. O... est un excellent officier ; malheureusement, sa femme le compromet publiquement. »

Quoi qu'il en soit, le commandant K... eut entre
les mains un extrait de son « casier militaire ».
Horreur ! il y lut en propres termes : « Il est à re-
gretter que M. K..., dont les états de service sont
dignes du plus vif intérêt, soit resté joueur invétéré
et qu'il soit criblé de dettes criardes. » Or, l'infortuné commandant n'avait jamais touché aux cartes
et ne se connaissait pas le moindre créancier. Il
cria tant et fit si bien crier ses amis qu'une enquête
fut ordonnée. Et l'on découvrit qu'en 1868 une circulaire ministérielle avait prescrit d'indiquer « les
arts d'agrément » plus ou moins possédés par chaque
officier. Le général inspecteur, fidèle à cette recommandation, avait tenu à joindre à quelques éloges
bien sentis sur l'assiduité, le zèle et l'intelligence
de M. K... cette remarque : « Il joue du violon. »
Seulement, la fatalité s'en était mêlée : les mots:
« Il joue » figuraient à la dernière ligne d'une page
du registre ; l'an suivant, un autre général inspecteur n'avait pas tourné la page et, s'inspirant de
la note de son prédécesseur, il avait écrit: « M. K...

est joueur. » Alors, cette calomnie involontaire avait fait boule de neige et, quinze ans plus tard, M. K... était dûment tenu pour joueur endetté.

En 1876, le comité de cavalerie fit le voyage de Saumur ; il s'agissait d'étudier sur place quelques nouvelles évolutions introduites dans les règlements. Le général de Galliffet était arrivé la veille ; monté sur un des chevaux de l'École, il assistait aux manœuvres.

Un break s'arrête à l'entrée du polygone ; cinq messieurs en descendent ; ils sont correctement vêtus de vestons et de redingotes ; comme le ciel est couvert de nuages, ils ont apporté des parapluies.

Les officiers et les élèves aperçoivent de loin ces pékins et n'y font pas autrement attention. Le général de Galliffet, emporté par sa fougue, va d'un groupe à l'autre, gourmande ceux-ci, félicite ceux-là, oublie qu'il attend ses collègues du comité, et ne les reconnaît pas sous leur accoutrement civil. Les exercices continuent ; deux escadrons chargent en fourrageurs ; tout à coup nos cinq spectateurs sont enveloppés dans un nuage de poussière, et, quand la charge a passé, on s'étonne qu'ils soient restés debout. C'est miracle qu'ils n'aient pas été écrasés !

Tout s'explique enfin ; on reçoit le comité de cavalerie avec les honneurs qui lui sont dus ! Mais on en rit encore à Saumur.

Eh bien ! pareil spectacle ne se renouvellera plus !

Les fringants sportsmen de Saumur ne reverront pas les *sages* du comité. A Paris, la place Saint-Thomas-d'Aquin ne sera plus envahie par les solliciteurs de tous grades; les huissiers ne traiteront plus d'égal à égal avec les commandants de corps d'armée; on assure — Dieu me pardonne! — que la manie paperassière elle-même est mortellement atteinte, et que les rédacteurs de notes confidentielles et de circulaires ministérielles sont en grève. A l'heure où naît le printemps, les comités rendent le dernier soupir. Et ce qu'il y a de plus triste, c'est que la nouvelle de cette mort subite a été fêtée dans l'armée !

XXVIII

La publication des tableaux d'avancement. — Une circulaire
ministérielle et les visites. — Un candidat mort. — L'exercice militaire au Palais de l'Industrie; l'instruction des officiers territoriaux. — Jeunes et vieux ; les officiers en retraite.
— Un peu de statistique.

16 mars 1886.

Le *Journal officiel* a publié les tableaux d'avancement; c'est le grand événement de la semaine.
Le sphinx a parlé. Jusqu'à présent, les décisions
des différents comités étaient connues aussitôt
qu'elles avaient été prises ; il y avait toujours quelque général pour faire jouer le télégraphe et prévenir les heureux élus que leurs noms figureraient
« au tableau ». Cette fois-ci, au contraire, le secret
— qui n'était jadis que le secret de la comédie —
a été presque fidèlement gardé. Sauf de rares indiscrétions, on n'a rien su. Encore ceux dont les noms
étaient sortis, triomphants, des urnes des comités
tremblaient-ils en attendant l'approbation ministérielle.

Une circulaire était intervenue ; le nouveau mi-

nistre de la guerre avait défendu aux commandants
de corps d'armée d'accorder aucune permission pour
Paris tant que les commissions de classement n'auraient pas terminé leurs travaux. C'était la suppression de « l'antichambre ». Plus de sollicitations,
plus de démarches pressantes, plus de stages pro-
longés aux portes de Saint-Thomas-d'Aquin. La déception fut d'autant plus complète que, par un singulier hasard, les ordres du ministre ont été rigoureusement observés et que les officiers-candidats
ont été consignés dans leurs garnisons de province.

L'un d'eux nous écrivait à ce propos : « Nous
sommes victimes d'une criante injustice ; nos camarades de Paris ont toutes facilités pour rendre visite
à nos généraux. Pourquoi ne nous accorde-t-on pas
la même faveur ? La partie n'est plus égale entre
nous. » Il faut toujours laisser au condamné la faculté de maudire ses juges et je reconnais que, s'il y
a quelque exagération dans la forme de cette récla-
mation, elle est légitime au fond.

Je connais cependant des officiers qui ne se sont
pas laissé prendre sans vert. On les tenait éloignés
de Paris ; ils se sont fait représenter par d'actifs et
dévoués auxiliaires. L'un d'eux, qui, depuis cinq
ans, attend son quatrième galon, avait supplié son
beau-père de prendre la défense de ses intérêts menacés. Admirable exemple de sollicitude et de patience ! Ce beau-père modèle a vu tous les comman-

dants de corps d'armée, non pas une fois, mais à dix reprises différentes. On l'a rencontré aux réceptions du ministre de la guerre ; il y guettait le général X..., et, sitôt qu'il avait aperçu son homme, il l'abordait sans préambule. Tous, sans aucune exception, ont subi l'assaut de son éloquence ; tous ont plus ou moins promis leur concours ; ils se sont, à vrai dire, exprimés en termes vagues, subordonnant leur adhésion définitive à l'examen des titres de ce candidat si chaudement défendu.

Quand on est allé aux voix, notre capitaine n'a pas eu une voix ! Le beau-père avait agacé tout le monde !

On raconte que jadis la femme d'un aspirant académicien sollicitait pour son mari les suffrages de ses collègues futurs. Quand elle était à bout d'arguments, elle s'écriait d'un ton pathétique : « Je connais mon mari ! S'il n'est pas nommé, il mourra de douleur ! » Une première fois, les académiciens ne furent pas touchés par cette adjuration solennelle. Mais notre auteur ne se rebuta point, et sa femme fit, l'an suivant, une nouvelle tournée de visites : « Votre mari ! s'écria l'un de ceux qu'elle s'efforçait de convaincre, il a échoué l'an passé, et je le croyais mort ! »

Hier matin, le Palais de l'Industrie était transformé en caserne. On ne rencontrait dans les allées des Champs-Élysées que des officiers d'infanterie, d'artillerie et de cavalerie. Corrects dans leur tenue sévère, ils portaient le sabre à la main et marchaient, comme le prescrit le règlement, à raison de « soixante-quinze pas par minute ». Tout au plus quelques-uns d'entre eux cachaient-ils sous l'ample pèlerine les deux boutons de cuivre qui, fixés au collet du dolman, sont le signe caractéristique de l'armée territoriale.

C'étaient, en effet, des territoriaux qui s'en allaient à l'exercice. Ils se reposaient des fatigues de la semaine en s'imposant, le dimanche, une corvée volontaire.

Dans l'immense *hall* où les *sportsmen* du concours hippique succèdent, chaque année, aux statues des maîtres sculpteurs , le lieutenant-colonel Gaston, assisté des commandants Gaillard et Drouin, attendaient ces visiteurs zélés. Sitôt arrivés, nos officiers se sont groupés en pelotons. Comme de simples soldats, ils ont répondu à l'appel de leur nom ; leurs capitaines les ont rangés par ordre de taille : à droite, les plus grands ; à gauche, les petits. Puis, les commandements ont retenti : « En avant, marche ! Par file à droite, marche ! » Pendant deux heures, on n'a cessé de marcher, de pivoter sur place, de rompre par files de quatre et de se reformer en bataille. Parfois, le colonel chargeait un simple sous-lieutenant de commander une section composée de capitaines, et les capitaines obéissaient sans mot dire. Les fanions étaient simulés par des sabres dont la poignée était tournée en l'air.

Il s'agissait seulement de familiariser les officiers territoriaux avec les nouvelles théories. Cet exercice militaire était, en réalité, une sorte de conférence pratique, qui a été suivie avec le plus vif intérêt et qui, nous l'espérons bien, ne restera pas isolée. Car rien n'est plus pénible, pour un officier de réserve ou de l'armée territoriale, que d'arriver au régiment et de s'y sentir dépaysé. Depuis qu'il n'a plus fait ses vingt-huit jours ou ses treize jours, les règlements ont été modifiés — ils le sont si souvent! — Il n'en sait rien, se trompe de bonne foi, se trouble à la moindre réprimande, et se lasse parfois d'être attelé à une tâche impossible.

Il est vrai qu'aujourd'hui la plupart des emplois de capitaine et tous les emplois d'officiers supérieurs sont occupés, dans l'armée territoriale, par des officiers retraités de l'armée active. Ces braves gens prennent la chose au sérieux et tâchent au moins de retrouver, pendant treize jours, l'existence qu'ils menaient autrefois, qu'ils maudissaient souvent alors et qu'ils regrettent peut-être depuis qu'ils l'ont troquée contre la vie oisive. Les jeunes lieutenants suivent l'exemple de ces grognards, s'animent à leur contact, piochent les règlements, discutent gravement, passionnément les points douteux du décret de 1883 sur le service intérieur, et portent

l'uniforme avec une aisance et une crânerie qui
n'ont rien d'emprunté.

Ne croyez pas que les officiers en retraite redou-
tent ces convocations annuelles du mois d'avril ou
de mai ! Ils attendent, au contraire, et non sans impatience, l'heure d'endosser de nouveau la tenue
qu'ils ont soigneusement cachée dans la plus belle
armoire de leur modeste ménage. Avec quelle joie
ils bouclent, de leurs mains un peu tremblantes
déjà, le ceinturon dont les plaques métalliques
brillent comme aux plus beaux jours des revues solennelles d'autrefois ! Avec quelle émotion ils retirent de son fourreau de serge verte le sabre qui se
rouille ! Tout n'est donc pas fini pour eux, puisqu'ils vont commander à des soldats, puisque le fac-
tionnaire portera de nouveau les armes sur leur
passage, puisqu'ils entendront encore la voix impé-
rieuse d'un colonel et qu'ils auront la douce joie
d'être inspectés par un général.

Les statistiques, qui sont impitoyables, accusaient
une énorme proportion de décès parmi les officiers
récemment retraités. Le repos forcé et l'ennui
achevaient l'œuvre de destruction commencée par
les expéditions, les nuits au bivouac et les blessures. L'officier sans fortune choisissait, pour y
manger paisiblement sa petite retraite, quelque
ville de garnison où la vie fût à bon marché. Matin
et soir, il flânait aux portes du quartier, liait con-

naissance avec les sous-officiers, parcourait le rapport de la place et la décision du colonel, puis s'en allait au café pour y retrouver les camarades. Au café, les stations se faisaient de plus en plus longues, de plus en plus fréquentes. L'été, au retour de l'exercice, dans la salle fraîche, derrière les grands rideaux baissés, les «nouveaux» montraient à leurs « anciens » les avantages de l'école de tirailleurs et les inconvénients de l'ordre de bataille adopté par nos pères. C'étaient d'interminables discussions; « il faisait soif », comme disent les vieux troupiers. Et l'on buvait ferme.

On boira moins désormais, car les « anciens » resteront dans leur chambre et travailleront quelques heures par jour. Le régiment territorial existe en permanence... sur le papier. Nos officiers retraités s'occuperont de la comptabilité, vérifieront les comptes du précédent appel, inspecteront les magasins d'habillement où sont entassés des milliers d'effets. Retenus à la vie par une occupation qu'ils aiment, ils s'en iront moins vite, l'État payera quelques pensions de plus. Mais tout le monde y trouvera son compte : l'armée territoriale d'abord, qui sera plus fortement et plus solidement organisée, les retraités aussi, qui vivront doucement en conservant au moins l'illusion de la vie militaire.

XXIX

La barbe obligatoire. — Les réformes de Louis XIV. — La
barbe sous la Révolution. — Sapeurs et soldats. — Le bal des
officiers de réserve et de l'armée territoriale.

23 mars 1886.

La barbe triomphe ; les perruquiers sont désolés.
Car, cette fois, la circulaire ministérielle ne prête à
aucune interprétation. Les officiers et les sous-officiers conservent le droit d'opter entre la barbe et la
moustache. Quant au simple pioupiou, la barbe fait
désormais partie de son uniforme : elle est obligatoire. Qu'en pensez-vous, Parisiens, qui accourez
jusque sur le boulevard au son du tambour et qui,
de vos commentaires chauvins, saluez le régiment
qui passe ? — Dans un mois, que dis-je ? dans quinze
jours déjà — ce sont des bataillons de sapeurs qui
défileront devant vous !

J'imagine que les ordres du ministre de la guerre
ne seront exécutés qu'à regret.

Ce n'est pas, à vrai dire, que le soldat français
n'ait jamais porté la barbe ; à l'heure où nos dra-

peaux flottaient sur le champ de bataille de Bouvines, des archers barbus marchaient à l'avantgarde de nos armées. Nos aïeux gaulois répandaient dans leurs longues barbes des flots de poudre d'or. C'était une façon comme une autre d'honorer le soleil dont ils saluaient, enthousiastes, l'apparition radieuse sur les cimes lointaines. Un érudit, doublé d'un poète, M. Édouard Schuré, a décrit, l'autre jour, en vers éloquents, le costume de nos ancêtres et leurs barbes rudes dont le seul aspect mettait les Germains en fuite et séduisait les Germaines.

Est-ce pour ce double motif que ces mêmes Germains proscrivirent impitoyablement la barbe ? Leur dieu Odin était barbu, mais leurs guerriers, fils de ce dieu, ne portaient que la moustache. Encore était-il nécessaire de s'être signalé par quelque haut fait d'armes pour conquérir le droit d'arborer ce signe de noblesse héroïque.

Quoi qu'il en soit, la moustache rencontra, dès ces temps reculés, de nombreux défenseurs et de passionnés adhérents. Clovis et Mérovée l'adoptèrent, bien qu'elle fût, à leur époque, d'origine étrangère ; mille ans plus tard, le comte de Boutteville, pendant que le bourreau coupait ses cheveux, frisait du doigt sa moustache soyeuse : « Mon fils, lui dit alors l'évêque de Nevers, qui l'assistait à ses derniers moments, il ne faut plus penser au monde, et je vois bien que vous y pensez encore. ».

M. de Boutteville obtint au moins de conserver ses moustaches jusque sur le billot.

Il ne faudrait pas croire, toutefois, que la corporation des barbiers remonte à la plus haute antiquité. Quand un gentilhomme était sacré chevalier, c'était un seigneur — excusez du peu ! — qui le rasait. Singulière accolade que celle du blaireau ! Les jeunes gens n'étaient rasés d'ailleurs qu'à la veille d'une prise d'armes.

Henri Ier, pour éviter sans doute une désagréable occupation aux nobles de son entourage, conserva tout à la fois la barbe et la moustache. Les soldats eurent alors cet air patriarcal que nous avons tant admiré depuis lors dans quelques armées étrangères.

Mais, où la moustache fut réellement en vogue, c'est à l'époque où les bandes aventurières de Louis XII et de François Ier furent revenues d'Italie, rapportant, outre des tableaux, des coupes ciselées et des artistes prisonniers d'un talent merveilleux, toutes sortes d'habitudes plus ou moins avantageuses : ce furent d'abord des manières de langage inusitées jusque-là, puis des chapeaux ornés de plumes gigantesques, enfin, pour les hommes, certaine forme de moustache qui prit le nom de « barbe à l'escopette ». D'autres routiers, arrivant de Hongrie ou d'Espagne, inaugurent les moustaches à la turque et les « crocs ». Les rois eux-mêmes ne dédaignaient pas de si futiles distractions et Tallemant des Réaux raconte que Louis XIII s'avisa, un jour, de couper lui-même la barbe à tous ses officiers et de ne leur laisser qu'un petit toupet au menton. On fit alors cette chanson, que cite M. Désiré Lacroix, d'après les documents du temps :

> Hélas ! ma pauvre barbe,
> Qu'est-ce qui t'a faite ainsi !
> C'est le grand roy Louis,
> Treizième de ce nom,
> Qui a toute ébarbé sa maison !

La chanson est médiocre, mais l'histoire est au moins originale. Le roi barbier ! C'est mieux encore que le roi serrurier. Il semblerait ridicule aujourd'hui qu'un chef d'État employât ses loisirs à seulement régler des questions comme celle du port de la barbe ; comme on vient de le voir, Louis XIII faisait mieux encore : il décrétait d'abord, rasait ensuite gratis lui-même, et la société prenait exemple sur le souverain : « J'ai bonne opinion, écrivait, en 1640, l'auteur anonyme des *Éléments de l'éducation*, d'un jeune gentilhomme curieux d'avoir une belle moustache. Le temps qu'il passe à l'ajuster et à la redresser n'est point du temps perdu ; plus il l'a regardée, plus son esprit doit être nourri et entretenu d'idées mâles et courageuses. »

L'histoire de la moustache est longue et fertile en incidents curieux. Louis XIII avait fini par adopter « la royale », dont il est inutile de faire la description, puisque nos officiers la portent encore aujourd'hui. Louis XIV, au début de son règne, avait conservé les traditions de son prédécesseur ; on se battait alors dans la Flandre et sur le Rhin ; le roi vivait dans les camps. Plus tard, quand l'influence de Mme de Maintenon l'eut emporté, quand, pour expier ses fautes, le souverain signa la révocation de l'Édit de Nantes, toute frivolité fut sévèrement bannie de la cour. La pauvre moustache, victime innocente des orages politiques, fut de nouveau proscrite. Rasés du sommet des sourcils jusqu'au bas du menton, le Roi-Soleil et ses conseillers ressemblèrent alors à des moines ; et c'est peut-être l'ambition qu'ils avaient nourrie au fond de leurs âmes troublées par l'approche de la mort.

L'armée fut moins obéissante que l'entourage immédiat du roi ; on eut beau expédier dans les camps éloignés de jeunes seigneurs, frais émoulus de quelque pieux collège, les vieux soudards de Turenne qui servaient sous Catinat, continuèrent à friser leurs moustaches jusqu'en la présence du roi. Jean Bart, assure-t-on, fumait bien sa pipe dans les fastueux salons de Versailles !

Citons quelques dates : Le règlement du 21 février 1767 défend de cirer la moustache — elle était ressuscitée depuis la mort de Louis XIV — et, pendant la Révolution, aux heures tragiques des premières guerres d'indépendance, il se rencontre un bureaucrate impassible qui fait signer au citoyen

ministre un ordre en vertu duquel « les grenadiers
ont seuls le droit de porter moustache ». Cet ordre
— est-il nécessaire de le dire ? — ne fut jamais res-
pecté par les soldats de Jemmapes et de Fleurus.
Avec l'Europe sur les bras, ils avaient, comme l'exprime une locution populaire énergique, « bien
d'autres chats à fouetter ». Sur le Rhin comme sur
l'Adige, en Belgique comme dans les Apennins, les
révolutionnaires n'avaient emmené dans leurs rangs
ni barbier ni cuisinier, mais rien que des soldats.
On sait comment ils se nourrirent ; quant à la barbe,
ils se résignèrent à la garder tout entière ; et c'est
parmi ces vétérans que Bonaparte recruta la garde
consulaire, exclusivement composée de sapeurs ornés de barbes gigantesques.

L'Empereur conserva plus tard la barbe aux corps
d'élite de son armée ; ceux des autres qui s'étaient
signalés dans quelque bataille mémorable obtenaient
de conserver des favoris ; cette récompense avait le
mérite de ne pas grever le budget de l'empire. En
tout cas, ces différentes prescriptions furent scrupuleusement respectées jusqu'en 1813. Quand il fallut
appeler sous les drapeaux les conscrits de seize et
dix-sept ans, le règlement concernant le port de la
barbe fut nécessairement violé. Un chansonnier disait à ce propos des jeunes gens enrôlés :

> Ils n'ont point la barbe au menton,
> Ils font la barbe à tout le monde.

Ce couplet est daté du lendemain de la victoire de Bautzen ; on le chantait à Paris le jour de la bataille de Leipzig : hélas ! il cessait justement d'être vrai.

L'hôtel Continental ouvrait avant-hier ses portes à d'innombrables officiers de réserve et de l'armée territoriale. On y donnait un bal au profit des blessés des armées de terre et de mer. Il est inutile d'ajouter que la fête a été brillante ; quand il s'agit de secourir les soldats, la charité française est inépuisable. Les danseurs de l'an dernier ont permis au comité d'expédier quarante mille francs aux hôpitaux du Tonkin. Cette fois, la recette n'aura pas été moindre. D'autant que les officiers territoriaux n'ont pas été fâchés de boucler le ceinturon, de traîner le sabre et d'arborer, dans les salons luxueusement décorés, des uniformes qui ne sortent pas souvent de l'armoire.

Nous parlions, dans notre précédente chronique, du plaisir qu'éprouvent les officiers retraités à revêtir, une fois encore, le « harnais des batailles ». Depuis que l'armée active a été doublée d'une réserve et d'une armée territoriale, la société française possède l'officier *in partibus*. Tel honnête négociant de la rue Quincampoix s'éveille soudain, pris d'une belle ardeur guerrière. Il a fait son volontariat en maugréant. Libéré après un an de service, pourvu de certificats flatteurs, il apprend, par le

Journal officiel, que le ministre de la guerre lui a conféré les galons de sous-lieutenant. Alors, les refrains de son enfance remontent à ses lèvres :

Ah! quel plaisir d'être soldat!

C'était, hier, le meilleur et le plus doux garçon du monde, ce que l'on appelle « une bonne pâte ». Depuis qu'il est sous-lieutenant, il parle à ses commis comme l'adjudant-major aux sous-officiers de semaine. Quand il arrive, chaque matin, à sa boutique, il appelle le garçon :

— Rien de nouveau?

— Une dame est venue, tout à l'heure.

— C'est bien ! Rompez le cercle !

Cette catégorie de militaires *quand même* est plus nombreuse qu'on ne croit. J'en connais qui font graver sur leurs cartes de visite cette simple mention :

Capitaine au 150e régiment d'infanterie
« terle ».

L'indication « territoriale » est reproduite en caractères minuscules. Tant pis pour les myopes ! Et, l'autre soir, un officier tout flambant neuf et galonné jusqu'aux coutures se fait présenter à notre ami Z..., qui portait modestement l'habit noir et la cravate blanche.

« M. Delapose, capitaine au 146e régiment d'infanterie territoriale. »

— « M. Z., commandant au 21e chasseurs à pied. »

— Des chasseurs à pied ? dans la territoriale ?

— Je vous demande pardon, reprend Z.., j'appartiens à l'armée active.

Ne plaisantons pas, cependant. Tous ces Français, qu'ils soient de « la territoriale » ou de « l'active », marcheraient au feu, si le pays réclamait leur concours. Et puis, comment ne regretterait-on pas l'époque où l'uniforme jouissait d'un réel prestige ?

Aussi bien, les ordres ministériels sont-ils peut-être interprétés trop rigoureusement. Les officiers territoriaux sont forcés d'acheter un équipement : dépense première, puis entretien assez difficile. Ils se résignent à ces ennuis parce qu'ils ont le goût du métier et un brin de coquetterie. Or, on leur interdit, sous les peines les plus sévères, de jamais revêtir cet uniforme en dehors des convocations officielles. Oublie-t-on que les effets d'habillement ont à « prendre l'air » quelquefois ?

XXX

Un romancier militaire : Marcel Palat. — Les misères de la vie de garnison ; le capitaine Mollet. — Le rouge et le noir. — Un pharmacien militaire d'autrefois ; Parmentier et ses recherches sur l'alimentation du soldat.

6 avril 1886.

Le lieutenant de hussards qui vient de mourir, en plein désert, assassiné par quelques bandits, n'était pas un inconnu dans l'armée française. Ses camarades de Saint-Cyr et de Saumur se plaisaient à louer les rares qualités de ce brillant cavalier, de ce voyageur intrépide et savant, de ce poète enfin qui rendait avec tant de saisissante vérité les multiples aspects de la vie africaine. On savait que le pseudonyme de Marcel Frescaly abritait le lieutenant Marcel Palat, et l'on applaudissait aux premiers succès de ce nouveau Paul de Molènes.

A l'heure même où Marcel Palat devait goûter les premières joies de la popularité naissante, quelques Arabes l'ont tué lâchement. Il était à ce moment sur cette route de Tombouctou que tant d'autres officiers ont essayé de suivre jusqu'au bout, et qu'ils ont arrosée de leur sang. Comme le sphinx antique, l'Afrique mystérieuse dévore les audacieux qui prétendent deviner ses secrets.

Entre Marcel Palat et Paul de Molènes, les analogies sont frappantes : tous deux ont aimé passionnément le métier des armes, l'existence active et accidentée des camps, les aventures belliqueuses ; tous deux ont eu ce rare talent de peindre avec une merveilleuse et sobre précision les tableaux qu'ils avaient eus sous les yeux ; tous deux aussi, comme s'ils avaient pressenti leur destinée, ont été pénétrés profondément par le côté mélancolique des choses. Sans doute, Marcel Palat ne laisse rien derrière lui qui soit comparable aux *Souffrances d'un houzard* ; mais il était jeune encore, et *Mariage d'Afrique* était une promesse pour l'avenir.

Bien qu'il ait été publié dans un journal fort répandu, ce roman n'a peut-être pas été accueilli comme il méritait de l'être ; on en a discuté surtout les parties épisodiques, le dénouement mélodramatique, et l'on ne semble pas s'être douté que, sous ces dehors empreints de banalité, se cachait une étude de mœurs d'une rare originalité. Rien de plus simple, d'ailleurs, que le sujet de ce récit : Un officier des bureaux arabes, relégué dans un poste militaire de notre frontière, à Bugeaudville, est grièvement blessé dans un duel. Avant de s'embarquer

pour l'Algérie, il avait rencontré en Bretagne une
jeune fille qu'il avait passionnément aimée. Pourquoi ne l'a-t-il pas épousée ? Les officiers qui liront
cette chronique ont déjà trouvé la réponse : la
pauvre enfant ne possédait pas la dot réglementaire.

Prévenue par un ami, Suzanne, notre héroïne,
n'hésite pas : elle accourt, s'installe au chevet du
blessé, lui prodigue ses soins, et, comme il est aisé
de le prévoir, devient la maîtresse de son fiancé de
la veille. La maîtresse ? Eh ! sans doute ; elle n'a
pas plus de dot qu'auparavant et le ministre de la
guerre est inflexible là-dessus. Tout irait bien cependant, les mœurs algériennes étant moins rigoureuses
que les nôtres, si le capitaine Mollet, qui commande
la place de Bugeaudville, n'apportait le trouble dans
cet intérieur de fraîche date.

A l'époque récente où *Mariage d'Afrique* paraissait en feuilleton, Marcel Palat nous écrivait : « Avez-
vous reconnu le capitaine Mollet ? » Certes, nous
l'avions reconnu dès le premier jour ; mais ce n'était
pas seulement un portrait que traçait le jeune romancier : il créait un type. Le Mollet que nous
avions rencontré, tous les deux, grâce au hasard de
la vie de garnison, n'était pas capable de commettre
les méfaits que lui prêtait l'auteur de *Mariage d'A-
frique* ; il n'eût pas affiché pour l'aimable Suzanne
une passion plus grotesque encore que désagréable ;

je suis sûr cependant qu'il n'eût épargné à ses inférieurs aucune de ces tracasseries journalières dont
l'ensemble finit par constituer un insupportable supplice.

On rencontre des Mollet dans toutes les classes de
la société ; ils sont plus rares dans l'armée que partout ailleurs ; seulement, quand ils portent l'uniforme, ils font plus de mal que leurs congénères
civils. L'ouvrier quitte, à son gré, son patron ; l'employé, agacé, a le droit d'épancher sa bile et de
rendre à son chef insultes pour insultes ; l'officier,
lui, n'a d'autre ressource que de se taire et d'obéir.
Las d'être persécuté, offre-t-il sa démission, son supérieur refuse de la transmettre au ministre. Un
colonel écrivait, l'an dernier, à un sous-lieutenant
qui voulait quitter le service : « Je ne prêterai pas
mon concours au *coup de tête* que vous méditez ; ma
sollicitude paternelle m'interdit de vous aider à briser votre carrière. Réfléchissez pendant trois mois ;
si, passé ce délai, votre résolution reste irrévocable,
j'enverrai votre démission au ministre. » Ce chef *paternel* joignait à cette lettre affectueuse une punition
de quinze jours d'arrêts.

Les supérieurs de cette catégorie sont rares, je
me hâte de le proclamer ; hélas ! il suffit qu'on en
rencontre quelques-uns pour qu'ils fassent d'innombrables victimes. Imagine-t-on le rôle que jouent
ces petits tyrans dans les postes éloignés de l'Ouest

algérien ? Ils y règnent en maîtres absolus, et, pour tromper l'ennui qui les accable, ils s'évertuent à cribler leurs subordonnés de « coups d'épingle ».

Que de jeunes officiers sont partis, pleins d'enthousiasme, pour les garnisons lointaines, et sont revenus, longtemps après, non pas seulement découragés, mais las de lutter, et résignés à tout subir sans jamais murmurer ! C'est en vain que leurs nouveaux chefs prodigueront à ces braves gens les marques d'une sollicitude éclairée : ils conservent au fond de l'âme une défiance inguérissable ; la blessure que d'autres ont faite saigne éternellement.

Au sortir de Saint-Cyr, ils nourrissaient de généreuses ambitions : conquérir leurs grades à force de bravoure et de travail, tel était leur rêve, l'unique but de leur vie.

Quel réveil, quand, pétris d'illusions, ils ont été forcés d'accepter les remontrances d'un supérieur aussi grincheux que sot ! Que de souffrances, d'autant plus aiguës, qu'elles doivent être endurées en silence ! Et comment ne pas éprouver pour les Mollets une « haine vigoureuse », quand on pense aux forces vives dont ils ont privé le pays ?

Il ne faudrait pas pousser les choses au noir, ni croire que les Mollet sont nombreux dans l'armée. Aujourd'hui plus que jamais, les officiers instruits trouvent auprès de leurs chefs une sympathie efficace. Les publications militaires se multiplient, et,

si l'on n'en tient pas encore assez de compte, il convient de reconnaître que leurs auteurs ne sont plus
traités comme « brebis galeuses ». A ceux d'entre
eux qui se fatigueraient trop vite, un pharmacien-
major, M. Balland, vient d'opposer l'exemple de
Parmentier, dont la ville de Montdidier fêtera, l'an
prochain, le centenaire.

On sait que Parmentier introduisit en France la
culture de la pomme de terre ; on ignore généralement que ce grand homme de bien portait l'uniforme
et qu'il consacra la plupart de ses études à l'amélioration de l'hygiène et de l'alimentation militaires.
En 1757, Parmentier était nommé pharmacien sous-
aide et partait pour l'armée de Hanovre ; il y demeura jusqu'en 1763 et fut fait prisonnier à cinq
reprises différentes. Il a lui-même conté ses mésaventures de la façon la plus spirituelle du monde :
« Les hussards ennemis, écrivait-il, sont bien les
plus habiles valets de chambre que je connaisse :
ils m'ont déshabillé plus vite que je n'aurais pu
le faire moi-même ; du reste, ce sont de fort honnêtes gens : ils ne m'ont pris que mes habits et mon
argent. »

Bien que son goût pour la science pure fût très
vif, Parmentier ne voulut pas abandonner le service
militaire ; il conquit tous ses grades au concours, fut
tour à tour « pharmacien gagnant maîtrise » aux
Invalides, puis « pharmacien en chef » aux appoin-

tements modestes de 1,200 livres. Partout et toujours, il livra le bon combat contre la routine :

« Il n'y a, écrivait-il en 1797, que le pain des soldats qui soit resté tel qu'il était à l'origine de la mouture. Les soldats voient les pauvres dans les hôpitaux où l'humanité les nourrit, les prisonniers dans les maisons de détention, le coupable dans son cachot, le condamné dans ses fers, tous manger du pain infiniment meilleur que celui qui leur est distribué. »

En même temps qu'il formulait ces critiques trop fondées, Parmentier indiquait le remède ; il demandait qu'on rejetât le seigle employé jusqu'alors dans une forte proportion. Sait-on quand ces légitimes réclamations furent entendues ? En 1853 !

Pendant des années entières, Parmentier s'est occupé de l'alimentation des armées en campagne : il obtint qu'on fît, pour les blessés, de grandes provisions de tablettes de bouillon, de poudres et d'extraits de viande ; élevé au grade de pharmacien inspecteur, appelé à siéger dans le conseil de santé des armées, il fit une guerre sans relâche aux falsificateurs. Ne résumait-il pas, avec trop de modestie peut-être, l'œuvre à laquelle il s'était dévoué, quand il choisissait pour épigraphe de son dernier ouvrage ces mots : « J'ai écrit pour être utile à tous » ?

XXXI

Les Dernières Cartouches ; une protestation au quartier Latin.
— Le respect de l'armée ; opinion d'un officier. — Souvenirs de Sedan.

13 avril 1886.

Les étudiants du quartier Latin ont fait, jeudi
dernier, une petite démonstration patriotique ; on
sait à quel propos : un industriel avait imaginé
d'installer, dans une brasserie de la rue Cujas, un
groupe en cire représentant le fameux tableau de
Neuville : les *Dernières Cartouches*. Un artiste s'é-
tait chargé d'en faire la reproduction : on avait
même complété l'original en découvrant plus largement le lit où râle un mourant. Dans l'arrière-pièce
où le chasseur épaule son fusil, des voiles de mous-
seline imitaient la fumée. On avait brisé, paraît-il,
une dizaine de portes vitrées avant d'obtenir une
fidèle copie du modèle. Bref, l'œuvre elle-même ne
méritait que des éloges.

Pour que l'illusion fût plus absolue, la salle était

ornée de panoplies : ici, les mousquetons ; là, les
sabres ; au bout du vestibule d'entrée, une douzaine
de haches d'abordage se dressaient, menaçantes ;
les garçons versaient à boire dans des verres taillés
en forme d'obus, et quatre femmes, costumées en
cantinières, représentaient, ou tout au moins devaient représenter le côté pittoresque de la guerre.

Ces sortes d'entreprises ne sont pas faites pour
plaire aux véritables patriotes, qui pensent que les
souvenirs de l'année terrible ne doivent pas être
évoqués à tout propos, et que le soldat souffrant sans
mot dire et sans réclamer aucun salaire, il convient
d'imiter l'exemple qu'il nous donne. D'ordinaire, la
jeunesse ne raisonne guère ; elle goûte les spectacles pompeux ; son chauvinisme s'accommode volontiers de déclamations outrées et de représentations théâtrales. Pourquoi donc a-t-elle envahi la
brasserie de la rue Cujas et protesté si bruyamment
contre l'exhibition mélodramatique des derniers
héros de Sedan ?

La réponse est assez délicate à faire ; il faut cependant, ici plus que partout ailleurs, mettre les
points sur les *i*. La brasserie que l'initiative d'un
nouveau propriétaire a si brusquement transformée,
jouissait au quartier Latin d'une réputation particulière : on y vit trôner jadis une dame que ses dé-
mêlés avec la justice avaient provisoirement illustrée, et les jeunes personnes qu'on y rencontraient

ne passaient pas pour des rosières. Nos étudiants y
vidaient volontiers quelques bocks en l'honneur de
ces Hébés de mœurs faciles, et le champagne, les
jours de thèse ou d'examen, coulait à flots dans cet
asile de la gaieté.

Il eût peut-être été sage de brûler du sucre avant
d'installer un spectacle militaire dans ce temple
jusqu'alors consacré à Vénus. La pudeur patriotique est plus susceptible qu'aucune autre, et la jeunesse, bien qu'elle affiche trop souvent un scepti-
cisme de mauvais aloi, s'emporte aisément à la seule
idée que l'on puisse commettre un outrage envers la
patrie. Ce n'est pas cependant que nous songions
à prendre parti dans cette fâcheuse affaire : les démonstrations bruyantes sont surtout blâmables quand
le patriotisme est en jeu. La vertu suprême consiste
à se taire ; ce n'est rien de crier, le tout est d'agir.
Un bon soldat, qui obéit avec conviction, voire
même avec plaisir, rend plus de services que mille
citoyens qui manifestent dix ou vingt fois par an,
en déployant des bannières.

Seulement, si quelque leçon devait être tirée de
ce conflit, qui d'ailleurs a été promptement dénoué,
nous voudrions exprimer ce timide souhait : évoquons
moins souvent les souvenirs de la guerre de 1870, et
sachons mieux profiter des enseignements de cette
récente et douloureuse histoire.

Un officier qui, depuis dix ans, poursuit dans une

garnison de province une modeste et laborieuse carrière, nous écrit à ce sujet :

« C'est la première fois, dans ce siècle-ci, que des
réclamations s'élèvent à propos du respect de l'armée. Un livre est-il publié où les travers du colonel
et les mésaventures du gros major sont tournées en
ridicule, chacun de s'émouvoir aussitôt. Traîne-t-on
l'uniforme sur la scène, blague-t-on les éperons retentissants et les képis nouveau modèle, la presse
fait entendre des cris d'alarme et se répand en sinistres prophéties.

« Or, pendant que le bon public s'indigne ou se
lamente, nous autres, officiers vieillis sous l'uniforme, nous rions de bon cœur. On a beau porter sur
les épaules la graine d'épinards et sur les bras quatre
ou cinq galons, on n'en est pas moins homme, et le
sentiment très vif que nous avons des petits défauts
de notre colonel ne nous empêche pas de professer
le plus profond respect, non seulement pour son
grade, mais pour son caractère. Un de nos jeunes
sous-lieutenants, arrivé récemment de Saint-Cyr,
assistait, l'autre jour, à l'une des conférences que
fait chaque semaine le vieux commandant J...,
brave officier qui a ramassé son premier galon sur
le champ de bataille. On discutait sur la portée des
armes nouvelles et je ne vous cacherai pas que le
commandant « bafouillait » un peu. Récitant une
leçon qu'il avait évidemment apprise par cœur, il

avait transcrit, sur le vaste tableau noir de l'école régimentaire, les premiers termes d'une équation, et le pauvre homme, mal habitué aux subtilités du calcul algébrique, rougissait à vue d'œil et faisait peine à voir.

« Notre sous-lieutenant ne sut pas dissimuler un malin sourire et le commandant s'en aperçut : « — Eh ! fit-il, à Wœrth, je n'étais qu'adjudant ; je n'avais point manié vos x et vos y, et, si je me suis battu aussi courageusement qu'un autre, j'ai été forcé, comme les camarades, de battre en retraite sur Saverne. Dieu veuille que vous autres, qui êtes plus savants que vos aînés, vous connaissiez aussi de meilleures destinées ! » Je vous jure que notre sous-lieutenant n'avait plus envie de rire du tout.

« Je voudrais — peut-être est-ce trop demander — que tout le monde suivît l'exemple de notre commandant ; car j'ai peur qu'à force de prêcher le respect de l'armée on finisse par se croire quitte envers elle. Pendant deux ans, j'ai commandé le peloton des volontaires d'un an ; les Parisiens m'ont affublé de mille et un sobriquets ; ils ont travaillé, cependant ; et c'est là l'essentiel. Ne lâchons pas la proie pour l'ombre. Au lieu d'affecter une sensibilité tellement exagérée qu'elle frise la sensiblerie, regardons en face nos devoirs et sachons les remplir. Quand mes hommes mettront neuf balles sur dix dans la cible, ils auront le droit de chansonner à leur aise leur régiment et leurs supérieurs ; pourvu qu'ils le fassent avec esprit, leurs officiers riront de bon cœur. »

Notez que tous les officiers de l'armée professent sur le sujet qui nous occupe l'opinion de notre correspondant.

Revenons aux *Dernières Cartouches* et ne les quittons pas sans fixer un point d'histoire peu connu. La légende a tellement pris le dessus qu'on a fini par douter de la réalité des épisodes héroïques interprétés par nos artistes ; les récits anecdotiques de la guerre de 1870 font défaut et nous n'avons pas l'équivalent du grand ouvrage publié par les soins de l'état-major allemand. Aussi, avons-nous dû puiser les renseignements qu'on va lire dans la relation d'un officier bavarois et dans les notes du commandant Moch, dont le bataillon fut le dernier à cesser le feu, le 1ᵉʳ septembre 1870.

Vers une heure de l'après-midi, tout était fini, l'armée, conduite de Châlons dans l'entonnoir de Sedan, était rejetée sur la ville et les troupes débandées encombraient la place trop étroite. Une charge de cavalerie avait été tentée en vain ; le général Margueritte était mortellement blessé et le cercle de fer et de feu se rétrécissait autour de nos troupes avec une effroyable rapidité. Les obus pleuvaient comme sur une ville assiégée et, selon l'expression d'un témoin oculaire, « les troupes allemandes étaient lasses de tirer à coup sûr et de remporter une aussi facile victoire ».

Sur les contreforts du plateau d'Illy, où le général de Galliffet réunissait les escadrons épars et décimés de la division Margu te, le 3e bataillon du 3e régiment de marche reculait lentement. De ce côté, point de désordre ; les sections marchaient en observant l'alignement « comme à la parade ». Si bien que le général d'Abadie d'Aydren, venant à passer, s'écria : « Qui commande ce beau bataillon ? » Cri suprême d'un vrai soldat ! Le commandant Moch s'approche, et demande au général :

— Où puis-je employer les cartouches qui me restent ?

— Sur la droite, répond le général.

Et les soldats, électrisés, défilent devant le général « comme au Champ de Mars » ajoute M. Moch.

Au bas du plateau, les fuyards affluent ; mais six ou sept cents hommes, entraînés par le général de Wimpffen, franchissent les remparts, mettent la baïonnette au canon et vont droit devant eux, vers l'inconnu, peut-être vers la mort, peut-être aussi vers la délivrance ! La victoire, il n'y faut plus songer ! Le 3e bataillon suit ce mouvement ; il part, en colonne, par demi-section ; à cette heure, où l'on sent passer la mort, la théorie ne souffre pas une atteinte ; les règlements sont strictement observés, même sous l'écrasement des obus, qui arrivent dru comme grêle. On s'arrête au parc Philippoteaux et la lutte recommence. Partout ailleurs, le feu est éteint. Le drapeau blanc va paraître ; on ne l'apercevra pas d'ici. On couche les blessés dans des maisons du village de Balan ; point de drapeaux de Genève ; aussi les toits de ces ambulances sont-ils criblés de projectiles et menacent-ils ruine. Qu'importe ! les soldats du 3ᵉ bataillon usent leurs « dernières cartouches ». A cinq heures et demie, le silence se fait autour d'eux. Est-ce le bruit du canon qui s'éloigne ? L'ennemi est-il obligé de battre en retraite ? Hélas ! l'armistice était signé ! A six heures et demie, le 3ᵉ bataillon rentrait à Sedan, emmenant ses blessés et deux mitrailleuses qu'il avait chèrement disputées aux éclaireurs bavarois.

Vains efforts ! Sacrifices inutiles ! Qu'importe ! Ces braves gens ont eu, pendant quelques heures, l'illusion de la victoire ; ils ont tenu tête à la mauvaise fortune et rêvé l'impossible. N'est-ce donc rien que ce beau songe et cette vision surhumaine ?

XXXII

Le prix de la Coupe au concours hippique ; artilleurs et cavaliers. — Comment on devient cavalier ; les tristes aventures
d'un futur écuyer. — *Almamoun*.

20 avril 1886.

La cavalerie française est, depuis deux jours,
plongée dans le marasme : on a couru le prix de la
Coupe, au concours hippique, et c'est un artilleur
qui l'a emporté. Notez que le triomphateur d'avant-
hier, M. de Carmejane, appartenait presque la veille
encore au 16e bataillon de forteresse. Aussi, l'émotion
est-elle grande, et tout permet de prévoir que les
hussards, les chasseurs, les cuirassiers et les dragons
vont adresser un cartel à ces intrus d'artilleurs qui
s'avisent de monter à cheval avec tant de brio.
M. de Carmejane, à vrai dire, peut invoquer une
excuse : il remplit, à l'École de Fontainebleau, les
fonctions de lieutenant-instructeur d'équitation et
nul n'ignore que depuis dix ans, grâce aux intelli-
gents efforts du général Schnéegans et du capitaine
de Bréon, l'École d'application d'artillerie et du

génie possède des écuries admirablement assorties ;
on y trouve les plus beaux chevaux de France, les
juments les plus désagréables, les pur-sang les
moins commodes à manier. Avec les maigres ressources d'un budget trop restreint, le capitaine
Muller a tracé des *carrières,* construit des banquettes irlandaises, organisé un service de dressage.

L'École de Saumur est forcée de compter avec sa
rivale ; elle a, d'ailleurs, reconnu, de la meilleure
grâce du monde, les mérites de l'École de Fontainebleau, et, quand le premier moment de dépit sera
passé, les cavaliers applaudiront avec plus d'enthousiasme que personne aux succès de leurs camarades de l'artillerie.

Puis, le prix de la Coupe n'est pas à la portée du
premier cavalier venu ; il exige une longue et minutieuse préparation, des études assidues, des efforts continus, un entraînement raisonné ; c'est,
d'ailleurs, le vice de tous les concours : un cheval
admirablement dressé, abordant avec franchise les
obstacles les plus sérieux, fera souvent piètre figure
au concours hippique, comme un officier savant
peut échouer aux examens de l'école de guerre.
Pour être applaudi, il ne suffit pas de sauter les
haies : il faut surtout sauter d'une certaine façon.
Aussi les officiers des garnisons éloignées fréquen-
tent-ils rarement le concours hippique ; ils se ré-

servent pour les courses locales, où l'on apprécie
davantage les qualités du cheval en tenant moins
de compte de son éducation.

On naît poète ; on devient cavalier. Je n'en veux
d'autre preuve que ce journal d'un élève-officier de
Fontainebleau, dont je transcris quelques passages :

2 *octobre*. — Première leçon de manège, ce matin. Nous étions trente camarades de la même brigade. Après l'appel, le lieutenant instructeur a désigné un cheval pour chacun de nous, et je n'étais
pas très fier en me juchant sur ma selle. Cette sur-
face très lisse ne me rassurait que médiocrement,
j'y glissais de tous les côtés. « Empoignez le bri-
don ! » a crié le lieutenant ; et le cavalier de remonte qui m'accompagnait — crainte d'accident —
a ajouté : « Tirez dessus ! c'est un cheval de bois ! »

Un cheval de bois ! Ce nom, évoquant les plus
gais souvenirs de mon enfance lointaine, a ranimé
mon courage défaillant ; nouveau Tartarin, j'ai crânement affronté des périls que je croyais imagi-
naires, et j'ai donné, non pas des éperons — et pour
cause, on nous les avait enlevés — mais des deux
talons ! Mon cheval est parti au galop, levant tour à
tour la croupe et la tête, et je me suis réveillé de
mon rêve audacieux, le nez dans la poussière. Ma-
zette ! si cette bête est « de bois », que dois-je penser
des autres ?

3 *octobre*. — Je suis allé rendre visite au docteur ;

il m'a dispensé de manège, pour cause « d'excoria-
tion ». Me voilà tranquille... jusqu'à nouvel ordre.

10 octobre. — Miséricorde ! Le docteur m'a refusé toute nouvelle faveur. J'ai chaussé mes bottes,
noué la jugulaire de mon képi autour du menton,
et, lentement, très lentement, le plus lentement
possible, j'ai traversé le parc. Ah ! que n'est-il
plus large ! Déjà j'aperçois, par delà l'*Étang des
Carpes,* le toit sinistre du manège. On respire une
odeur d'écurie qui provoque les nausées des paisibles piétons. Dans la cour, les bêtes piaffent. C'est
la reprise des « petites dames » — lisez : des juments tarbes. Elles passent, à juste titre, pour être
particulièrement redoutables. Les dames ? Non, les
juments ! Et je les aperçois de loin, qui ruent, hennissent, se remuent, mâchent leurs mors et frappent
le sol d'un pied impatient.

Je me risque, à peu près comme le marin qui,
voyant son navire en feu, pique une tête dans les
flots furieux.

— Monsieur Labrive ! crie l'instructeur.

— Présent !

— Montez *Almamoun.*

Almamoun! Juste ciel ! un cheval de sept ans,
que nul n'a su dompter jusqu'à présent, et qui fait
« piler » ses cavaliers de la plus étrange façon.
J'hésite, je l'avoue ; qui n'en eût fait autant à ma
place ? Mes camarades échangent des sourires nar-

quois ; un murmure court sur les rangs. Tant pis,
je me risque ! D'ailleurs, *Almamoun* me regarde
avec complaisance ; il a l'air de dire : « Laisse-moi
tranquille ; tu seras content de moi. » Pour ma part,
je ne demande pas mieux.

« Par deux, marche ! » Et nous voilà cheminant
le long des sentiers sablonneux, à travers les bois
qui s'éveillent. Les branches sont humides de rosée ;
les flèches d'or du soleil naissant passent à travers le
feuillage épais. J'écoute chanter les oiseaux ; *Almamoun* est paisible ; il trotte gentiment, s'arrête à
volonté, ne manifeste pas la moindre inquiétude et
je finis par être tellement rassuré que je médite un
sonnet dont j'ai déjà choisi les rimes...

Crac ! au détour d'un chemin nous tombons à
l'improviste sur un détachement de hussards, qui
reviennent du champ de manœuvres ; les trompettes
sonnent, les sabres brillent. *Almamoun,* qui a fait
la campagne, reconnaît ces accents belliqueux, s'a-
gite, s'emporte, tire sur la bride ; je résiste, il insiste ; vaincu, je me cramponne, éperdu, au pommeau de la selle et mon cheval file à fond de train.
Derrière moi, le lieutenant instructeur galope, inquiet ; mais je n'entends plus rien, je ne comprends plus qu'une chose, c'est que je suis perdu et,
résigné, étendant les bras en croix, je me laisse
glisser jusqu'à terre, en proférant ce cri suprême :
« Maman ! »

15 janvier. — J'avais juré de ne plus écrire une ligne avant d'avoir effacé jusqu'au souvenir de ma dernière faiblesse; c'est fait. Ce qu'on m'a fait payer cher cependant une défaillance passagère! Reprenons mon récit: j'étais tombé juste au pied des rochers du Mail; deux cavaliers de remonte, accourus en toute hâte, m'avaient relevé sain et sauf. Pas une égratignure. Comme l'enfant qui tremble, l'homme qui se sent menacé invoque sa mère. O superstition touchante de tous les âges! De loin, ma mère m'avait protégé.

D'ailleurs, ce pauvre *Almamoun* avait témoigné un vif regret de son escapade. Il était rentré, tout penaud, dans sa stalle, et, s'il n'avait pas fait prendre de mes nouvelles, c'est qu'il ne possédait pas la moindre carte de visite à déposer chez le garde-consigne du Palais des Princes.

En me retrouvant debout, mes camarades, très émus jusque-là, donnèrent libre cours à leur gaieté. Si j'en crois leurs récits, trop spirituels pour me plaire, j'avais bien mauvaise tournure sur le fougueux *Almamoun*. Les uns imitaient mes gestes, les autres sollicitaient humblement la permission de rattacher à mes bottes les éperons que j'avais perdus dans cette course désordonnée; tous, d'un commun accord, par une délicate allusion à l'exclamation que j'avais poussée, me gratifièrent du même surnom: « Le fils à maman! » Et c'est à leurs moqueries que je devrai plus tard mon galon d'argent de capitaine instructeur !

« Le fils à maman ! » Nous verrons bien si je ne ferai pas honneur à ma mère. Je n'ai pas mis les pieds dans l'antichambre du docteur, mais, à six heures du matin, j'ai couru au manège ; j'ai sollicité « l'honneur » de grimper sur le dos d'*Almamoun* ; l'instructeur m'a compris à demi-mot ; j'ai redoublé d'efforts, passé dix heures, chaque jour, dans les écuries, aux carrières ; dire que je n'ai jamais eu peur, ce serait abuser de ma propre crédulité. Seulement, chaque fois que j'éprouvais un sentiment de crainte, je songeais à mon surnom : « Le fils à maman ! » Parbleu ! nous allons bien voir !

L'auteur de ce journal a tenu sa parole ; dix mois plus tard, il conduisait un quadrille au carrousel de Fontainebleau ; deux ans après, il sortait de l'École de Saumur avec le numéro *un*. C'est ainsi qu'on devient cavalier — et qu'on fait plaisir à sa mère. C'est la grâce — cette dernière surtout — que je souhaite à tous nos jeunes officiers.

XXXIII

Le printemps à la caserne, l'exercice au mois de mai. — Le
drapeau des chasseurs à pied; histoire du 20e bataillon; au
Mexique, à Metz, à Bapaume. — La garde du drapeau. —
Les expériences de tir à Fontainebleau; canons monstres et
canons modernes.

11 mai 1886.

Le joli mois de mai fait pousser les roses et les
muguets et conduit les pioupious hors des casernes,
qui vers les polygones où l'on dort sous la tente, qui
vers les champs d'exercice où le colonel et les officiers supérieurs discutent gravement le mérite des
nouveaux règlements. « En tirailleurs ! » Les compagnies se déploient, les sections s'éparpillent, le
régiment couvre de ses baïonnettes étincelantes les
champs de blé où les bleuets tracent déjà leur sillon.
Le képi rouge et le fusil noir font des taches mou-
vantes sur le tapis de verdure. Rien n'est d'aspect
plus poétique que le soldat; nul ne sent plus vivement que lui le charme pénétrant d'une matinée de
printemps. Victor Hugo l'avait admirablement compris quand il montrait :

Les rouges lanciers fourmillant dans les piques
Comme la fleur de pourpre en l'épaisseur des blés.

Pour les jeunes soldats, pour les conditionnels, pour les officiers sortis, l'an dernier, de Saint-Cyr, l'exercice quotidien offre, en ce moment, des délices ignorés du vulgaire. On gelait, au mois de mars, quand, durant des heures entières, le capitaine adjudant-major commandait le maniement d'armes : « Portez armes ! Présentez armes ! Charge en quatre temps ! En joue ! » Et la bise aigre soufflait sur les visages, et la mauvaise humeur — symptôme caractéristique de cette saison douteuse qui n'est plus l'hiver et qui n'est pas encore le printemps — gagnait tout le monde. Ouvrez les registres des punitions : ils sont encombrés pendant les trois premiers mois de l'année. Puis, on dirait que les officiers et les sous-officiers sont tout à coup pleins de mansuétude, et que leur caractère s'adoucit à mesure que le ciel s'éclaircit.

Quand l'ordonnance frappe à la porte, à cinq heures du matin, et que notre ami Z..., sous-lieutenant au 150e de ligne, saute à bas de son lit, s'il éprouve quelque ennui d'interrompre un rêve agréable, il est aussi bien doucement surpris par les premiers rayons du soleil qui glisse sous les fentes des rideaux à 30 fr. la paire et qui dore l'humble chambre meublée. L'air est vif, le ciel est pur, la route est large.

Le clairon sonne la charge.

On dirait un matin de bataille et, sur les hauteurs

de Satory, les chasseurs du 20e, qui commencent l'étude du service en campagne, ressemblent à s'y méprendre à ces pimpants et coquets chasseurs que Protais a peints dans son tableau célèbre : *Avant le combat*.

Nous les avons vus, l'autre jour à Paris, les chasseurs du 20e. Partis avant l'aube de Versailles, ils sont venus, musique en tête, chercher le drapeau des chasseurs à pied. Un seul drapeau pour trente bataillons ! Et qu'elle est belle, cependant, la légende inscrite dans les plis de cet étendard tricolore ! Partout où l'armée de la France contemporaine a reçu le baptême du feu et remporté des victoires, les chasseurs de Vincennes ont joué un rôle glorieux. En Algérie, à Sébastopol, en Italie, ils ont été à l'avant-garde. Leurs camarades des régiments de ligne ne leur ont jamais contesté le titre de « troupe d'élite » ; aujourd'hui même, il n'est pas un chef de bataillon qui ne préfère le commandement d'un bataillon de chasseurs à pied, stationné dans quelque région montagneuse et lointaine, au commandement d'un bataillon dans un régiment de Paris.

Le 20e a remplacé, dans la caserne de la rue Satory à Versailles, le 2e bataillon, qui est parti pour la frontière. Nul, plus que le 20e, n'était digne de recevoir et de garder le drapeau des chasseurs. Créé en 1854, le 20e fut organisé par le commandant

Cambriels. Quatre ans plus tard, il était désigné pour faire partie du corps d'occupation des États pontificaux et séjournait à Rome jusqu'en 1862. Point de faits de guerre à citer, mais d'innombrables actes de sauvetage et de dévouement.

Le 28 juillet 1862, le 20e bataillon s'embarquait à Cherbourg et faisait route pour le Mexique. Les chasseurs furent cruellement éprouvés par le climat du pays ; au siège de Puebla, ce furent eux qui construisirent les redoutes du sud, et je détache ce passage du rapport du commandant en chef : « La reddition de la place est due surtout à l'énergie avec laquelle les travaux d'approche ont été conduits contre les forts du sud. »

Mexico tombe entre nos mains ; le 20e forme colonne et refoule les partisans de Juarez. Décimé par les balles et par les maladies, il rentre en France et tient garnison à Lyon, à Paris, à Boulogne-sur-Mer. Survient la guerre contre l'Allemagne : le 20e fait partie de cette admirable armée de Metz, qui fut conduite comme l'on sait et dont un écrivain étranger a dit que, commandée par un lieutenant de Napoléon, elle eût ressuscité les traditions des armées d'Austerlitz et d'Iéna. Un de nos correspondants, officier retraité, et qui était au siège de Metz, nous écrivait récemment : « Au combat du 31 août, le 20e bataillon de chasseurs reçut l'ordre d'enlever le village de Serquigny. Bien que le feu des batteries

ennemies eût atteint un degré de violence inouïe,
ce beau bataillon s'avança au pas gymnastique l'arme
au bras, franchit ainsi un espace de deux mille
mètres, serrant les rangs au fur et à mesure que les
obus y pratiquaient de larges trouées. On eût dit
qu'il marchait à l'exercice, et le général de Cissey,
bon juge en matière de bravoure, voulut embrasser
le commandant du 20e devant le front de ses troupes. »

Pendant que les braves de Borny et de Saint-
Privat gagnaient par étapes les forteresses allemandes, le 20e bataillon se reconstituait à Boulogne-
sur-Mer, où deux compagnies de dépôt étaient
demeurées jusqu'au 3 octobre. On les envoie à Ren-
nes ; le train déraille à Critot, douze chasseurs sont
tués ; le sort se mettait de la partie et se prononçait
contre nous. A Villers-Bretonneux, à Pont-Noyelles, à Bapaume, le 20e bataillon, refait avec des
engagés volontaires et des mobiles, soutint dignement
la réputation qu'il avait conquise ; le 4 janvier 1871,
quand M. de Manteuffel poursuivait l'épée dans les
reins la petite armée du général Faidherbe, les chasseurs du 20e essuyèrent sans broncher la charge fu-
rieuse des cuirassiers allemands ; ces soldats improvisés n'ouvrirent le feu qu'au moment où les cavaliers prussiens, emportés par leur élan, frôlaient
presque les baïonnettes de nos soldats, et, d'une
seule décharge de leurs carabines, ils dissipèrent
cette trombe de fer. Rappelons, enfin, qu'à Saint-

Quentin, « tandis que tous les corps de l'armée du
Nord, dit le rapport officiel, étaient débandés, le 20ᵉ
bataillon seul, sac au dos, l'arme sur l'épaule, poursuit sa marche dans le meilleur ordre et en observant
un profond silence ». Tels sont les titres de gloire
du 20ᵉ ; on en affaiblirait la portée en les accompagnant d'un commentaire quelconque.

Les habitants de Rouen connaissent tous cette
histoire qui, par tant de côtés, empiète sur le domaine de la légende. Depuis 12 ans, le 20ᵉ n'avait
pas quitté la capitale de la Normandie. Il y était
arrivé le 27 février 1874 ; c'est le 27 février 1886
qu'il a reçu l'ordre d'aller tenir garnison à Versailles. Il y reste, veillant sur le drapeau que les chasseurs d'Afrique et de Saint-Privat ont illustré et
qui, comme dit la chanson mal rimée de Sidi-Bra-
him, « porte dans ses plis la fortune de la France ».

Les expériences de tir qui viennent d'être faites
au polygone de Fontainebleau ont offert un intérêt
d'autant plus vif qu'il s'agissait, cette fois, de résoudre
un double problème. Comment doit-on se défendre ?
Comment faut-il attaquer ? Telles étaient les deux
questions qui préoccupaient à bon droit les spectateurs militaires. Le génie avait usé de mille ressources
pour s'abriter contre les obus ; l'artillerie, piquée
au jeu, a redoublé d'efforts pour démolir l'escarpe
en pierre cachée derrière d'énormes ouvrages en
terre. Les canons du mail Henri IV ont envoyé

leurs projectiles sur un but qui demeurait invisible,
et, par tranches, les moellons sont tombés, comme
fauchés suivant une loi mathématique.

Ouvrir une brèche dans un rempart n'est pas une
tâche aussi facile qu'on serait tenté de le croire. Si
le tir est précipité, les premiers blocs qui tombent forment obstacle, arrêtent la chute des terres ; le sommet du talus s'écroule, mais pour refaire plus bas
un autre talus souvent infranchissable. Ceux qui
ont trouvé des lois pour construire ont aussi découvert des lois pour démolir. On procède avec ordre,
par rangées successives, en découpant des escaliers
dans le mur, de telle façon qu'un morceau tout
entier de l'escarpe s'écroule à la fois et livre passage
aux colonnes d'assaut qui, dans les tranchées pro-
fondes, attendent le signal de l'attaque.

A voir les pièces de 155 installées sur la plate-
forme du mail Henri IV, à mesurer l'effort des canonniers qui les font lentement mouvoir, on est
tenté de penser que l'artillerie moderne a de bien
autres dimensions que les bouches à feu dont nos
ancêtres étaient si fiers. C'est là une erreur généralement répandue. L'artillerie a gagné en puissance
effective tout en diminuant de poids. Double et précieux avantage ! Les canons qu'on employait au
dix-septième siècle pour la défense et pour l'attaque
des places ne pesaient pas moins de cinquante à
soixante milles livres : on voit encore à l'arsenal de

Moscou un canon, le *Tsar Pushka,* qui pèse 40 tonnes et qui date du seizième siècle. Nous aimons mieux maintenant fabriquer des canons qui soient d'un transport presque facile. Seuls, les Anglais affectent une prédilection marquée pour les gros calibres; il est vrai qu'aux Indes, où ces canons-monstres sont en usage, on dispose d'éléphants pour les traîner; encore plusieurs d'entre eux sont-ils restés en route, embourbés, lentement disparus sous le sable et les alluvions descendus des montagnes, témoins qui reparaîtront quelque jour, quand le soc du laboureur frôlera l'acier des culasses, et qui seront alors les derniers vestiges des efforts gigantesques tentés par les hommes pour s'entre-tuer!

XXXIV

Le carrousel du Champ de Mars. — Échange de bons procédés entre Saumur et Paris ; une cousine de Paris. — Fragments de dialogue à la gare de Saumur. — Historique de l'École de cavalerie ; les grands maîtres de l'équitation. — Le ministre à Fontainebleau.

18 mai 1886.

Jusqu'à présent, c'était la bonne ville de Paris qui expédiait à Saumur le dessus du panier : jeunes gens fringants, qui portaient l'épaulette pour la première fois, fils de famille plus ou moins ruinés qui s'engageaient pour fuir le courroux paternel, aimables petites dames qui s'en allaient rejoindre sur les bords de la Loire, et dans un exil supportable, les gais officiers qu'elles avaient connus au bal de l'Opéra. C'étaient, à l'arrivée du *rapide*, des accolades touchantes, des manifestations émouvantes. Sur le quai de la gare, les sous-lieutenants bottés, enveloppés dans leurs vastes manteaux et coiffé de képis énormes, poussaient des cris de joie. Poignées de main échangées entre vieux camarades : « Quel bon vent t'amène ? » Puis, d'un coupé sortait la tête fine d'une Parisienne, et notre ami Gontran, qui, pour la dixième fois revenait de consulter le cadran de la gare, se précipitait au-devant d'elle :

— Enfin, vous voilà ?

— Comment enfin ? Ne vous ai-je pas annoncé mon arrivée ? Et que de difficultés cependant pour me sauver pendant deux jours !

— Que vous êtes gentille ! Avez-vous des bagages ? Je vais les faire chercher par mon ordonnance. Sauvons-nous bien vite ! Il me semble que je vous enlève... pour la première fois.

Le couple traverse le quai de la gare ; un moment d'effusion ; les amoureux se regardent comme s'ils ne s'étaient jamais vus. Tout à coup, Gontran pâlit.

— Diable ! voici le général !

— Le général ? Vous avez peur...

— Tant pis ! je lui dirai que vous êtes ma cousine.

Et, l'air d'autant plus arrogant que son cœur bat plus fort et qu'il est plus interloqué, Gontran salue le général, entraînant à son bras la cousine de Paris.

Qui de nous n'a pas assisté à une scène de ce genre ? A Saint-Cyr, à Fontainebleau, nos jeunes officiers ont rêvé d'aventures, appris par cœur les romans de cape et d'épée d'Alexandre Dumas, envié le sort de Saint-Mégrin, qui fut tué par le duc de

Guise, mais qui fut aimé par la duchesse. Ces romans qu'on ébauche à vingt ans se dénouent à Saumur. Et comme il en faut rabattre, plus tard, des illusions de la première jeunesse ! Les femmes ne sont pas fatales, les maris ne sont pas toujours jaloux. Le général qui commande l'École représente à lui tout seul, le côté « émotions » du drame entrevu par les imaginations prime-sautières des aspirants à l'épaulette. Saint-Mégrin fut étranglé à l'aide d'un mouchoir de la duchesse de Guise : ceux qui marchent sur ses traces ne risquent plus que trente jours d'arrêts de rigueur.

Aujourd'hui même, entre cinq et six heures du soir, la gare de Saumur sera pleine de lieutenants, de sous-lieutenants et de capitaines. Ils ne porteront pas le brillant uniforme dont le seul aspect séduit les Aspasies modernes ; vêtus d'habits civils, ils attendront, comme de simples bourgeois, le train qui les emmènera jusqu'à Paris.

Comme leurs camarades les envient cependant ! Ces officiers ont été désignés par le général pour représenter l'École de Saumur au carrousel du Champ de Mars ; ils caracoleront, vendredi prochain, devant la foule parisienne, avec leurs lances ornées d'oriflammes, ils salueront le public parisien et les femmes élégantes dont les fraîches toilettes garniront les tribunes ; ils feront ou croiront faire des conquêtes, et qui oserait mesurer les responsabilités morales encourues par le Comité des fêtes du commerce et de l'industrie?

Les trains qui partiront ce soir de Saumur emmèneront 83 officiers et 138 chevaux, dont 72 seront montés dans le carrousel, 15 dans la reprise des écuyers, 12 dans la reprise des sauteurs et 33 dans le saut des obstacles. Quelques répétitions seront nécessaires : les chevaux de Saumur sont des bêtes capricieuses ; se représente-t-on le spectacle que nous aurions sous les yeux s'ils refusaient d'obéir ou si, s'emballant à fond de train, ils s'avisaient de reprendre, le long de la Seine d'abord, par les bois de Versailles ensuite, le chemin de leurs écuries? L'habileté des cavaliers nous est, heureusement, une sûre garantie contre un si lamentable événement.

Au moins faut-il que nous applaudissions nos Saumuriens en connaissance de cause. Saumur n'est pas seulement la jolie ville où l'on s'amuse, entourée de riants pâturages et de vignes, dont le vin clairet jouit d'une légitime réputation dans le monde des gourmets ; depuis 1771, Saumur possède l'École d'équitation française. On en comptait cinq au dernier siècle : celles de Metz, de Cambrai, de Douai, de la Flèche et de Besançon. Elles avaient été créées au lendemain de la guerre de Sept ans, après que Frédéric II eût appris à nos généraux le parti que l'on devait tirer de l'emploi judicieux de la cavalerie.

L'École de Saumur fut organisée par les carabiniers ; élèves et professeurs étaient remplis de bonne
volonté ; seulement, le trésor royal était à sec et le
ministre des finances du roi Louis XVI refusait systématiquement à son collègue de la guerre toute espèce de crédit extraordinaire. L'École d'équitation
existait, mais elle manquait de chevaux, ce qui
revient à dire qu'elle n'existait pas. On fut si bien
frappé de cette singulière contradiction qu'en 1790
l'École fut purement et simplement supprimée. Ré-
tablie à Saint-Germain en 1809, elle fut réinstallée
à Saumur en 1814, et, depuis lors, elle n'a plus
quitté les bords de la Loire, où elle n'a cessé de former des élèves qui s'en vont ensuite répandre dans
les régiments l'instruction professionnelle et théo-
rique qu'ils ont reçue. Commandée tour à tour par
le marquis Oudinot, par le général de Brack, par le
général l'Hotte et par le général Danloux, l'École
de Saumur s'est fait gloire d'entretenir dans notre
pays le feu sacré de l'équitation ; son écuyer en chef
est, à proprement parler, le premier cavalier de
France ; ces grands maîtres se sont appelés Cordier,
Rousselet, Renaux, Champet, de Novital, d'Aure,
Guérin, l'Hotte, de Lignières, Dutilh, Piétin et de
Bellegarde. Tous ont laissé une brillante réputation ;
quelques-uns d'entre eux sont demeurés sans rivaux,
et, si l'art contemporain a modifié les théories du
comte d'Aure et du commandant Guérin, il n'a

diminué le mérite ni de l'un ni de l'autre. Ils ont été tous deux de merveilleux écuyers. Cordier et Rousselet, d'ailleurs, les avaient précédés, et l'ascendant de ces parfaits sportsmen n'avait subi qu'une éclipse : elle s'est produite en 1838, quand le colonel de Brack fut appelé au commandement de l'École de cavalerie. Le colonel de Brack était un survivant des guerres de l'Empire et de la Révolution, un disciple de Lasalle et de Curély. Il attachait une médiocre importance aux expériences de dressage ; dans la dédicace de son fameux manuel, il s'exprimait ainsi : « Bientôt, mes camarades, nous remonterons à cheval pour parcourir l'Europe. » Songe héroïque qui fut trop vite dissipé !

De Brack s'inspirait des exemples de Seydlitz : sauter une rivière, un fossé, une haie, tel était, à son avis, l'idéal du cavalier, à cette condition toutefois que, derrière la rivière, le fossé ou la haie, il y eût un ennemi à atteindre. La haute école ne disait rien qui vaille à cet énergique officier, qui, jusque sur son lit de mort, crut à la revanche de Waterloo et à la résurrection de Napoléon.

Le comte d'Aure, dont le nom a souvent été prononcé par des gens qui n'avaient jamais mis le pied à l'étrier, appartenait à l'école de Versailles. Il a été le chef d'une classe d'écuyers qui réprouvaient à la fois le travail à pied et les flexions, qui dédaignaient les moyens accessoires et qui s'adressaient

à l'intelligence du cheval autant qu'à sa docilité.
Baucher était, au contraire, un partisan décidé des
exercices d'assouplissement ; il comptait vaincre de
la sorte toutes les résistances et, quand il atteignait
le but qu'il s'était proposé, il transformait ses chevaux en bêtes de cirque. Pour un peu, il leur eût
fait indiquer l'heure sur une montre.

Entre les deux méthodes, nous ne voudrions pas
nous prononcer. On nous permettra cependant de
dire que la cavalerie est destinée à faire campagne.
« Marchons de l'avant ! » telle est sa devise. Pour
que le cavalier soit capable de faire de longues routes, il est nécessaire qu'il ne fasse qu'un avec son
cheval. Cette remarque suffit à définir la méthode
adoptée par l'École de Saumur ; nous aurons l'occasion d'en apprécier, au Champ de Mars, les résultats.

Pendant que les Saumuriens faisaient leurs préparatifs de départ, les officiers-élèves de l'École de
Fontainebleau recevaient la visite du ministre de
la guerre. Événement considérable ! jamais aucun
des prédécesseurs du général Boulanger n'avait fait
tant d'honneur et de plaisir à nos jeunes officiers
d'artillerie et du génie. A vingt ans, quand on ignore
le jeu de bascule de la politique et qu'on a l'enthousiasme du métier militaire, le nom seul du ministre
de la guerre exerce une magique influence. Au surplus, si le rôle joué dans les Chambres par le géné-

ral Boulanger peut être discuté, le brillant soldat qui
se cache sous la redingote ministérielle est à bon
droit populaire dans l'armée.

Donc, le ministre est descendu de wagon à Fontainebleau ; le général Blot, qui commande le 5e
corps d'armée, à Orléans, avait profité de l'occasion
pour s'offrir un petit voyage d'agrément. Le temps
était propice et les témoins oculaires racontent — ce
que le compte rendu officiel ne dit pas — qu'en arrivant sur le plateau du mail Henri IV le ministre
s'est écrié : « Heureux jeunes gens ! N'est-on pas
mieux ici que dans la rue Saint-Dominique ? » Et,
de fait, il est peu de panoramas qui soient aussi
complets que celui-là : jusque par delà les gorges de
Franchard, les rochers d'Apremont, les bords de la
Seine et du Loing, l'œil plonge sur une mer de forêts. Les vallées boisées succèdent aux coteaux
recouverts de pins. Nulle part je n'ai ressenti,
comme au mail Henri IV, l'impression enivrante du
complet isolement ; le ministre n'a pas dû s'en douter, car il y avait foule, l'autre jour, sur ce long et
mince plateau d'où ne s'élève, d'habitude, que le
chant monotone et cadencé d'une cigale appelant
une fourmi.

XXXV

Le carrousel et les femmes. — L'esprit militaire et M. Joseph
Prudhomme. — Plus de soldats; tous banquiers! — Le
péril national et militaire. — Les effectifs des armées européennes; la mobilisation en Allemagne, en Autriche-Hongrie,
en Russie.

25 mai 1886.

Au petit galop, dans l'enceinte réservée du Champ
de Mars, les officiers de Saumur viennent d'exécuter
des tours de force, et le public, enthousiaste, a battu
des mains ; les spectateurs à vingt sous ont même
rompu les frêles barrières que le comité des fêtes
jugeait suffisantes pour arrêter l'élan populaire. On
aura beau dire, dans notre cher pays de France l'aspect de l'uniforme fait battre encore bien des cœurs
de femmes, et les éperons qui sonnent sur le pavé
des villes éveillent des échos charmants derrière les
persiennes fermées. Almaviva portait l'épée, et si
l'éducation de notre siècle a multiplié les Bartholo,
la race des Rosines n'est pas éteinte. Dieu soit
loué !

Au fond, les femmes ont été seules à braver, sans

mot dire, le soleil qui chauffait le Champ de Mars
de vendredi et l'orage qui menaçait d'éclater dimanche. Le comité des fêtes, peu galant, n'avait édifié
que des tribunes d'aspect rébarbatif : des banquettes
rugueuses pour s'asseoir, et pas le moindre brin de
toile pour abriter les têtes. Aussi des ombrelles ont-
elles été ouvertes ; je suis prêt à jurer sur l'autel de
la patrie, comme le *Lion amoureux* de Ponsard, que
ces ustensiles prosaïques appartenaient à des hommes. Les Parisiennes exposant leurs toilettes —
ce qui est déjà grave — et leur teint — ce qui
paraît incroyable — aux intempéries d'un mois de
mai capricieux, ont voulu voir, et de leurs petites
mains finement gantées elles ont applaudi avec fré-
nésie. Nos camarades de Saumur ne demandaient
pas d'autre récompense ; ils emporteront des fêtes
mal organisées, dont ils ont été les héros, les plus
doux souvenirs.

Que de rêves entrevus pendant que les *pur-sang*
parcouraient la piste ! Que de regards et de serments
échangés ! Les femmes adorent l'uniforme, et c'est
pourquoi tant de jeunes gens aspirent à l'épaulette.
Un sabre qui traîne, des galons qui brillent, il n'en
faut pas davantage pour émouvoir délicieusement
les âmes naïves et généreuses. Musset — le plus
vrai de tous les poètes — nous a présenté l'un de
ses héros sous l'aspect d'un « dragon jaune et
vert ». Et les premières pages de la *Confession*

d'un enfant du siècle ne sont-elles pas impérissables, où l'immortel auteur de *Rolla* glorifiait les officiers de la Révolution et du premier Empire, embrassant leurs femmes et leurs enfants entre deux campagnes victorieuses et s'attardant aux douceurs du foyer après Austerlitz, avant Iéna?

On a dit souvent que l'esprit militaire s'en allait. Pourquoi? Ce ne sont pas tant les déclamations des révolutionnaires qu'il convient d'accuser; la soif de bien-être s'est développée; l'argent tient aujourd'hui le haut du pavé, et les notes de couturière augmentent indéfiniment. Comment un pauvre sous-lieutenant, qui touche 190 fr. par mois, équilibrerait-il son budget s'il était marié? Est-ce donc qu'il faut vouer nos officiers au célibat perpétuel? Telle serait cependant l'inévitable nécessité si l'uniforme ne jouissait pas d'un prestige irrésistible et si les riches dots n'allaient pas à l'armée.

Chroniqueur consciencieux, j'assiste aux fêtes que donnent Pierre et Paul, honnêtes négociants qui daignent m'inviter. Partout, je constate avec plaisir que l'uniforme triomphe de l'habit noir. Cela est si vrai que les officiers, même en tenue civile, obtiennent les premières valses, pendant que les attachés d'ambassade et les sous-préfets en herbe sont forcés de compter sur les derniers quadrilles. Alors, ce sont des récriminations aigres, des protestations mal déguisées sous des formules polies.

Insurgez-vous, mes amis! Quand vous aurez enlevé ce dernier privilège à l'armée, l'École de Saint-
Cyr ne trouvera plus de candidats. Savent-ils, ceux
qui critiquent avec tant d'amertume le goût du
« militaire », ce que produirait la transformation
qu'ils réclament? A seize ans, nos écoliers entrevoient, dans un lointain mirage, le chapeau du polytechnicien ou le shako bleu du saint-cyrien. Que
d'efforts cependant avant qu'ils aient atteint le but!
Ce sont de longues et patientes études qu'ils sont
obligés de poursuivre, nos futurs officiers ; entre la
classe de mathématiques élémentaires et la porte de
l'École, la route est couverte d'obstacles : ce sont
des problèmes à résoudre, des manuels à parcourir,
des épures à tracer. Jamais l'adage du fabuliste ne
fut plus vrai :

> Patience et longueur de temps
> Font plus que force ni que rage.

Et quel est le couronnement d'une si pénible carrière? De nouveaux travaux, une discipline inexorable, les consignes, les privations de sortie, les
arrêts pour des peccadilles. Allez, bonnes gens qui
n'avez jamais subi le joug de la discipline militaire!
Vous dormez à l'aise, vous reposant sur d'autres du
soin de veiller à la défense nationale, et quand vous
rencontrez un officier qui consacre ses veilles à cette
sainte tâche et qui, plutôt que de gagner cent mille
francs par an, forme des soldats et se contente d'une

solde dérisoire, vous haussez les épaules, et vous murmurez : « Encore un traîneur de sabre. » Excuse facile pour les bons Français qui n'ont pas servi sous les drapeaux et qui ont invoqué mille raisons moins valables les unes que les autres pour ne pas faire même leurs vingt-huit jours !

« L'esprit militaire s'en va ! » Je le crois bien ; et que faites-vous donc pour l'entretenir ? Mon voisin M. Joseph Prudhomme refuse d'accorder la main de sa fille à un jeune homme qui l'adore et qu'elle aime. Pourquoi ? Cet amoureux fidèle et recommandable est officier. Et M. Prudhomme ajoute : « Ce n'est pas un métier. » M. Prudhomme fut autrefois le camarade d'une foule de notables bourgeois dont la Révolution de 1848 fit des commandants, des capitaines et des pompiers ; il a vécu sur ces respectables traditions et croit, de bonne foi, que l'armée a perdu la France en 1870. M. Prudhomme pense que la garde nationale eût remporté des victoires sur le Rhin.

Je ne chercherai pas noise à M. Joseph Prudhomme ; ceux qui, pour leur commodité personnelle, professent la même opinion que lui sont malheureusement trop nombreux aujourd'hui. Je me borne à constater cette fâcheuse tendance de notre époque ; quand de semblables principes auront prévalu, la puissance française ne sera plus qu'un vain mot. Et si j'insiste, — au risque de chagriner des esprits

sincères et des âmes charitables, — c'est qu'un cri
s'élève maintenant dans l'armée. Les lettres que je
reçois en font foi : les officiers se laissent envahir par
le découragement ; où sont l'enthousiasme patriotique et l'esprit de sacrifice qui rayonnaient autrefois ?

Chers soldats de France, ne vous laissez point
émouvoir ! Que les racontars des uns, les appréciations des autres, ne troublent point vos âmes généreuses ! Dans les camps lointains, sur les rives du
fleuve Rouge, partout où vous gagnez au prix de
votre sang la solde dérisoire qui vous est allouée, le
cœur de la patrie bat sous vos dolmans. Et, quoi
qu'en aient dit des fous ou des inconscients, la
France, la vraie France qu'un poète a nommée le
soldat de Dieu et qui déteste l'égoïsme à l'égal de la
lâcheté, vous aime et vous vénère,

Car vous êtes toujours les soldats d'Austerlitz !

Je n'aurais pas écrit ce qui précède si je n'avais
l'intime et mélancolique conviction que je remplis
un devoir. Il est des jours où le chroniqueur doit
céder la place au citoyen. Cent officiers m'écrivent :
« Nos hommes sont dociles, pleins de bonne volonté,
mais l'enthousiasme leur fait défaut. » Le mot d'ordre est : Réduction du service militaire. La caserne
apparaît comme une prison ; les colonels sont des
ogres ; les officiers sont des bourreaux.

Certains journaux sont remplis de dénonciations anonymes dirigées contre des soldats qui, d'après les règlements, n'ont pas seulement le droit de se défendre.

Envisage-t-on de sang-froid les périls au-devant desquels nous avons l'air de marcher gaiement ? Il est beau de parler de discipline à propos de Bazaine ; encore faudrait-il savoir la faire respecter aujourd'hui. Les premiers résultats de notre réorganisation militaire nous ont trompés ; nous avons pensé que tout était fait quand tout restait à faire. Et c'est ainsi que l'on représente le service comme une charge, alors qu'il devrait être considéré comme une tâche honorable. Les traditions s'en vont ; il n'est que temps de réagir contre de si funestes tendances.

Si je voulais transcrire ici certains passages des lettres que d'anciens camarades m'adressent, l'émotion serait grande parmi nos lecteurs ; partout on signale un découragement croissant, une lassitude justifiée par trop de concessions ; à force de dire que l'armée devait rester en dehors de la politique, nous avons introduit la politique dans l'armée.

C'est un cri d'alarme que je pousse ; je voudrais qu'il fût entendu. Je parlais, l'autre jour, de la visite que M. le Ministre de la guerre a faite à l'École de Fontainebleau, et je saluais cette vaillante jeunesse qui est l'espoir de la patrie. Ne lui enlevons pas son enthousiasme ni sa foi! Suivons, chacun, la route qui nous attire, mais ayons la loyauté de reconnaître les sacrifices consentis par d'autres et respectons dans l'armée l'esprit de sacrifice et d'abnégation.

Combien ces réflexions paraîtront encore plus justifiées quand on aura comparé les effectifs des grandes armées européennes! Aujourd'hui 24 mai 1886, l'armée allemande compte 454,000 hommes ; l'armée austro-hongroise, 287,000 hommes, et l'armée russe 850,000 hommes. Qu'arriverait-il si du fond de l'Orient partait le signal d'une mêlée générale? L'Allemagne pourrait mettre sur pied 2,762,000 hommes ! Si vous y tenez, nous décompterons les dix contingents du landsturm, qui représentent 993,000 hommes et qui seront employés tout au plus à la garde des forteresses du centre et à la surveillance des arsenaux ; il reste encore 1 million 769,000 soldats. Et ne croyez pas que je cite des chiffres exagérés à dessein et que cette multitude n'existe que sur le papier ; pendant la guerre de 1870, l'Allemagne a mobilisé 1,494,000 hommes, dont 1,146,000 ont franchi nos frontières.

Voyons l'Autriche-Hongrie : le contingent annuel est plus faible que dans tout autre pays ; mais, par contre, les réservistes sont obligés de faire trois stages, et les habitants de la Cisleithanie, qui passent directement dans la landwehr, commencent par faire un séjour de huit semaines dans les cadres permanents d'instruction. Voilà donc des soldats dont on entretient soigneusement l'esprit, que l'on entraîne et dont on complète à peu près l'éducation militaire. Faisons le total : L'Autriche-Hongrie peut réunir sous ses drapeaux 1,025,000 *soldats instruits* et 1,276,000 soldats qui ne connaîtront que les éléments du métier militaire. Enfin, le Gouvernement a soumis au Parlement une loi qui organise le *landsturm* et qui fournit en plus à l'armée nationale environ 400,000 soldats exercés.

Les calculs sont plus difficiles à faire quand il s'agit de l'armée russe ; les données officielles font défaut. Nous avons sous les yeux la loi de recrutement du 1er janvier 1874 et la loi sur la milice du 11 novembre 1876. Établissons des comptes approximatifs : on sait que les Cosaques, par exemple, ont des institutions militaires spéciales, que les habitants du Caucase, de l'Oural, de la Sibérie et de l'Asie centrale sont dispensés de tout service. Aussi réduirons-nous les totaux, pour rester au-dessous de la vérité. Et malgré tant de précautions, voici les chiffres effrayants que nous obtenons : l'armée active, sa réserve et la milice du premier ban fourniraient 2,700,000 hommes.

Quand on signa le traité de Berlin, le 13 juillet 1878, la Russie avait sous les armes 1,648,000 hommes de troupe régulières, auxquelles il con-

vient d'ajouter 145,000 hommes de troupes irrégu-
lières.

Voilà des chiffres à méditer. Ce n'est pas que
notre organisation laisse à désirer ; notre armée active, sa réserve et l'armée territoriale constituent
pour notre pays une force digne de celles que nous
venons d'énumérer. Mais les armées ont besoin
d'être galvanisées pour être assurées du succès.
Veillons sur l'esprit militaire : c'est le feu sacré qui
ne doit jamais s'éteindre. Tant qu'il luira, la patrie
sera sauve !

XXXVI

Un dîner de promotion; à propos de patriotisme. — Deux
camarades : Portier et Normand; la plume et l'épée. —
Journal d'un sous-lieutenant au Tonkin. — Le combat
de Bac-Lé d'après un témoin oculaire. — La marche sur
Lang-Son; un épisode du combat de Pho-Vy. — Les
voyages de l'École de guerre; la pratique et la théorie.

1er juin 1886.

Nous avions, l'autre jour, notre dîner de promotion. Douze ans se sont écoulés depuis que, nous
croyant libres pour la première fois, nous avons
franchi les portes de l'École. Il nous semblait alors
que le soleil brillait avec plus d'éclat pour fêter
notre émancipation, et la vie nous paraissait rose,
dans un lointain mirage. Si j'affirmais que nous nous
sommes retrouvés aujourd'hui tels que nous nous
étions quittés et que chacun de nous a conservé toutes
les illusions de ses vingt ans, je ferais un gros men-
songe — et personne ne me croirait. Mieux vaut
être véridique et reconnaître, très franchement, que
nous nous sommes sentis plus vieux de quelques
années et de beaucoup de déceptions.

L'enthousiasme a fait place à la réflexion; l'idéa-

lisme s'est laissé chasser par une conception plus
positive et plus philosophique des hommes et des
choses. Seul, le patriotisme est demeuré ce qu'il
était : les ingénieurs et les soldats, les industriels
et les professeurs ont gardé la même ardente foi
dans les destinées de la France. Et, comme on cau-
sait à bâtons rompus, au dessert, l'un de nous fit,
en termes véhéments, la critique de l'esprit contemporain. « Le sacrifice, dit-il, qui donc y songe
encore ? Francis Garnier n'a-t-il pas été traité de
fou et Brazza d'ambitieux ? Ceux qui font des conquêtes nationales ne passent-ils pas pour des illu-
minés ou pour des calculateurs ? Nous avons inventé
le téléphone, le naturalisme et les canons en fils
d'acier. Mais nous ignorons la valeur du dévouement obscur. On ne sait plus mourir sans phrases. »
Et l'un de nos convives répondit, de l'autre bout
de la table : « As-tu lu, mon cher camarade, l'histoire de la campagne du Tonkin ? Tu cherches des
héros ; ils se sont révélés là-bas ! » La réplique était
décisive ; cette campagne du Tonkin, qu'on a si
souvent et trop complaisamment décriée, elle aura
eu du moins ce glorieux résultat de montrer à la
France que ses fils sont toujours dignes de combattre sous les plis du drapeau tricolore et qu'ils
n'ont point démérité des braves qui sont morts
dans la plaine de Sedan ou dans les tranchées de
Paris.

Un grand silence s'étai fait dans notre assemblée ; quelqu'un alors sortit de sa poche un livre et l'ouvrit, et, pendant une heure, l'auditoire écouta l'admirable et touchante épopée que le sous-lieutenant Normand a écrite avec de l'encre et qu'il a signée de son sang.

Normand n'est pas le premier qui ait tenu la plume presque aussi bien que l'épée ; j'ai parlé ici même des lettres exquises où Portier, sous-lieutenant au 111e de ligne, décrivait les rizières, les cases annamites et traçait le pittoresque tableau des longues marches à travers les *arroyos* et par delà les collines garnies de retranchements chinois. Portier et Normand étaient partis ensemble, au mois de novembre 1884, sur le *Bien-Hoa;* tous deux avaient demandé à servir au bataillon du 111e de ligne détaché au Tonkin, et, quand les lettres officielles les avaient informés que leurs vœux étaient exaucés, tous deux — et leurs camarades aussi — avaient laissé échapper ce cri : « Quelle veine ! » Saint-Cyriens, l'un et l'autre, ils appartenaient aux jeunes générations, qui professent un goût très vif pour les œuvres littéraires et qui n'ont aucune analogie avec le type de la « culotte de peau » dont nos pères nous ont fait le portrait. En route, sur mer, en colonne, entre Hanoï et Lang-Son, Portier et Normand transcrivaient leurs impressions sur des pages volantes qu'ils expédiaient

pêle-mêle à leurs parents. La mort a brusquement
interrompu ces mémoires rédigés au jour le jour ;
Portier est tombé le 23 janvier à Dong-Dang ; Normand est resté, la gorge traversée d'une balle, sur
le champ de bataille de Bang-Bô, en plein territoire chinois, à six kilomètres au delà de la frontière.

Je ne suivrai pas le lieutenant Normand depuis
Toulon jusqu'au Tonkin ; nous avons déjà fait ce
voyage. Au surplus, Normand était le compagnon
de cabine de Portier, à bord du *Bien-Hoa*, et nous
avons reproduit les passages les plus intéressants de
la relation de Portier. Enviés de tous leurs camarades, les deux sous-lieutenants s'en allaient avec
d'ardentes espérances ; car l'armée, depuis quinze
ans, est inactive ; on ne se bat plus, et le métier des
officiers ne consiste plus guère qu'à réciter la théorie devant des recrues plus ou moins récalcitrantes.
Où donc luit encore la rouge aurore des batailles ?
Bon ou mauvais, l'instinct qui remplit l'âme hu-
maine est irrésistible. « Je me souviens, m'écrit un
camarade, du matin du 9 janvier 1871 ; nous n'a-
vions pas de manteaux pour nous abriter contre la
bise aigre et glacée qui soufflait du Nord ; nos
pièces n'étaient pas approvisionnées. Mais le canon
grondait au loin ; on entendait les sourds accents
des obusiers de Belfort. Nous allions nous battre
enfin et, comme je mettais le pied dans l'étrier, la

sangle de la selle vint à craquer. Je vivrais cent ans, comme l'illustre M. Chevreul, que je n'oublierais jamais l'affreuse douleur que je ressentis. Rester en arrière, quand les autres marcheraient en avant ! De mon mouchoir tordu je fis une espèce de corde et je trottai dix heures durant sur ce siège mal équilibré. »

Quand la bataille s'engage, les hommes perdent la notion du réel : ils entrevoient l'*au delà*. Plus loin ! toujours plus loin ! Ce n'est pas seulement la victoire, c'est la conquête idéalisée, c'est l'enivrement de la lutte, c'est l'incomparable satisfaction qu'inspirent le danger affronté, les difficultés surmontées, les périls dont on est sorti sain et sauf. Les pessimistes représentent notre génération sous des couleurs désolantes. Qu'ils fassent un tour dans les camps ! Ils y rencontreront d'autres Normand, d'autres Portier, jeunes gens enthousiastes qui nourrissent l'âpre ambition de servir — fût-ce au prix de leur vie — la France généreuse et les idées fécondes qu'elle répand dans le monde.

Il faut avoir fait campagne pour connaître les frissons délicieux qui courent à travers l'âme quand les clairons sonnent la diane, quand les tambours battent aux champs et qu'à l'horizon une ligne de fumée s'élève : les avant-postes sont aux prises ; la bataille s'engagera tout à l'heure. Vive l'imprévu !

Portier et Normand appartenaient à la race des
d'Artagnan. Toujours prêts à tirer l'épée, ils n'é-
taient jamais les derniers à rire. Quand ils s'em-
barquent, un officier qui revient du Tonkin leur
communique des renseignements rassurants : un
poulet coûte trois sous, une douzaine d'œufs deux
sous, une côtelette de mouton vingt francs !

Ceci n'est que la partie accessoire, épisodique des
récits de Normand ; ce sous-lieutenant du 16ᵉ chasseurs, passé au 111ᵉ de ligne pour avoir l'honneur
de se battre, est un vrai soldat. Quand il raconte,
d'après des témoins oculaires, le guet-apens de Bac-
Lé, il ne perd pas son temps en considérations stratégiques.

« La colonne commandée par Dugenne, dit-il,
ne s'attendait pas le moins du monde à trouver
l'ennemi : le 2ᵉ bataillon d'Afrique formait l'avant-
garde, et arriva tout à coup nez à nez avec plus de
10,000 Chinois massés dans une plaine que fermait,
au sud et au nord, un étroit défilé. On parlementa
et, pour s'assurer qu'on ne serait pas attaqué de
part et d'autre, on traça une ligne sur le sol, dont
on ne pouvait pas s'approcher à moins de 200 mètres ; ces brigands de Chinois, qui voyaient bien que
nous étions dans le pétrin, venaient sur la limite
tracée sur le sol et frappaient sur la crosse de leurs
fusils en criant : « Français ! pan ! pan ! » indiquant
l'intention de nous flanquer une fessée, ce qui est

arrivé d'ailleurs. Les hommes se sont battus comme des lions ; d'ailleurs, ils savent que les Chinois nous coupent la tête, sitôt pris. Une tête de sous-lieutenant vaut 2,000 taëls. »

Ce sous-lieutenant, qui marchera tout à l'heure à l'assaut des fortifications chinoises, s'exprime avec l'aisance d'esprit qu'on vient d'apprécier, et il ajoute : « Tout ceci, bien entendu, ne nous a nullement refroidis, car nous le savions d'avance. »

Normand est cantonné à Taï-Kan, village annamite sur la rive gauche du Lochnam. « Mon capitaine, écrit-il, le capitaine Verdier est tout jeune et va être décoré pour sa conduite au dernier combat. Il est de Nîmes, prend tout en plaisantant, ou du moins en a l'air, et tient sa compagnie mieux que personne. Au dernier combat, cerné par les Chinois à 800 mètres en avant des lignes, il reçoit du général de Négrier l'ordre de battre en retraite. Il lui fait répondre qu'il se trouve très bien là et que, si on veut le soutenir, il va marcher en avant, ce qu'il a fait d'ailleurs. »

Après la bataille de Dong-Dang, Normand écrit : « Je ne sais pas l'effet que cela a produit en France, mais nous avons eu trois journées que je ne recommencerais pas pour 25,000 francs et auxquelles je ne voudrais pas ne pas avoir assisté pour 30,000. »

On connaît les détails de la marche sur Lang-Son ; l'histoire, plus tard, établira les responsabilités et dira pourquoi la colonne, si vaillamment conduite par le général de Négrier, ne fut ni appuyée, ni ravitaillée. Quant à nous, nous n'avons d'autre souci, pour le moment, que de recueillir le témoignage absolument sincère d'un sous-lieutenant qui marche tout droit à l'ennemi et qui ne se préoccupe que de bien remplir son devoir. Nous sommes à Pho-Vy ; il est quatre heures du soir ; la lutte paraît terminée.

« Voilà, dit Normand, que les Chinois se mettent, pour se *flanquer* de nous, à planter trois sales loques sur une hauteur à 800 mètres en avant ; Négrier sautait de fureur, il sifflait comme un merle, ce qui est mauvais signe chez lui. Il appelle Herbinger, lui dit de prendre deux compagnies du 111ᵉ, et d'enlever le *ballon* à ces farceurs. Herbinger prend la 1ʳᵉ et la 2ᵉ, et nous partons. Nous étions heureux comme des papes ; toute la brigade, l'arme au pied, nous reluquait, tu penses ! Mais voilà qu'à 400 mètres de la position nous recevons une dégelée de balles : cela sifflait tellement qu'on ne s'entendait plus. Herbinger, voyant cela, ne fait ni une ni deux, fait mettre la baïonnette au canon et sonner la charge ! Nous sautons dans la rivière — avec ma taille, j'en avais jusqu'au ventre — nous grimpons de l'autre côté, et, comme j'ai des jambes assez longues, je grimpe, je grimpe, et j'arrive le premier là-haut ; mais je n'en étais pas plus fier pour cela. Tous ces gredins-là me tiraient dessus. Le père Herbinger m'a félicité très chiquement devant la compagnie et m'a promis de ne pas m'oublier. »

Il faut lire dans les lettres de Normand, le récit de la prise de Lang-Son. Enivré par le succès, notre brave sous-lieutenant laisse libre cours à sa verve et, tout en exprimant l'espoir que les Chambres accorderont aux soldats mûris par tant d'épreuves une médaille commémorative, il raconte que, dans une petite case, ses hommes ont tué trente-deux Chinois. Pauvre Normand, qu'eût-il dit s'il eût entendu flétrir, en pleine Chambre, ces représailles nécessaires ? Il est juste d'ajouter que ceux de nos députés qui plaidaient si mal à propos la cause de l'humanité, n'avaient pas contemplé, sur les murs de la citadelle de Lang-Son, les restes de quarante Français odieusement mutilés.

Je ne voudrais pas fermer le livre du lieutenant Normand sans exprimer un désir : en réunissant les lettres de ce brave officier à celles de son camarade Portier, on ferait un livre d'or que nos futurs officiers consulteraient avec profit. Il y a, dans ces pages empreintes d'une franchise souvent brutale, des accents sincères qu'on ne retrouvera nulle part ailleurs ; c'est moins et plus que de l'histoire : c'est l'image fidèle de la vie qu'ont menée nos troupes. Or, on commence à compter, dans les rangs de notre armée, ceux qui ont vu le feu : les officiers de 1870 entendent déjà sonner l'heure fatale de la retraite. Montrons aux jeunes, par des exemples, que leurs prédécesseurs ont rempli leur devoir et goûté la musique des balles ; entretenons la passion du métier des armes ! Et qu'au travers de nos orages politiques, qu'un souffle dissipe ou fait renaître, survive l'idéal patriotique !

XXXVII

La pluie au mois de juin. — De Paris au camp de Meucon. —
L'arrivée au camp; l'installation. — Une séance de tir. —
Un souvenir des grandes manœuvres ; de Daoulas à Brest.

8 juin 1886.

Le mois de juin s'annonce morose, et la pluie
tombe en fines ondées, couvrant les vallées, enve-
loppant les villes, étendant sur les coteaux et sur
les plaines un épais voile de brouillard. Je ne sais
ce que les cultivateurs penseront de ce temps, ni
comment ils apprécieront la baisse du baromètre,
mais je suis bien sûr que les officiers et les soldats
poussent déjà les hauts cris, et que, dans les camps
lointains, on guette les nuages qui passent pour leur
montrer le poing :

Le Nil a vu sur ses rivages, etc.

Oubliez-vous que la moitié de nos régiments ont
quitté leurs casernements et logent présentement
— style officiel — sous la tente ? Du 1er juin au 1er
août, il faut que tous les régiments d'artillerie aient

fait leurs écoles à feu, soit trente jours de résidence aux abords d'un polygone, et que cinquante ou soixante régiments d'infanterie aient expérimenté sur le terrain les plus récentes découvertes faites par les savants calculateurs de nos différents comités consultatifs. Les casernes sont vides ; les aimables habitantes de nos villes de garnison versent autant de larmes que les nuages nous envoient de pluie ; les mouchoirs sont hors de prix aussi bien que les parapluies.

Le moment est bien choisi cependant pour faire un tour dans les camps, et, puisqu'il pleut partout, rien ne doit nous empêcher de filer vers la gare Montparnasse, d'y prendre un billet — aller et retour — de Paris à Vannes et de pousser notre reconnaissance jusqu'au camp de Meucon, en pleine Bretagne, le pays des ondées permanentes et des brumes obstinées. Deux bataillons d'infanterie y tiennent société à plusieurs batteries d'artillerie, et sur la lande qui s'étend à perte de vue, les tentes s'alignent, blanches ou grises, auprès des piquets où sont attachés les chevaux.

Au centre d'une forêt de pins, on a défriché quelques arpents. A droite, les tentes des officiers ; à gauche, la chaumière où loge le colonel. Un vrai palais — l'eau n'y pénètre pas ! Au fond, les tentes où les hommes couchent, par six, sur le foin ; au loin, le polygone immense que les bois verdoyants encadrent et d'où la vue plonge sur le golfe du Morbihan. D'un bouquet d'arbres les tours d'Elven émergent. Les revenants qui hantaient ces ruines se sont enfuis, effarouchés par les sourds grondements du canon. Ainsi se dissipent les fantômes d'autrefois !

Pendant l'hiver, le silence régnait ici ; puis, un beau matin, les canons ont roulé sur les chemins coupés de fondrières ; à travers les bruyères, les bataillons sont arrivés. Une seule étape à franchir depuis Vannes. Une rude étape, cependant, car la pluie s'était mise de la partie, sans qu'on l'eût invitée, et, quand « la tête de colonne » a débouché dans les parages de Meucon, les pauvres cavaliers ont eu quelque mal à traîner les voitures embourbées. C'est le jour de la lutte ! Il faut dresser les tentes, enfoncer les piquets, former le parc. Les chevaux hennissent, les officiers se fâchent, les sous-officiers maugréent et les soldats se plaignent tout bas.

Au petit bonheur, on travaille. A deux heures, l'installation sommaire autant que provisoire est terminée. Chacun s'arrange du mieux qu'il peut. Une perche, qui soutient la tente, est garnie de planchettes où l'on accroche les sabres, les mousquetons, les éperons, le harnachement. L'ameublement? Il se compose, pour chaque officier, d'un lit en fer, d'une petite commode et d'une chaise. Une

table boiteuse sert de secrétaire. Une règle en bois,
deux compas, une bouteille d'encre et des plumes
plus ou moins récalcitrantes, voilà de quoi rédiger
les milliers de procès-verbaux qui vont, plus tard,
dormir dans les casiers des bureaux du ministère de
la guerre. Dieu sait si l'on a quelque mal à les écrire,
ces procès-verbaux officiels, et Dieu sait aussi —
c'est du Dieu des armées que je parle — si personne
les lit jamais !

On s'est endormi très fatigué. Les chevaux attachés à la corde, logés en plein air, sans couverture,
ont bien fait quelque tapage et bruyamment manifesté leur mécontentement ; cependant, vers minuit,
tout est à peu près calme. Les lieutenants, qui finis-
sent de tailler un petit baccarat, constatent, après
avoir tiré à cinq, que tout va bien, et cette simple
réflexion console — modérément, d'ailleurs — ceux
d'entre eux qui n'ont pas gagné. La première nuit
sous la tente ! L'eau a passé par la toile ; elle tombe,
goutte à goutte, sur le lit. Gare aux rhumatismes !
Aussi, quelques centaines de braves gens formulent-
ils la même prière : une invocation s'élève, du fond
de mille cœurs, au soleil qui fait pousser les blés et
qui sèche les bottes percées par la pluie !

Qu'il pleuve ou qu'il vente, les trompettes, réunis
devant la grande tente qui tient lieu de salle des
rapports, n'en sonnent pas moins le boute-selle à
quatre heures du matin. Déjà les gardes d'écurie

ont distribué aux chevaux la première ration de foin
et les artificiers ont visité les caissons. Les obus
sont à leur place, les sacs des servants sont remplis
de fusées. Enveloppé dans son manteau en caout-
chouc, le lieutenant en second conduit les attelages.

Les officiers chargés du service du polygone se
sont levés dès l'aube ; franchissant au galop l'immense plaine, ils ont installé des vedettes qui inter-
diront aux profanes l'accès du champ de tir ; ils
dressent les panneaux en bois qui serviront de cible.
Dans les abris en terre, les observateurs préparent
leurs feuilles et leurs crayons. Il s'agit, pour eux,
d'enregistrer mathématiquement les obus qui vont
arriver, tout à l'heure, dru comme grêle ; tel pro-
jectile éclatera en avant du but, tel autre en arrière ;
autant de détails qu'il convient d'observer et de no-
ter fidèlement.

La tempête redouble ; le ciel entr'ouvre ses outres
et, sous la pluie battante, les batteries se déploient.
« Vers la gauche en avant en bataille ! A trois mille
cinq cents mètres commencez le feu ! » Le capitaine
a mis pied à terre ; aidé du fourrier, il étudie le
terrain et, l'œil collé à sa longue-vue, il suit l'obus
qui fend l'espace. On règle le tir comme on peut,
car le brouillard persiste et le soleil se cache de plus
en plus derrière un épais rideau de nuages opaques.
C'est bien l'image de la guerre. Le ciel était bleu le

jour où Napoléon et Davout remportèrent la victoire d'Auerstædt-Iéna ; l'horizon était sombre quand l'armée de Metz tenta le suprême effort. On se bat sans consulter le baromètre ! S'il faisait brûlant le jour de Wœrth, les Russes et les Français ont gelé à Austerlitz.

A neuf heures du matin, les batteries rentrent au camp. Les compagnies d'infanterie s'emparent du polygone. Dans les terres détrempées, nos fantassins courent, se démènent, se dispersent en tirailleurs, visent et tirent avec un entrain merveilleux. Par feux de salve, on envoie des centaines de balles sur les frêles panneaux qui représentent l'ennemi. Et la fumée, âcre, épaissit l'atmosphère. On dirait un champ de bataille, où l'on ne compte, heureusement, ni vaincus ni blessés.

« Garde à vous ! » c'est le moment du ralliement et l'heure de la soupe. Étendus sur des bottes de foin, nos hommes mordent au pain dur et jurent, de bonne foi, que la gamelle est exquise. Il n'est rien qui vaille l'appétit de vingt ans !

Je ne puis voir tomber la pluie sans penser aux gendarmes. Étrange rapprochement ! L'interpellation de M. de l'Angle Beaumanoir n'y est pour rien ; c'est simplement un souvenir des grandes manœuvres que j'évoque inconsciemment. Simple association d'idées.

En l'an de grâce 1879, nous nous promenions sur

les bords de l'Océan ; le général de Cissey, qui commandait alors le 11ᵉ corps d'armée, dirigeait nos opérations, et nous avions quitté Châteaulin pour marcher vers Brest. Ceux qui ont pris part à la bataille simulée que la 22ᵉ division d'infanterie livra ce jour-là n'en ont pas oublié les désagréables péripéties. L'orage avait éclaté dès quatre heures du matin et, quand les compagnies se rassemblèrent sur la place de la petite ville, il faisait noir comme dans un four. Telle est l'expression usitée, et, pour une fois, elle est rigoureusement exacte. Jusqu'au soir, la pluie ne discontinua pas. C'était une averse après une ondée, un déluge après une averse. L'arche de Noé nous apparaissait dans un lointain mirage ; seulement, la colombe, portant le rameau vert dans son bec, se faisait attendre.

Nous arrivons tant bien que mal à Daoulas et l'officier de logement m'expédie chez le brigadier de gendarmerie, où je trouve bon gîte et cordial accueil. Quelle scène comique quand il fallut quitter mes grandes bottes ! Supplice inénarrable ! On en vint à bout, cependant, grâce à l'obligeant concours d'un gendarme que la nature prévoyante avait pourvu de biceps formidables.

Bon ! le souper fut potable et le sommeil ne se fit pas prier. Mais, au réveil, ce fut une autre affaire. Nos bagages étaient restés à Châteaulin et les bottes

de la veille avaient obstinément refusé de sécher
durant la nuit. Dès trois heures et demie, le capitaine d'état-major qui commandait l'avant-garde fit
appeler votre serviteur. Que faire? Une culotte
courte, sans bas de soie et sans escarpins, ne constitue pas une tenue réglementaire. Quant aux bottes
à l'écuyère, impossible d'y glisser, non pas même le
pied, mais seulement la main.

Imagine-t-on situation plus cruelle et plus ridicule à la fois que la mienne? Il me restait une seule
ressource; regagner l'immense lit à rideaux jaunes
et « faire le malade ». Solution piteuse, inavouable,
quand les camarades brûlent de la poudre et que la
journée doit se terminer par une revue d'honneur
passée par le général en chef! Mon sauveur se mon-
tra sous les traits du brigadier de gendarmerie; mon
hôte possédait dans sa défroque une paire de bottes
qu'il avait chaussées jadis, à l'époque déjà lointaine
où ce brave homme servait aux cuirassiers de la
garde. Bottes énormes qui montaient bien au delà
du genou et qui, durant un long séjour au grenier,
avaient acquis une solidité inaccoutumée. Tant pis!
je n'avais pas le choix! A la guerre comme à la
guerre! je pris les bottes du gendarme et je me
hissai péniblement jusque sur la selle de mon
cheval.

La route fut parcourue tant bien que mal — et
plutôt mal que bien, — mais je vous laisse à penser

la triste mine que je fis à la « grande revue ».
J'avais complètement disparu dans mes bottes de
sept lieues, d'où le dolman seul émergeait. « Hé !
fit le général, voilà des bottes qui ne ressemblent
pas au modèle d'ordonnance ! » Mon colonel se pen-
cha vers lui, résuma brièvement mon histoire, et le
général éclata de rire.

Les bottes que portaient les officiers de l'armée
de l'Est étaient d'un modèle encore plus irrégulier,
mon général ; elles avaient plus de trous que de
clous et plus de pièces que de semelles. Et nul
n'ignore que les manœuvres doivent, autant que
possible, être l'image de la guerre.

Quant aux bottes de mon brigadier, j'imagine
qu'elles sont toujours à Daoulas. Vernies de temps
à autre, emplies d'avoine et recouvertes de cirage
pour éloigner l'humidité, elles sont aussi rigides
qu'autrefois, et peut-être ont-elles sauvé la vie et
l'honneur à d'autres jeunes officiers surpris par
quelque averse bretonne. Elles dureront plus longtemps que nous, ces bottes qui furent taillées dans
un cuir qu'on ne sait plus fabriquer. D'ailleurs, il
me semble que les géants auxquels elles étaient
destinées ont aussi disparu ; toutes les recettes sont
aujourd'hui perdues.

XXXVIII

L'Annuaire de l'armée française. — Com ent n rédige l'*Annuaire;* le bureau des archives au ministère de la guerre.
— L'effectif des cadres permanents ; le budget de la guerre.
— Le général Pourcet ; le procès de Trianon et la campagne
de la Loire. — La revue de l'armée italienne ; Longchamps
et le *Maccao.*

22 juin 1886.

L'*Annuaire de l'armée française* vient de paraître.
C'est un événement. Les officiers perdus dans les
plus lointaines garnisons guettent ce gros volume à
son arrivée, s'en emparent et le parcourent, de la
première à la dernière page, avec une véritable vo-
lupté. C'est le livre généalogique de la grande famille que forme l'armée française. Se doute-t-on de
la somme de travail qu'exige la préparation de ce
document, qui ne compte pas moins de 1,200
pages ? Voyons un peu comment elle se fait et ce
qui se passe dans les coulisses du ministère de la
guerre.

L'*Annuaire* est une publication officielle ; c'est le
bureau des archives administratives du ministère de

la guerre qui en réunit les éléments. Chaque direction reçoit l'ordre de fournir sa quote-part à cette œuvre considérable ; il faut, dans les bureaux, vérifier l'orthographe des noms, l'ancienneté de grade, puis dresser les listes, s'assurer que chaque régiment possède bien le nombre déterminé par la loi de chefs de bataillon, de capitaines, de lieutenants et de sous-lieutenants. Les indications qui sont ainsi recueillies, et souvent assez péniblement, sont ensuite transmises à l'éditeur, et l'*Annuaire* tient si bien lieu de texte définitif que, d'après une circulaire ministérielle, « les inspecteurs généraux doivent procéder au classement des officiers selon l'ordre indiqué dans l'*Annuaire* ».

Le cabinet du ministre a la haute main sur l'*Annuaire* et dirige, de loin, les opérations du bureau des archives. Cette année-ci, par exemple, d'heureuses innovations ont été introduites : les tableaux d'avancement ont été joints à la liste des officiers groupés par arme et par grade ; les noms des officiers brevetés d'état-major ont été soigneusement vérifiés et suivis de la désignation des emplois qu'ils occupent. Voilà, dira-t-on, des changements insignifiants ! Hé ! bonnes gens, il n'y a rien d'insignifiant au ministère de la guerre, et les bureaux n'acceptent pas sans soulever des objections formelles la moindre transformation. Si la routine est jamais proscrite de notre administration, c'est rue Saint-

Dominique qu'elle se réfugiera. Il serait si simple cependant de faciliter la tâche des archivistes et de publier l'*Annuaire* au commencement de l'année! Il suffirait d'attacher au cabinet du ministre un ou deux fonctionnaires qui seraient spécialement char-gés de tenir, en permanence, l'*Annuaire* au cou-rant. Les choses se passent ainsi en Allemagne, où le cabinet militaire de l'Empereur a des attributions nettement définies, et je me permets de recomman-der cet exemple à la vigilante attention de M. le co-lonel Jung, qui mène de front les études militaires et les recherches historiques les plus savantes.

— Garçon, l'*Annuaire!*

— Il est en main, mon capitaine.

A qui le tour? Et chacun tourne fébrilement les pages, les feuillette, les parcourt d'un œil inquiet. Où sont maintenant les camarades de promotion? Consultons l'oracle; interrogeons l'*Annuaire!* Puis, on se livre à des calculs très compliqués pour éva-luer les chances d'avancement de l'un et de l'autre. Figurer avec le numéro 2000 sur la liste des sous-lieutenants, ce n'est pas très gai; encore peut-on, en comparant entre eux les annuaires des années précédentes, tenir compte des démissions et des dé-cès, dresser une sorte de *graphique* dont les indi-cations sont à peu près infaillibles. Songez donc! l'armée compte maintenant 368 colonels, 392 lieu-tenants-colonels, 1,748 chefs d'escadron ou de bataillon, 7,298 capitaines, 5,668 lieutenants et 3,706 sous-lieutenants! Et, pour tant d'officiers qui visent aux étoiles, combien la loi des cadres a-t-elle réservé d'emplois de général? 108 généraux de division, 200 généraux de brigade; le régal est maigre et les cadres de l'état-major général ressemblent au paradis : il y a beaucoup de candidats, mais peu d'élus.

Joignez aux chiffres que nous venons de citer ceux-ci :

25 intendants militaires, 255 sous-intendants et 45 adjoints; 9 médecins-inspecteurs; 84 médecins principaux, 760 médecins-majors et 345 médecins aides-majors; 138 pharmaciens militaires; 434 vétérinaires; 150 archivistes; 1,375 officiers d'administration, et vous aurez une faible idée des charges que supporte notre budget de la guerre. J'oublie la gendarmerie, les officiers détachés dans le service d'état-major, le personnel des écoles militaires, depuis l'École polytechnique jusqu'au Prytanée de la Flèche. On arrive à des chiffres formidables, et, si cette chronique ne portait pas le titre de *Vie militaire,* je chercherais à déduire de ces calculs quelques considérations philosophiques. Où s'arrêtera-t-on dans la voie, non du progrès, mais du développement des forces nationales? Le budget ira-t-il sans cesse en augmentant? Après la transformation du canon, verrons-nous celle du fusil? Créera-t-on

constamment de nouveaux régiments? Dans son projet organique, M. le général Boulanger réclame la formation de onze régiments de cavalerie. Rien de plus sage ; quand ces régiments existeront, notre cavalerie sera encore numériquement inférieure à celle de l'Allemagne. Seulement, rien ne nous permet de prévoir que, sur les champs de bataille futurs, les masses remporteront la victoire. Peut-être M. de Goltz aura-t-il été bon prophète; peut-être un Alexandre moderne, conduisant 300,000 ou 400,000 soldats aguerris, dispersera-t-il, vers le vingtième siècle, les immenses cohortes de la vieille Europe.

Mais nous voici bien loin de l'*Annuaire !* Et j'oublie que tous ceux dont il contient les noms applaudissent à chaque création nouvelle ; si l'on écoutait les sous-lieutenants, on triplerait demain le nombre des capitaines, et, si les vœux des généraux de division étaient exaucés, il y aurait dès aujourd'hui deux cents maréchaux de France.

La mort du général Pourcet a réveillé les douloureux souvenirs du procès de Trianon. Tous les Français ont lu l'éloquent réquisitoire du général Pourcet, qui remplissait auprès du conseil de guerre devant lequel comparut Bazaine les fonctions de commissaire du Gouvernement. Sévère autant qu'impartial, sobre de réflexions inutiles, le général Pourcet fut, ce jour-là, le vengeur du patriotisme blessé et du devoir militaire méconnu. Notons au passage

les principaux épisodes de la carrière de ce brave
soldat.

Pourcet était entré à Saint-Cyr en 1830 ; il y fut
le premier de sa promotion et conserva son rang à
l'École d'état-major. La campagne d'Algérie, qui
servait alors de thème aux récriminations passionnées des adversaires du Gouvernement de Juillet,
attirait tous les jeunes officiers, ceux qui, sentant
encore vibrer dans leurs âmes vaillantes les sons
des tambours des armées du premier Empire, rêvaient des luttes merveilleuses, des conquêtes
éblouissantes, un avancement extraordinaire. Pourcet fut de ceux-là. Lieutenant en Algérie, il se
distingua si bien que Changarnier l'attacha à sa
personne en qualité d'aide de camp. Nous autres,
nous n'avons connu qu'un Changarnier vieilli par
l'exil, aigri par les déceptions ; quand il parut en
1871, à l'Assemblée nationale, ce soldat, que les
Arabes prenaient autrefois pour un compagnon de
Mahomet, n'était plus, en réalité, que sa propre
caricature. Pour ceux qui ont rencontré Changarnier en Algérie, — à l'époque où Cavaignac,
Lamoricière, Niel et tant d'autres s'illustraient sous
les ordres de Bugeaud, — le seul choix qu'il fit de
Pourcet équivaut à cent autres titres de gloire.

Capitaine en 1841, Pourcet accompagne Changarnier à Paris ; chef d'escadron en 1848, il retourne
en Afrique et se bat pendant que son chef de la

veille use son énergie et compromet son caractère
dans les luttes stériles d'une politique vouée à l'im-
puissance. Lieutenant-colonel en 1852, colonel en
1855, Pourcet fait partie de l'état-major de la division
d'occupation de Rome et, quand éclate la guerre de
1870, il est à la tête de la division d'Alger. Le gouvernement impérial, tout en accordant à ce brillant
officier l'avancement qui lui était dû, l'avait tenu à
l'écart. Aussi, le premier soin de Gambetta, quand il
eut débarqué à Tours, fut-il d'appeler auprès de lui
le général Pourcet et de lui confier le commandement
du 16ᵉ corps d'armée.

On sait l'histoire de la campagne d'Orléans :
quand la ville qui servait de pivot aux combinaisons
stratégiques du gouvernement de Tours et du général d'Aurelle de Paladines fut tombée entre les
mains de l'armée d'invasion, quand Bourbaki dans
l'Est et Chanzy dans l'Ouest tentèrent le suprême
effort, Gambetta, avec son incomparable intuition
des choses de la guerre, comprit qu'il était nécessaire de relier entre elles les deux dernières armées
de la Défense nationale. Couvrir le Cher, tendre la
main à Chanzy sans perdre de vue Bourbaki, ce
n'était pas une petite besogne. Pourcet s'en acquitta
d'une telle façon que les Allemands eux-mêmes
n'hésitèrent pas, dans leurs relations officielles, à
lui rendre un éclatant et solennel hommage.

Il commandait la 12ᵉ division militaire, à Tou-

louse, quand le Gouvernement le choisit pour porter
la parole et soutenir l'accusation devant le conseil
de guerre de Trianon. Lourde tâche ! périlleux devoir ! Nous sortions à peine d'une crise épouvan-
table ; les notions les plus saines étaient profondément altérées ; les esprits étaient profondément trou-
blés. Depuis six mois, les mots de trahison et de
défection étaient sur toutes les lèvres ; la nation
avait passé, presque sans transition, de l'enthousiasme irréfléchi à l'extrême injustice. Il s'agissait
maintenant de condamner Bazaine tout en réhabili-
tant les braves gens qu'il avait eu sous ses ordres
et qu'il avait conduits jusque dans les forteresses
de l'autre côté du Rhin. Le réquisitoire du général
Pourcet fut un acte de justice et de foi patriotique.

Après avoir commandé la 14e division militaire à
Bayonne, Pourcet fut élu sénateur en 1876. Sa
carrière politique — qui fut courte d'ailleurs — ne
nous appartient pas ; il était de la vieille race des
soldats qui, sitôt qu'ils abandonnent l'uniforme et
qu'ils abordent la tribune parlementaire, perdent
leurs plus précieuses qualités. Il nous suffit de rendre pleine justice à l'intrépide constance du général
de la Défense nationale, à l'honnêteté du soldat dont
l'implacable et légitime indignation a vengé, dans
un jour de deuil, l'honneur de l'armée française ou-
tragée.

L'armée et la nation italienne célèbrent le premier dimanche du mois de juin de chaque année l'anniversaire de la proclamation de l'indépendance. Les fêtes ne seraient pas complètes si le roi ne passait pas en revue la garnison de la capitale. Un de nos correspondants, qui a assisté à la revue du 6 juin dernier, nous envoie de curieux détails sur l'uniforme et l'attitude des troupes, et sur leur façon de défiler devant le souverain.

La garnison de Rome, forte d'environ 6,000 hommes, est réunie sous les ordres du lieutenant-général de Priola, dans l'immense cour de la caserne du Maccao. Cette caserne, qui a été construite récemment, offre des dimensions extraordinaires ; quant à la cour, elle tient lieu d'hippodrome, de champ de manœuvres ; pour un peu, on y installerait des buttes pour le tir du canon ! A huit heures, le roi fait son entrée, monté sur un alezan dont les grandes allures et la superbe prestance sont justement admirées. Le prince héritier trotte à la droite du souverain ; puis viennent : l'ambassadeur d'Allemagne, coiffé d'un casque en cuivre et vêtu d'une tunique blanche ; les attachés militaires étrangers, 300 officiers des bureaux du ministère ou des comités, et, par derrière, un régiment tout entier qui sert d'escorte. Le roi longe, au pas de son cheval, le front des bataillons, des escadrons et des batteries. Puis, le général de Priola, commandant le 9e corps

d'armée, se porte à la tête des carabiniers royaux, le
roi sort de la caserne, s'arrête sur la place de l'Indépendance, et le défilé commence.

Voici d'abord les carabiniers avec leurs bufflete-
ries blanches et leurs chapeaux-frégates; trois régiments d'infanterie, les 7ᵉ, 79ᵉ et 80ᵉ de ligne; les
officiers portent l'écharpe bleue et le pantalon gris
cendré à bandes rouges. Les hommes marchent avec
régularité; on signale cependant quelques flotte-
ments : l'infanterie, étant placée par compagnies, en
colonne à distance entière, les intervalles qui sépa-
rent les compagnies ne sont pas rigoureusement me-
surés.

Attention ! la foule applaudit à outrance : ce sont
les *bersaglieri* qui s'avancent; ils n'ont pas l'arme
sur l'épaule, mais sous le bras. On dirait un millier
de chasseurs qui mènent une formidable battue. Ce
sont les enfants gâtés de la nation ; leur démarche
est si vive, leur allure si leste et si décidée, qu'on
les aime et qu'on les admire de confiance. Leur
uniforme n'a cependant rien de particulièrement
séduisant : tunique-vareuse bleu foncé, boutons
jaunes, passepoils cramoisis, et, pour couronner le
tout, un chapeau rond en cuir bouilli noir, à larges
bords, surmonté d'une touffe de longues plumes qui
retombent sur le front et qui produisent un effet peu
gracieux.

Pendant le défilé, les soldats conservent la baïonnette au fourreau. Les porte-drapeaux couchent l'étendard sur l'épaule et ne l'inclinent pas devant le souverain. Pas de tambours, mais des clairons à pistons, qui jouent des airs étranges autant que variés, et qui ne paraissent pas bons pour sonner la charge.

L'artillerie et la cavalerie ont eu leur succès accoutumé ; une remarque seulement : pourquoi l'artillerie défile-t-elle par sections, et non par batteries ? Je n'y vois, je l'avoue, aucun avantage. Il est même plus difficile d'aligner deux pièces séparées par un intervalle de 15 mètres que d'aligner six pièces à intervalles serrés. Puis le coup d'œil manque de pittoresque. Même observation pour la cavalerie, qui a défilé au pas, par pelotons de 15 files. Ajoutez que la place de l'Indépendance, où les troupes ont défilé, se prête à merveille aux mouvements de conversion ; point d'accidents de terrain, comme à Longchamps. Il est vrai que, « par un juste retour des choses d'ici-bas », la place de l'Indépendance ne possède pas, comme l'hippodrome de Longchamps, cette incomparable et verdoyante ceinture des coteaux de Suresnes et de Sèvres, des collines de Garches et du Mont-Valérien, et la prodigieuse silhouette de Paris et de l'Arc de Triomphe.

XXXIX

L'inauguration du Cercle militaire ; tous en bourgeois. — L'armée territoriale et l'uniforme. — L'esprit militaire et les tendances contemporaines. — Le képi rigide : pompon, aigrette et plumet. — Des variations perpétuelles.

29 juin 1886.

Paris va posséder un Cercle militaire ; l'inauguration en est fixée au 1er juillet prochain. Ce jour-là, nous devrions assister à une belle fête où les uniformes ne manqueraient pas. Dans les longs corridors et sur les marches des escaliers, on devrait entendre résonner les éperons et s'entre-choquer les sabres. Le ministre de la guerre, qui présidera cette cérémonie, saurait-il paraître sans être entouré d'un état-major comme n'en voit pas tous les jours ? Le gouverneur de Paris et les commandants de corps d'armée se seraient donné rendez-vous ; généraux et sous-lieutenants fraterniseraient, et les chansons partiraient en même temps que les bouchons des bouteilles de champagne.

M'inspirant des considérations qui précèdent, j'avais fait un petit programme ; le comité n'en a point

tenu le moindre compte, et je crierais volontiers
par-dessus les toits qu'il a bien fait, s'il n'avait
adopté des résolutions qui me paraissent au moins
saugrenues. D'abord, les officiers convoqués à l'inauguration solennelle du Cercle militaire sont invités
à revêtir la tenue civile. Seuls, les membres de la
commission, qui sont chargés de recevoir le ministre
de la guerre, arboreront l'uniforme.

Voilà — on l'accordera — une décision passable-
blement étrange. Il s'agit de baptiser un Cercle militaire et l'uniforme est proscrit! Est-ce que, par
hasard, la garde nationale aurait eu du bon? Elle
aimait le panache. L'épicier de la rue Quincampoix
portait respectueusement les armes devant le sous-
lieutenant qui lui devait dix livres de riz et tout
autant de pains de sucre. Aujourd'hui, c'est le mépris ou tout au moins le dédain de l'uniforme que
l'on enseigne à tout venant. Des traîneurs de sabre,
il n'en faut plus! *Cedant arma togæ!* même quand
la toge n'est qu'un veston.

Revenons au Cercle. Peut-être peut-on plaider
pour les membres de la commission les circonstances
atténuantes. Ils ont voulu, sans doute, éviter que
les officiers de réserve et de l'armée territoriale
saisissent avec trop d'empressement l'occasion qui
leur était offerte de revêtir un dolman battant neuf
et de traîner un sabre à poignée d'acier.

Mon Dieu! je ne chercherai pas à dissimuler les

petits ridicules de nos camarades de l'armée territoriale. Si je comprends que chacun ait un goût
prononcé pour le plumet, je voudrais que l'amour-
propre de nos officiers fût plus sévèrement ménagé.
Qu'arrive-t-il, en effet? L'autre jour, dans un bal,
je rencontre mon camarade Z..., que les hasards de
la vie et la protection du ministre ont appelé à Vincennes. Chef d'escadron dans un régiment d'artillerie, Z... fait la semaine à son tour; il se lève à
quatre heures du matin, court au quartier, inspecte
les écuries, assiste à la visite des hommes et des
chevaux, se rend au rapport du colonel, surveille
les manœuvres et ne rentre du dernier appel qu'à
dix heures du soir. Trop heureux s'il ne survient
pas un incendie ou si le colonel, grincheux, n'ordonne pas un contre-appel à minuit. J'ajoute que
Z... s'est battu à Solferino et à Mars-la-Tour et qu'il
a passé quelques mois dans une casemate humide
d'une forteresse étrangère.

Eh bien, mon ami Z... portait, avec une aisance
relative, l'habit noir, quand je l'ai rencontré l'autre
soir, tandis que le petit B..., qui passe ses journées
à dormir et ses nuits à jouer au baccarat, qui n'a
jamais servi et qui « tire la carotte » à chaque appel
de l'armée territoriale, faisait admirer par les âmes
naïves un costume militaire éblouissant, digne de
Franconi.

Voilà l'abus. Les vrais officiers de réserve et de

l'armée territoriale, ceux qui s'acquittent de leurs
fonctions avec un dévouement digne d'éloges, me
pardonneront si j'insiste sur ce point délicat et si
j'attire l'attention de M. le ministre de la guerre
sur une aussi bizarre anomalie. Vous me direz que
le commandant Z... n'avait qu'à conserver son uniforme ; je l'accorde.

Certes, nul ne songe à décourager les officiers de
l'armée territoriale qui cherchent à créer entre eux
des liens permanents de camaraderie.

Le 10 juin dernier, les officiers du 76e régiment
se réunissaient, à Paris, pour la septième fois, dî-
naient ensemble, toastaient ferme et discutaient,
entre la poire et le fromage, les modifications récemment introduites dans la théorie. Voilà une ex-
cellente initiative. Quand, à Bourgoin, le 106e territoriale et le 52e de ligne, groupés autour d'une
même table, confondent leurs espérances, qui donc
demeurerait insensible à ce patriotique échange de
bons procédés ? Une seule chose m'inquiète : les officiers de l'armée territoriale ne tiennent-ils pas trop
à « jouer au soldat » ?

S'il en était ainsi, si l'uniforme devenait jamais un
déguisement que le premier venu est libre d'arborer à son gré, l'esprit militaire ne résisterait pas à
de si cruelles atteintes. Est-il nécessaire de répéter
que l'esprit militaire est la base même de la défense
nationale ?

A vingt reprises différentes, des gens plus ou
moins autorisés ont réclamé pour les officiers de réserve et de l'armée territoriale, le droit de paraître
en uniforme à toutes les cérémonies publiques. Un
bal, sans doute, ne rentre pas dans cette catégorie ;
quelqu'un cependant cherchera-t-il noise au bon
jeune homme qui, bravant les règlements, affichera
son accoutrement militaire et dansera la valse en
costume de sous-lieutenant ? L'officier de « l'active »
maugrée, refoule l'expression de son mécontentement et fait vis-à-vis en habit noir au licencié en
droit qui traîne un sabre à son côté.

Au risque de passer pour ce que l'on appelle
communément « une ganache », je crie : « Au
feu ! »

L'un des prédécesseurs du général Boulanger a
commencé par autoriser les officiers de réserve et de
l'armée territoriale à venir en uniforme aux revues
du 14 juillet. Il n'y a que le premier pas qui coûte ;
nous avons eu depuis les bals de l'hôtel Continental
et du palais de la Légion d'honneur ; ensuite, les
dîners de camarades ; enfin, les réceptions officielles.
Dans trois ou quatre ans, pour peu que ce mouvement s'accentue, il n'y aura plus à l'Élysée ou dans
les salons de nos ministères que des uniformes étincelants.

Est-ce pour empêcher d'aussi regrettables confusions que la commission du Cercle militaire a pres-

crit la tenue civile? Je l'ignore ; mais les lettres nombreuses que j'ai reçues m'autorisent à dire que cette résolution n'a point rencontré, en dehors de la commission, un seul défenseur. Si les officiers de l'active font au pays d'admirables sacrifices, ceux de la territoriale consentent, pour la plupart, à retourner au régiment trois ou quatre fois en cinq ans. Par le temps qui court, ils ont bien gagné quelques compensations, et, puisqu'il s'agissait de l'inauguration d'un Cercle militaire, c'était le moins que l'uniforme eût droit de cité.

Est-il donc si malaisé d'établir une jurisprudence et de satisfaire aux légitimes réclamations des uns et des autres? Nous nous laissons envahir par je ne sais quelle manie d' « égalitarisme » à outrance. Le mot est barbare ; la chose l'est encore davantage. Nous crions : « Plus de privilèges ! » Et l'on essaye de nous faire croire que le droit de porter l'uniforme constitue un privilège.

Un privilège! on le paye cher, en tout cas : de longues et patientes études d'abord, ensuite une solde dérisoire et une inflexible discipline. Voilà, n'est-il pas vrai? de singuliers avantages !

Ayez donc le courage, une fois pour toutes, d'établir une distinction bien nette entre le goût puéril du panache et le respect de l'uniforme : ceux qui ceignent un ceinturon ont bien gagné le droit de recevoir le salut du fantassin qui passe. Choisis parmi l'élite de la jeunesse française, ils s'en vont, pour 180 fr. par mois, dans les villes éloignées, dans les camps déserts. Ce sont les vrais serviteurs incorruptibles de la patrie française !

Gardons-nous de ressusciter une partie — et la moins bonne — des traditions révolutionnaires — que nous méconnaissons. Les commissaires civils de la Convention étaient — n'en déplaise à quelques énergumènes — de vrais soldats qui, comme Saint-Just, jetaient leur sabre dans les retranchements ennemis et s'en allaient le reprendre au péril de leur vie. L'armée les avait adoptés, ayant apprécié leur valeur. Et ceux-là ne ressemblaient en rien aux paisibles citadins qui critiquent maintenant, avec une si merveilleuse et si ridicule aisance, les actes d'un général que les règlements militaires condamnent au silence !

Je signale le danger, au risque d'être traité de traîneur de sabre. L'armée, c'est la France ! et ceux qui déconsidèrent l'armée, qui détruisent le goût du métier militaire, auront à rendre compte de leur œuvre funeste aux Français de demain !

Le colonel Bourgachard, qui mange paisiblement sa retraite dans une villa d'Auteuil et qui m'honore de ses confidences, me parlait hier d'une décision qui vient de paraître au *Journal officiel* et qui provoque de mélancoliques commentaires. — Cette décision — c'est description qu'il faudrait dire — vise le nouveau képi des officiers et des adjudants. Ce képi sera désormais une sorte de shako-miniature ; sa partie antérieure sera « rendue rigide par l'adjonction d'une carcasse en toile gommée ou en carton ». Pourquoi ? Pour permettre à l'officier de surmonter son képi d'un pompon, s'il est lieutenant ou capitaine ; d'un plumet, s'il est chef de bataillon ou lieutenant-colonel ; d'une aigrette s'il est colonel. Les commandants des bataillons de chasseurs retrouvent même le « plumet en plumes de coq retombantes » dont ils étaient si fiers autrefois. Et pour que nul n'en ignore, la décision ajoute que ce plumet affecte la forme « dite de saule pleureur ». Voilà une comparaison qui manque de gaieté !

Au fond, la transformation du képi était au moins inutile. Pour peu qu'il pleuve, la « partie rigide » subira de telles altérations que la coiffure tout entière sera déformée. Parlez-moi de l'ancien képi : il affectait une certaine allure crâne et pittoresque ; il supportait, sans en souffrir, les averses du printemps et de l'automne. S'il était quelquefois transpercé par l'orage, il n'en conservait pas moins sa « structure » primitive. Quelque temps qu'il fît, ce képi restait un képi. La casquette rigide sera, tour à tour, une sorte de citerne où l'eau s'amassera pendant les ondées, et une coiffure sans apparence définie, sitôt que les rayons du soleil auront réparé les dégâts causés par l'averse.

Et cependant la décision ministérielle part d'un louable sentiment. Le plumet, le pompon, l'aigrette sont autant d'accessoires dont on ne saurait se priver sans dommage. On les avait supprimés, en 1883, en invoquant l'« utilité ». Mais, si les motifs d'économie stricte doivent prévaloir, pourquoi n'interdirait-on pas les robes décolletées, les costumes de gala et jusqu'à l'assommant habit noir ?

D'un trait de plume, un des prédécesseurs du général Boulanger a ordonné la disparition du shako. La giberne et le hausse-col étaient déjà rentrés dans les sous-sols des magasins d'équipement. Nul n'osa plaider la cause de ces *hochets*, car les mots aujourd'hui tiennent lieu d'arrêt. On s'est aperçu, sur le tard, que nos officiers étaient mécontents, que leur tenue manquait de majesté et même de correction. En avant le plumet, le pompon, l'aigrette ! Le shako n'existant plus, on transforme le képi. Ce sont, pour tous, de nouvelles occasions de dépenses inutiles. Simple question : était-ce bien la peine d'user tant d'encre et de papier, et n'eût-il pas mieux valu conserver le shako pour les jours de parade ?

A moins qu'on ait aussi l'intention de rayer les revues du programme des exercices militaires, et qu'on ne considère le salut à l'étendard et le défilé comme des institutions surannées !

XL

Les fêtes du retour. — A travers Vincennes ; le banquet du
Fort-Neuf. — Entre amis et soldats ; les effusions du revoir.
— La fête dans les rues ; banquets et danses. — Un tou-
chant épisode.

Nous venons d'assister au retour des batteries du
12ᵉ et du 13ᵉ d'artillerie, qui ont fait la campagne du Tonkin ; nous les avons accompagnées depuis la gare de Lyon jusqu'à la place de la Tourelle,
où le conseiller général du canton et le maire de
Saint-Mandé ont prononcé, du haut d'une estrade
improvisée, des discours patriotiques. Ce n'est pas
une tâche malaisée que de parler à des soldats ; à
la gare de Lyon, M. le sénateur Goujon s'était borné
à souhaiter, en termes très brefs, la bienvenue aux
braves combattants de Kep et de Bang-Bô ; aussi
son allocution a-t-elle eu le plus vif succès, et le
commandant de Douvres, qui ramenait les batteries
après les avoir conduites sur le champ de bataille,
a-t-il demandé l'autorisation de communiquer à ses
soldats le texte littéral de ce petit discours.

En pareille occasion, il faut être court ; les orateurs de la place de la Tourelle ont eu la fâcheuse idée d'être beaucoup trop prolixes.

Qu'est-il arrivé ? Des mots malheureux ont échappé dans la fougue d'une improvisation trop hâtive ; on a parlé de Sedan, comme si les héroïques soldats qui ont brûlé leurs dernières cartouches sous les murs de cette ville devaient assumer la moindre responsabilité dans les décisions de l'empereur ! Je me hâte d'ajouter qu'une immense clameur a fait justice de ces propos inconsidérés et qu'un cri unanime de : « Vive la France ! » a dominé les exclamations de quelques personnages excentriques qui rêvaient d'exploiter cette patriotique manifestation au profit d'une secte politique.

Quant aux soldats, quant aux *Tonkinois* — puisque c'est ainsi qu'on les appelle, — s'ils étaient justement fiers et profondément touchés de l'accueil qui leur avait été réservé, ils commençaient à ressentir quelque fatigue et quelque inquiétude. « Quand donc nous assoirons-nous ? quand mangerons-nous » ? C'étaient les questions qu'ils n'osaient poser tout haut, mais qui montaient involontairement du cœur jusqu'aux lèvres. Et tous, nous qui n'avions, en fait de campagne, franchi que la seule étape de la gare de Lyon à la place de la Tourelle, nous avons poussé un véritable soupir de soulagement quand la colonne a repris sa marche trop longtemps interrompue et qu'elle s'est acheminée par la rue de Paris vers le Fort-Neuf, où la table avait été dressée dans la salle du Manège.

Ç'a été un très beau, très émouvant spectacle qui nous a fait oublier bien des déboires et qui nous a consolés de beaucoup de sottes et vaines diatribes.

Le peuple de Paris a bon cœur, et son apparente générosité se double d'une appréciation très raisonnable et très équitable au fond. Il fait quelquefois du tapage ; ses instincts frondeurs l'entraînent à des erreurs qu'il reconnaît presque aussitôt ; mais, quand tous les Français de la capitale peuvent s'unir dans une commune démonstration de patriotisme et de reconnaissance, comme l'enthousiasme natif du Parisien se donne volontiers libre carrière ! comme la fête officielle disparaît vite devant la fête populaire ! comme on sent que les acclamations sont spontanées, que les bravos ne viennent pas de la claque, et comme les yeux humides témoignent, avec plus d'éloquence encore que les chapeaux qu'on agite, des sentiments de la foule et de sa respectueuse admiration !

Je ne parle plus des arcs de triomphe ; j'ajoute seulement que, sur tout le parcours du cortège, la rue de Paris était brillamment pavoisée ; que de toutes les fenêtres, les bouquets pleuvaient dru comme grêle, et que nos canonniers sont arrivés au

Fort-Neuf offrant l'image, non pas d'une forêt — comme celle de *Macbeth* — mais d'un jardin en marche. Ces soldats avaient laissé, en partant, de nombreux amis derrière eux. Aujourd'hui, c'est à qui leur souhaitera la bienvenue ; et, dans cette lutte courtoise, les femmes triomphent. Tant mieux ! Depuis dix-huit mois, les soldats de Bang-Bô, de Kep et de Formose n'ont plus vu de Françaises ; ils rattraperont le temps perdu !

Nous pénétrons dans la cour de la caserne du 12e d'artillerie et, de là, dans le Manège. Quatre tables sont réunies en fer à cheval ; on a mis le couvert pour huit cents convives.

Avant de s'asseoir à ce fraternel banquet, le colonel Brugère fait grouper les servants et les officiers des batteries du Tonkin et leur adresse cette brève et mâle allocution :

« Vous avez fait des prodiges ; les lettres du général de Négrier, les ordres du jour et les rapports officiels l'attestent. Je vous remercie pour la France, pour le régiment, pour l'artillerie que vous avez illustrée, et pour notre étendard, où brillera désormais le nom des batailles que vous avez livrées ! »

Auprès du colonel Brugère, j'aperçois le colonel Donnier, un soldat du Tonkin qui a eu sous ses ordres les artilleurs du 12e et qui témoigne de leur bravoure.

Et maintenant, à table ! Le menu :

Hors-d'œuvre
Mouton sous toutes ses formes
Poulet rôti
Salade
Rosbif
Dessert
Mâcon et champagne

Attendez ! ce n'est pas tout : dans les verres à champagne, il y a des roses que nos *Tonkinois* fixent au-dessus de leurs médailles ; dans les assiettes, chacun découvre un menu gentiment illustré et qui sera conservé dans les archives des familles comme le témoignage précieux de la vertu des fils. Le général Thévenin préside, ayant auprès de lui le commandant de Douvres et les colonels des deux régiments, MM. Journault, Étienne et Farcy, le capitaine Valabrègue et le lieutenant de vaisseau Campion, officiers d'ordonnance des ministres de la guerre et de la marine, les maires de Vincennes et de Saint-Mandé, les officiers et, plus loin, tous les *Tonkinois,* les sous-officiers de la 19e brigade d'artillerie et quelques invités civils.

Les moutons et les bœufs offerts par les bouchers parisiens ont été dépecés jusqu'au dernier quartier : aux côtelettes succèdent les gigots, les ragoûts et les biftecks. Et, dans l'immense Manège, on n'entend plus que le bruit des mâchoires, qui s'ouvrent et se referment avec une précision militaire. On a faim ;

on mange vite, et l'heure des toasts a sonné. Le général Thévenin boit aux soldats, à l'armée, à la patrie. Puis, MM. Journault, Étienne et Farcy ont pris
la parole ; ils devinaient l'impatience qu'éprouvaient
leurs auditeurs d'aller rejoindre leurs amis, qui les
attendaient à la porte du Fort-Neuf ; ils ne les ont
pas retenus bien longtemps et leurs discours n'ont
été, à proprement parler, que de patriotiques exhortations ; ils ont évoqué le souvenir des combats de
Bac-Ninh, de Sontay, de Tuyen-Quan, et rapproché
les jeunes légions du général de Négrier de celles
qui se sont immortalisées à Mazagran et sur les bords
de l'Alma.

A peine libres, nos artilleurs se sont hâtés vers la
sortie et se sont répandus, bras dessus bras dessous,
à travers le bois et la ville. Les rues de Vincennes
ont offert, jusque bien avant dans la nuit, le spectacle le plus pittoresque : sur les trottoirs, on avait
placé des tables où les habitants et les soldats trin-
quaient avec cordialité, et je plains le statisticien
convaincu qui essaierait d'évaluer le nombre de
litres qu'on a vidés dans cette journée mémorable.
Le vin ne valait pas grand'chose ; mais on ne buvait
à Lang-Son que de l'eau saumâtre, corrigée par
quelques gouttes de tafia. Quant aux victuailles, je
demande avec effroi quelle est la contrée inconnue
qui fournit tant de milliers de poulets, de pigeons
et de lapins. Les casseroles restaient en permanence

au-dessus des petits réchauds allumés en plein air, et c'était partout, aux abords de la gare comme sur la lisière du bois, une odeur de sauce, d'ail, de champignon, qui prenait à la gorge les promeneurs inoffensifs. On eût dit les noces colossales décrites par Rabelais ; la gaieté non plus n'a pas manqué à l'appel, mais j'entends la gaieté vraie et non forcée, la gaieté « joyeuse » qui naît du contentement et non de l'ivresse, et qui, à certains moments de la journée d'hier, a même fait place au plus louable recueillement. Je n'en garde qu'un seul exemple. Devant l'arc de triomphe de la rue de Paris, un groupe interpelle un vieillard qui se promène mélancoliquement ; on l'invite à boire ; il refuse. Un jeune homme va le chercher, l'amène presque de force. « Votre fils, dit-il, est mort là-bas pour le pays. Ce ne sont pas seulement les *revenus* que nous fêtons ; nous pensons aux morts et nous ne les oublierons jamais ! » Cela était dit simplement, sans gestes, sans prétention, et cela allait droit au cœur. J'ai surpris bien des larmes dans les yeux des spectateurs de cette scène touchante et, d'un commun élan, nous nous sommes découverts pendant que les mains se tendaient vers ce père qui portera toujours le deuil de son enfant, mais qui s'incline presque résigné devant une fin si glorieuse.

A trois heures, la municipalité a distribué des médailles commémoratives aux sociétés musicales et patriotiques qui avaient assisté à la réception des troupes ; pendant deux heures, les fanfares des environs ont rivalisé de zèle et d'entrain, aux applaudissements de cent mille Parisiens, que d'innombrables trains avaient amenés depuis le matin. Le feu d'artifice, tiré au polygone, a été ce qu'il devait être, et la retraite aux flambeaux exécutée par la garnison, a soulevé un indescriptible enthousiasme. A l'heure où j'ai quitté Vincennes, on dansait en plein air au carrefour de la Prévoyance, à Saint-Mandé, et nos *Tonkinois* s'en donnaient à cœur joie. Les *médaillés* ont été les héros de la journée ; les plus jolies danseuses, des vins choisis et des mets délicats, il n'y en avait que pour eux. « Eh ! disait l'un d'entre eux, je ne demande qu'à retourner au Tonkin..... pour en revenir dans un jour pareil ! »

Au fond, personne, même parmi les organisateurs de la fête, ne comptait sur tant d'entrain, tant de sympathie *effective,* tant de démonstrations d'orgueil national. Vincennes a été, pendant douze heures, la capitale de la France ; l'esprit militaire — que l'on essaye de ridiculiser sous le pseudonyme de chauvinisme — s'est affirmé de la façon la plus éclatante et la plus sincère à la fois. Ramollot a pleuré — et ceux qui le blaguent ont fait comme lui. Pour ma part, j'avoue que j'ai versé avec délices de vraies larmes. C'était si doux de revoir ces petits soldats français brunis par le soleil de l'Orient,

maigris par les privations et par les fatigues, marchant gaiement cependant, s'ornant de fleurs et
saluant crânement les femmes au passage ! C'était
si bon de sentir vibrer toutes les âmes à l'unisson,
d'oublier les fausses colères et les rancunes misé-
rables, les comédies et leurs mensonges, les disputes
fratricides et les haines mesquines, et de s'embrasser
entre adversaires d'hier et de demain, pour saluer
ensemble la tradition gauloise renaissant en ces trois
cent héros !

Point de phrases ; peu de tapage. Sauf les incidents
que j'ai notés, tout s'est passé avec une sorte de
respectueuse convenance. Si l'on acclamait les vivants, on pensait aux morts, aux trois cents artilleurs qui reposent là-bas, et l'émotion qui germait
dans les cœurs se traduisait dans les yeux. J'ai vu,
spectateur attristé, les obsèques de Thiers, de Gambetta et de Victor Hugo ; je n'ai jamais assisté à un
spectacle aussi majestueux que celui d'hier. Le
peuple parisien s'est révélé à nous sous un nouvel
aspect : par son empressement, par son silence
même, il témoignait à ces chers soldats combien
profonde est sa reconnaissance, combien vive est son
admiration pour eux.

On sentait, sans qu'il fût besoin de le traduire en
paroles, toujours insuffisantes dans ces occasions,
que la nation française sait gré aux soldats du Tonkin, non pas seulement d'avoir remporté des succès

et conquis une nouvelle colonie, mais surtout d'avoir baptisé nos drapeaux et d'avoir affirmé, après quinze ans d'attente, l'esprit de sacrifice et de dévouement.

Et c'est cela qui sera pour nous un inoubliable souvenir.

XLI

La revue de Longchamps.

14 juillet 1886.

Dix heures du matin. — Depuis l'aube, la pluie
tombe. Tantôt, ce sont de fines ondées qui couvrent
les arbres, enveloppent la plaine, et font dans l'air
troublé une brume légère comme un voile de den-
telle ; tantôt, ce sont des rafales ; le vent souffle, les
feuilles vertes tombent comme les feuilles mortes à
l'automne. Dans Paris, aux lucarnes des greniers
et sur le seuil des portes, badauds, concierges et
commissionnaires s'interrogent avec anxiété : « Y
aura-t-il une revue ? » C'est la question qui voltige
d'une lèvre à l'autre, et, au risque de mortifier
M. Hovelacque, président du conseil municipal, je
n'hésite pas à déclarer que nul ne songeait alors à la
revue des bataillons scolaires. Les pensées de tous
étaient concentrées sur ce coin de terre consacré par
le défilé de nos troupes plutôt que par la victoire des
pur-sang d'Angleterre ; chacun pensait aux braves

soldats du Tonkin qui devaient défiler devant les
représentants de la nation et devant la population
parisienne. Et nous accusions le ciel, dont l'intervention inopportune menaçait d'être néfaste. Nos
inquiétudes, pour être justifiées par l'inclémence du
temps, étaient cependant bien exagérées. Les revues militaires ont toujours lieu au jour et à l'heure
qui ont été fixés : qu'il pleuve ou qu'il tonne, qu'il
tombe de la grêle ou que le thermomètre marque 30
degrés à l'ombre, le soldat ne connaît que sa consigne. Son shako l'abrite mal, sa capote ferme à moitié,
l'eau et la boue s'entassent entre ses guêtres et ses
godillots. Qu'importe ? En route pour le bois de Boulogne ! Dans l'avenue des Champs-Élysées, personne. Sous l'arc monumental, une centaine d'individus occupent des places qu'ils se proposent de
louer plus tard, moyennant une honnête rétribution.
C'est ici que passera le ministre de la guerre, suivi
de son brillant état-major ; à ceux qui n'ont pas obtenu de billets d'entrée pour les tribunes ou l'enceinte de Longchamps, les patients observateurs de
l'Arc de Triomphe offriront — pas gratuitement
— une place d'où l'on pourra contempler, sinon
la revue, du moins le général Boulanger et son
cortège.

Dans les avenues, quelques malheureux traînent
des voitures chargées de chaises, d'échelles, de
tonneaux et de paniers de provisions. Auprès de la

Cascade, une trentaine d'omnibus retraités — des anciennes lignes non ferrées de Montrouge, de la Chapelle et de Saint-Mandé — débarquent des nuées de gardiens de la paix. Quatre compagnies d'infanterie assurent le service d'ordre aux abords du champ de courses ; devant la tribune présidentielle, une collection d'individus mal mis vendent des cartes roses ou violettes à « vingt francs l'entrée ! A qui le tour ? » Je recommande ce simple détail à la vigilante attention du secrétariat général de la présidence de la République.

Trois heures. — Les nuages se dissipent ; quelques rayons de soleil glissent à travers la nue ; on aperçoit le mont Valérien. Aux portes des tribunes, une foule compacte se presse. Simple question : Pourquoi ces portes sont-elles fermées ? Je consulte un très grand nombre de commissaires ; aucun d'entre eux ne peut me fournir à ce sujet le moindre renseignement. Les portes sont closes parce que l'administration tient à faire poser ses invités. Insondables mystères de la bureaucratie ! On piétine dans la boue, on s'écrase mutuellement les pieds... Au coup de deux heures et quart, les grilles livrent passage à une cohue farouche. Chacun veut arriver le premier ; la galanterie n'est plus qu'un vain mot. En quelques minutes, les tribunes sont occupées ; mais les nouveaux arrivants refusent obstinément de descendre jusque dans l'enceinte réservée et de

se contenter de modestes chaises ; les couloirs et
les escaliers sont obstrués. Des disputes s'élèvent.
L'une dégénère en conflit : dans la tribune de Saint-
Cloud, un monsieur à lunettes d'or prétend s'installer à l'extrémité d'une banquette. Son voisin s'efforce de l'éloigner : cris, protestations, tumulte.
« C'est un étranger ! » Parbleu ! des lunettes d'or !
c'est un signe infaillible — finalement, le paisible
monsieur aux lunettes d'or est proprement jeté, la
tête en avant, dans l'escalier, où, fort heureusement
pour lui, dix ou douze personnages inoffensifs lui
servent de matelas. Là-dessus, de nouvelles voci-
férations éclatent ; les gens d'en bas profitent de
l'émotion produite pour se précipiter vers les gra-
dins supérieurs, s'emparer des places les plus agréables et dire : « J'y suis, j'y reste ! » D'ailleurs, pas
un gardien de la paix n'intervient pour rétablir
l'ordre ; ce soin revient exclusivement, dit-on, à la
Société des courses. Singulière excuse, en un jour
où l'armée nationale défile devant le Président de
la République !

Dans la plaine, quelques officiers d'ordonnance
galopent, portent des ordres et reconnaissent les
emplacements des régiments, marqués par des fanions. La lisière du bois commence à se garnir ; cent
mille bons Parisiens sont accourus, narguant l'orage,
cachant leur déjeuner dans les paniers que les
femmes portent à leur bras ; l'un d'eux, muni d'un

bébé sous chaque bras, s'est installé au sommet du moulin : « C'est de la graine à soldat ! » dit-il fièrement aux modestes promeneurs qui l'admirent à distance.

Joseph Prudhomme fait son entrée solennelle dans l'enceinte réservée de Suresnes ; il est en habit noir et cravate blanche, et ne ménage pas ses exclamations. Sa « dame » essaye de le calmer. « Non ! répond-il, je veux être vu ! Je tiens à témoigner mon admiration pour les soldats du Tonkin » ! Brave Joseph ! ils n'étaient pas nombreux aujourd'hui ceux qui pensent comme toi et qui ont le courage d'afficher leur naïf chauvinisme ! Grâce au marchandage des cartes, à la façon plus que bizarre dont elles avaient été distribuées, les tribunes étaient envahies par une foule bigarrée, où les classes les moins intéressantes de la société étaient largement représentées.

D'un bout à l'autre du champ de courses, ce n'était qu'altercations violentes, rixes brutales, scènes de pugilat. Je demande combien de cartes ont été réservées aux vrais Français ou comment ces derniers ont consenti à s'en dessaisir en faveur de vils trafiquants de contremarques. Désespérant d'obtenir un semblant de réponse, constatant à regret que le silence ne s'établit pas, mais que l'on fume quelques centaines de cigares dans les tribunes, — la pipe viendra, — je cherche un refuge sur le terrain même, où M. le général Saussier a bien voulu nous permettre de pénétrer et d'où nous assistons de près au défilé des troupes.

Voilà justement les uniformes qui font leur apparition dans la plaine jusque-là déserte : les premiers escadrons de cuirassiers et les spahis se déploient dans le lointain ; les soldats du génie et de l'infanterie marquent les points de repère. Les turcos et deux détachements d'infanterie de marine arrivent au moment même où l'averse recommence avec une intensité croissante. On ouvre les parapluies, et cette manifestation provoque de nouvelles réclamations.

Ce sont maintenant les compagnies d'infanterie des 23e, 111e et 143e régiments, glorieux débris de l'armée du Tonkin, qui débouchent tambours et clairons en tête. En même temps, l'artillerie sort du bois, Saint-Cyr se met en marche ; les casques des pompiers étincellent aux rayons du soleil, qui se décide enfin à livrer bataille aux nuages et à remporter la victoire.

Quatre heures. — Le mont Valérien tire un premier coup de canon : le général Saussier, gouverneur militaire de Paris, est déjà sur le terrain ; il s'est assuré que les dernières dispositions sont prises et que toutes les troupes sont sous les armes. « Garde à vous ! Présentez armes ! » Le Président de la République descend de voiture au pied de sa tribune ; il est accompagné du général Pittié et de sa maison militaire. M. Grévy monte dans la loge réservée au chef de l'État ; les présidents de la Chambre et du Sénat s'assoient à ses côtés. Dans la tribune officielle, une centaine de députés et presque autant de sénateurs. Plus de place cependant ; on nous montre de loin le général de Négrier, qui ne trouve pas à se caser !

Bientôt cependant chacun oublie ces petites contrariétés. Quatre heures ont sonné : l'exactitude est la politesse des officiers de tous grades ; aussi le ministre de la guerre ne se fait-il pas attendre. Un peloton de spahis précède le cortège officiel ; le général Boulanger, qui monte un superbe cheval noir, est immédiatement suivi par le général Savin de Larclause, chef d'état-major, et par son état-major particulier. Viennent ensuite 11 généraux, les officiers de l'état-major général et ceux des directions de Vincennes, de Versailles, de Saint-Denis et de Saint-Germain. Rarement on vit un spectacle plus imposant ; c'est bien ainsi qu'un ministre de la guerre doit se présenter à l'armée.

Minute inoubliable ! Les canons du mont Valérien grondent, les clairons et les tambours battent aux champs, et, dans l'immense étendue, les musiques jouent la *Marseillaise.* Au petit galop, le ministre de la guerre passe devant le front des troupes ; il n'est plus accompagné que de son état-major particulier et de quatre attachés militaires étrangers ;

les officiers de l'état-major général et des directions
sont massés en face de la tribune présidentielle.
Quand le général Boulanger, saluant les drapeaux
au passage, commence l'inspection de la deuxième
ligne, les régiments de la première ligne font « face
en arrière » et présentent de nouveau les armes.
En même temps, dans chaque division a lieu une
cérémonie touchante : les généraux sont descendus
de cheval et, devant chaque brigade, ils remettent
leurs insignes aux officiers récemment décorés et
leur donnent l'accolade de la Légion d'honneur. A
gauche de l'hippodrome, le général Thomas, commandant la place de Paris, décore ainsi vingt officiers de l'armée territoriale, dont les uniformes battant neufs ont été singulièrement maltraités par
l'averse de tout à l'heure.

4 heures 20. — La revue proprement dite — celle
qui n'intéresse pas le public, puisque les troupes
sont dispersées et comme perdues dans le vaste hippodrome de Longchamps — est terminée. Les tambours, les clairons et la musique de la garde républicaine attaquent une marche de Sellenick, et, en
tête des 350 officiers de son état-major et du ministère de la guerre, le général Boulanger défile au trot
devant le Président de la République, qu'il salue de
l'épée. Les officiers lèvent leurs sabres et les abais-
sent en même temps ; au risque de passer pour un
simple chauvin, je n'hésite pas à déplorer, une fois

de plus, la suppression du plumet. Plumets rouges, bleus, blancs, des officiers subalternes, plumets tricolores des officiers supérieurs, aigrettes des colonels, tout cela eût offert, hier, un coup d'œil incomparable, car jamais encore l'état-major général, où figurent des officiers de tous grades et de toutes les armes, n'avait accompagné le ministre de la guerre à Longchamps.

Maintenant, le général Boulanger fait face à la tribune présidentielle, et l'armée défile devant son chef et devant les représentants des pouvoirs publics. Voici d'abord le général Saussier, gouverneur de Paris, et son chef d'état-major, le général Roussel. Puis les *Tonkinois :* le lieutenant-colonel Dominé, le défenseur de Tuyen-Quan, auquel les tribunes officielles font une ovation spontanée ; le public des autres tribunes ne s'est pas mêlé à cette patriotique manifestation ; par contre, il a salué de grognements sonores les gendarmes à pied de la légion de la Seine ! Des gens qui ont si peu de goût pour les gendarmes ne doivent évidemment pas comprendre ni goûter l'héroïsme de nos chers soldats revenus de l'extrême-Orient.

Derrière le lieutenant-colonel Dominé s'avance le commandant de Douvres, à la tête de deux batteries des 12e et 13e régiments d'artillerie, — celles que nous avons reçues, l'autre dimanche, à Vincennes, — puis le commandant Frayssinaud, qui conduit deux compagnies dont les éléments ont été tirés des 11e, 23e et 143e régiments d'infanterie, régiments qui ont fourni, chacun, un bataillon au corps expéditionnaire, et dont les hommes se sont couverts de gloire aux sanglants combats de Lang-Son, de Kep, de Bang-Bo, de Dong-Dang et de la porte de Chine. Tous ceux qui ont pris part à cette mémorable campagne sont, d'ailleurs, représentés à Longchamps; la colonne placée sous les ordres du lieutenant-colonel Dominé est comme une image réduite du corps expéditionnaire : voici un bataillon de tirailleurs algériens, une section du 4e régiment du génie, dix infirmiers militaires, dix soldats du train des équipages, cinq ou six commis et ouvriers d'administration, un peloton des équipages de la flotte, une compagnie d'infanterie de marine, et quatre pelotons de chasseurs d'Afrique et de spahis. On applaudit toujours : le Président de la République, debout dans sa loge, salue de la main et le général Boulanger se découvre devant l'étendard des tirailleurs algériens.

Là où l'ovation prend des proportions bien autrement vastes, c'est quand les Tonkinois ont dépassé l'enceinte réservée et qu'ils longent la lisière du bois. Du haut du Moulin jaillit une formidable acclamation; sur l'herbe, les petits enfants agitent leurs chapeaux mouillés par l'ondée et répètent le cri que leurs parents leur ont appris : « Vive l'armée ! vive

la France! » D'entre les branches des arbres, les
mains d'êtres invisibles agitent des chapeaux : cent
ou cent cinquante mille Parisiens sont là qui saluent
de tout cœur les défenseurs du drapeau. C'est là
que bat le cœur de la nation, et c'est à ceux-là
qu'on devrait ouvrir les portes des tribunes et des
enceintes réservées, à ces braves gens qui ont fait
huit ou dix kilomètres sous la pluie et qui sont venus, sans se plaindre de la fatigue, pour assister,
fût-ce de très loin, au triomphant retour de l'armée
du Tonkin.

5 heures 45. — Le défilé est terminé ; il a duré
beaucoup plus longtemps qu'on n'avait prévu, et des
mesures exceptionnelles vont être arrêtées pour que
les troupes, qui sont obligées de retourner à Vincennes, à Versailles ou à Saint-Germain, reçoivent,
avant de partir, un repas quelconque ; elles n'auront,
en effet, pas regagné leurs quartiers avant la tombée de la nuit. Revenons au défilé. En tête de l'infanterie a défilé l'École des sous-officiers d'artillerie
et du génie. Cette école est installée à Versailles
depuis 1883 ; c'est une création du général Thibaudin, et non la moins heureuse. Ces jeunes gens, qui
sont plus habitués à la manœuvre du canon ou à la
conduite des voitures qu'à l'exercice à pied, ont été
prodigieux de correction. Ils ont — et c'est tout
dire — soutenu sans aucun désavantage la comparaison avec le bataillon de Saint-Cyr, qui marchait

immédiatement derrière eux et dont l'éloge n'est pourtant plus à faire.

Il n'y a rien à dire de la garde républicaine, des gendarmes, ni des sapeurs-pompiers : ce sont tous corps d'élite où la discipline et l'amour du métier opèrent des miracles. Citons le 16ᵉ bataillon d'artillerie de forteresse, qui est en garnison à Rueil et qui garde l'unique drapeau des 16 bataillons d'artillerie de forteresse, comme le 20ᵉ bataillon de chasseurs, à Versailles, possède l'étendard des 30 bataillons de chasseurs à pied. Le 16ᵉ bataillon n'avait pas encore paru à Longchamps : l'artillerie de forteresse n'existe, en effet, que depuis le mois de septembre 1883 ; on l'a beaucoup et justement applaudie.

Pendant trois quarts d'heure, les régiments d'infanterie ont passé sous nos yeux ; ils nous ont paru également préparés au fastidieux exercice du défilé. J'ai bien entendu crier quelques personnes : « Du flottement ! Sections mal alignées ! etc. » J'aurais voulu voir sur le terrain nos critiques — d'ailleurs si peu compétents qu'ils constataient aussi, pendant le défilé de l'artillerie, l'absence de pièces de siège ! — Le sol était détrempé, hier, et ce n'est déjà pas chose si facile que de maintenir 36 files dans un alignement au cordeau !

Ce qui m'a frappé plutôt, c'est que chaque régiment ne compte que deux bataillons ; évidemment on réunit, pour former ces deux bataillons, tout ce

que le régiment peut rassembler en fait d'hommes
valides et suffisamment instruits. Pourquoi les grouper en deux bataillons nécessairement hétérogènes ?
Pourquoi disloquer les compagnies ? En Allemagne,
les batteries d'artillerie, qui ne possèdent, sur pied
de paix, que 4 pièces, défilent avec leurs 4 pièces ;
il ne viendrait à l'esprit de personne de réunir deux
batteries dans le seul but de présenter au public une
batterie de guerre à huit pièces.

Pendant que ces réflexions nous venaient à l'esprit, l'infanterie défilait toujours : on applaudit
beaucoup Mme Vialard, cantinière du 131ᵉ de ligne,
qui, après trente ans de service, a reçu, l'autre jour,
la médaille militaire. Mme Vialard défile en uniforme :
je bats des mains ; ne faut-il pas lui savoir gré d'être
restée trente ans au régiment sans s'enrichir ? Cela
prouve au moins qu'elle n'a pas *mouillé* le vin qu'elle
sert à nos soldats.

Voici la brigade des troupes de la marine qui
s'avance : une compagnie des équipages de la flotte,
une section du régiment d'artillerie de Lorient, un
bataillon d'infanterie de marine. Et maintenant, dé-
blayons le terrain : là-bas, du côté de Madrid, l'artillerie est massée. « Pour défiler, au trot, marche ! »
C'est le général de Gressot qui commande. D'abord,
l'artillerie de la 3ᵉ brigade : 4 batteries du 11ᵉ,
3 batteries montées et 1 batterie à cheval du 22ᵉ.
Des vivats retentissent ; les batteries défilent comme

jadis, à intervalles serrés. C'est le tour de la 19ᵉ brigade, des 12ᵉ et 13ᵉ régiments, et du colonel Brugère, officier d'ordonnance du président de la République, le seul des colonels que nous ayons vus hier qui porte sa barbe — avec autant de prestance, d'ailleurs, que le ministre de la guerre lui-même.

Une quarantaine de conducteurs du train des équipages ferment la marche de l'artillerie, et la cavalerie, dont les chevaux mâchent le mors depuis quatre heures et hennissent d'impatience, défile à des allures vives : la garde républicaine et l'escadron de Saint-Cyr au trot ; les chasseurs de Saint-Germain et de Rambouillet au galop ; enfin les dragons et les cuirassiers.

Pour le public des tribunes la fête est finie. Pour la foule qui est restée dans le bois et que les gardiens de la paix ont écartée du champ de courses, la fête, la vraie fête commence : les pioupious rentrent à la caserne ; on les applaudit au passage ; sur tout leur parcours, c'est une perpétuelle effusion. Les Tonkinois sont littéralement reconduits en triomphe jusqu'à la gare ; leurs sacs et leurs fusils sont ornés de branches d'arbre que les modestes spectateurs du Moulin ou des hauteurs avoisinantes ont arrachées pour les soldats de Tuyen-Quan. Offrande plus méritoire que bien d'autres, et plus réjouissante aussi. Le vert n'est-il pas la couleur de l'espérance ?

XLII

En 1883, M. le général Thibaudin, qui était alors ministre de
la guerre, visita les frontières de l'Est depuis Verdun jusqu'à
Belfort; j'ai fait ce voyage en même temps que le ministre;
il m'a semblé que les lettres qu'on va lire, qui furent alors
publiées dans le *Temps* et qui n'ont jamais été réimprimées
depuis, serviraient de conclusion logique à ce premier recueil d'études et de chroniques militaires. La « vie militaire »,
c'est la préparation de la défense nationale; les forts et les
places fortes de l'Est sont les inviolables remparts de la
France.

J'ai conservé à cette description sa forme primitive de correspondance; j'espère qu'on y trouvera au moins le cachet
d'une absolue sincérité.

On me permettra d'adresser à ce propos l'expression de ma
plus respectueuse reconnaissance au général Thibaudin; on
appréciera quelque jour les immenses services qu'il a rendus
et la part qu'il a prise à l'organisation de nos camps retranchés
et au perfectionnement de la mobilisation.

C. L.

I

Saint-Mihiel, 10 août 1883.

Il est d'usage d'entourer du secret le plus absolu
tout ce qui concerne notre réorganisation militaire,
et bien des gens ne sont pas éloignés de considérer comme un traître l'écrivain assez osé pour criti-

quer telle mesure prise par le ministre de la guerre ou pour attirer l'attention du public sur telle lacune qu'il lui paraît urgent de combler. Nos voisins, cependant, n'ont pas de semblables scrupules : non seulement l'usine Krupp travaille sous les yeux des représentants des puissances étrangères, mais il suffit encore d'ouvrir une revue allemande pour y trouver force détails dont la divulgation serait, en France, sévèrement jugée. Il faut bien avouer que le mystère dont nous faisions honneur à notre patriotisme ne nous a pas porté bonheur, et qu'on a fort sagement agi en y renonçant aujourd'hui. Les officiers étrangers connaissent les profils et les plans de nos forteresses ; ils assistent aux grandes manœuvres et suivent pas à pas les progrès que réalise notre armée. De notre côté, nous avons établi au ministère de la guerre un bureau, le deuxième, qui s'occupe exclusivement de ce qui se passe au delà de nos frontières, et qui consigne le résultat de ses études dans un bulletin hebdomadaire que chacun peut acheter.

Autrefois, sans doute, il y avait quelque avantage à observer, pour tout ce qui avait trait aux choses de la guerre, la plus absolue discrétion. Les armées que l'on mettait en campagne comptaient de vingt à cinquante mille hommes tout au plus ; elles ne pénétraient sur le territoire étranger qu'avec la plus extrême circonspection et s'astreignaient à ne jamais laisser sur leurs derrières une place forte, de quel-

que médiocre importance qu'elle pût être. La guerre
était alors faite de sièges plutôt que de batailles, et
la prise d'une forteresse décidait quelquefois de l'occupation de toute une province. En outre, les communications étaient moins faciles et moins fréquentes
qu'aujourd'hui ; nos pères se rappellent avoir vu
fermer, à la tombée de la nuit, les portes des villes
qu'ils habitaient. Mais la construction des chemins
de fer a si bien changé tout cela, qu'il est à peu près
impossible à présent d'empêcher les étrangers de
passer, en même temps et souvent avec plus d'attention que nous, l'inspection de nos places, de
notre matériel et de nos régiments.

A vrai dire, ce n'est là ni un bien ni un mal,
mais simplement la conséquence naturelle du développement des relations internationales. Et quand
bien même on aura d'avance tous les renseignements
du temps de paix, nul ne pourra prévoir l'issue d'une
lutte entre deux nations ; car ce n'est pas seulement
des éléments mis en présence que dépend cette issue,
mais encore, et surtout, de l'usage qu'en feront ceux
qui dirigeront les opérations. Il résulte de ce préambule, peut-être un peu long, qu'il est bon que le
public s'intéresse aux questions militaires ; un incident tout récent démontre, d'un autre côté, combien il importe de substituer des connaissances
exactes à de vagues notions, et de mettre ainsi la
nation en garde contre des alarmes que rien ne jus-

tifie. Il a suffi de la publication, dans une revue,
d'un article écrit peut-être à la légère pour pro-
voquer une regrettable agitation. L'ennemi eût été
à nos portes qu'on n'eût pas éprouvé une plus vive
anxiété. Comment donc éviterons-nous à nos compatriotes le retour de ces émotions, inconnues à tous
nos voisins? Le meilleur moyen de ne plus craindre le danger n'est-il pas d'en mesurer l'étendue
et de savoir de quels moyens on dispose pour l'affronter ?

Donc, il faut dire ce que l'on sait, ce qu'il dépend
de chacun d'entre nous d'apprendre, et, à ce point
de vue, le voyage que le ministre de la guerre vient
d'entreprendre le long de nos frontières pouvait être
l'occasion naturelle d'un examen attentif de notre
ligne de défense, depuis le Nord jusqu'au Sud, de
Verdun jusqu'à Briançon. Ce n'est pas qu'il soit ici
question de pénétrer indiscrètement dans les forts ;
le ministre a voulu se rendre compte de l'état des
batteries, de leur nombre, de la façon dont les casemates ont été aménagées. Nous savons d'avance qu'il
n'éprouvera à ce sujet aucune déception, et j'ajoute
que ces détails ne seraient pas de nature à intéresser
vos lecteurs ; nul n'ignore que les officiers du génie
et ceux de l'artillerie s'acquittent à merveille de
leur tâche journalière. Mais ce que nous recher-
cherons avec soin, c'est de savoir si les emplacements des places fortes ont été judicieusement choi-

sis et quelle est l'étendue des services que ces places fortes sont appelées à nous rendre.

En allant de Paris à Verdun, il est facile de constater, pour peu qu'on ait une carte sous les yeux, que nous nous sommes surtout efforcés de mettre Paris à l'abri d'un siège futur. Au lendemain de la guerre de 1870, plusieurs esprits prévoyants demandèrent qu'on fît de notre capitale une ville ouverte, à l'instar de Berlin ; ils affirmaient que, si le Gouvernement ne s'était pas enfermé dans une cité condamnée à être réduite par la faim, il eût été possible, même après la capitulation de Paris, de continuer la lutte en province. Je n'examinerai pas ici ce que vaut ce dernier argument ; mais je me bornerai à dire que l'exemple de Berlin était bien mal choisi. Dans un pays de centralisation à outrance comme le nôtre, abandonner la capitale serait une tentative aussi dangereuse que désespérée. Dans la discussion qui a eu lieu l'autre jour à la Chambre des députés, un orateur comparait les chemins de fer aux artères du corps humain. Vienne la mobilisation, disait-il, et le sang bat plus vite. Nulle image n'est plus exacte que celle-là ; mais conçoit-on qu'on puisse maintenir la circulation du sang si l'on supprime le cœur ? On aura beau dire et beau faire : Paris est le cœur de la France. Mais il est une autre raison, qui n'a pas été développée lors du débat auquel prirent part M. Thiers et les généraux de Chabaud-Latour et

Chareton en 1872, et qui présente une réelle importance.

Le bassin de la Seine est le plus accessible à une armée venant de l'Est ; il constitue, pour ainsi dire, une ligne naturelle d'invasion. On a dit qu'à côté de chaque mal la nature a placé le remède ; il semble que ce soit vrai, même dans ce cas, bien que les guerres, sources de tant de ruines et de tant de tristesses, ne puissent être qu'une invention des hommes. Voici cependant un passage d'Élie de Beaumont qui prouve que le bassin de la Seine, route frayée pour les envahisseurs du territoire français, est, en même temps, une véritable forteresse :

« La région septentrionale de la France est formée par une boucle de terrain jurassique dont Paris occupe le centre et qui est, en grande partie, plus élevée que le remplissage central. L'intérieur de ce bassin est occupé par une succession d'assises à peu près concentriques, comparables à une série de vases semblables. Une série de crêtes saillantes, formées par les extrémités des assises les plus solides, tournent parallèlement les unes aux autres autour de Paris, qui est leur centre commun. Les rivières qui, comme l'Yonne, la Seine, l'Aube, la Marne, l'Aisne et l'Oise, convergent vers le centre du bassin parisien, traversent les crêtes successives dans des défilés que les révolutions ont ouverts pour elles. Ces mêmes crêtes forment les lignes de défense naturelles de notre territoire, et les opérations stratégiques de toutes les armées qui l'ont attaqué ou défendu s'y sont coordonnées par la force des choses. Jamais cette vérité n'a été mise plus vivement en lumière que par la mémorable campagne de 1814. Sur la crête la plus inférieure formée par le terrain tertiaire, se trouvent les champs de bataille de Montereau, de Nogent, de Sézanne, de Champaubert, de Montmirail et de Laon. »

On voit comment la géologie vient en aide à l'art militaire et comment l'histoire des guerres passées, à son tour, vérifie les conclusions de la science pure. Parmi ces crêtes, il en est une, très accentuée, qui longe la rive droite de la Meuse, entre Neufchâteau et Dun, et qui domine de cent mètres environ les plateaux qui descendent vers la Moselle. On en a fait une formidable ligne de défense que le ministre de la guerre vient de parcourir dans toute sa longueur, et qui est aujourd'hui le premier rempart de la France. Cette ligne de défense est elle-même flanquée sur sa gauche et sur ses derrières des bois de l'Argonne que j'ai traversés avant d'arriver à Verdun.

Quand on a quitté Châlons et dépassé Mourmelon, où s'alignent, mélancoliques sous la pluie qui tombe, les baraquements du train et de la cavalerie, on pénètre dans une vaste plaine. Le chemin de fer s'engage entre deux talus élevés, dont l'un, celui de droite, aboutit aux hauts plateaux qui descendent vers l'Est et dont les derniers contreforts se prolongent jusqu'à la frontière. La forêt de l'Argonne est proche ; déjà les collines boisées de chênes bornent l'horizon ; au moment même où le train va disparaître entre les arbres géants qui longent la voie, une petite chapelle se montre à notre gauche ; bâtie en pierres grises, surmontée d'une croix en bois vermoulu, elle menace ruine et cependant le rayon de soleil qui perce les nuages entoure cet humble édifice d'une auréole incomparable. C'est qu'aussi bien nous sommes ici sur un terrain consacré par l'histoire et qu'à la place où des mains pieuses ont dressé cette modeste église s'élevait autrefois le moulin de Valmy.

Un historien célèbre, M. de Sybel, a écrit trois gros volumes, fort intéressants d'ailleurs, pour démontrer que, si les armées alliées n'ont pas vaincu la Révolution, la faute en est à Clerfayt, qui s'est attardé devant de petites places fortes ; à Thugutt et à Manstein, conseillers du roi de Prusse et de l'empereur ; à l'insurrection de Pologne enfin, qui détourna vers l'Est l'attention des deux souverains. Je veux bien croire que M. de Sybel a dit vrai, mais ces découvertes *a posteriori* n'enlèvent rien au mérite des Français qui combattirent à Valmy, et n'altèrent pas la respectueuse émotion qui s'empare de moi au moment où je mets le pied sur ce champ de bataille où l'on se battit si peu, mais où fut baptisée la Révolution naissante et menacée. J'ai vu dans une auberge un vieillard de quatre-vingts ans ; son frère aîné, mort depuis, était ici le jour du combat. Et voulez-vous savoir comment il raconte cet épisode de nos luttes pour la liberté ? Écoutez bien : « C'était le soir, vers quatre heures. On avait tiré beaucoup de coups de canon sans se faire grand mal. Les Français ne savaient pas trop comment ils résisteraient au choc des soldats qu'ils avaient en face d'eux, mais, étant venus jusque-là, ils étaient bien décidés à y rester. Tout à coup, un général mit son chapeau au bout de son sabre et cria : « Vive la nation ! » Ce cri fut répété sur toute la ligne ; et, sans commandement, les compagnies marchèrent en avant. »

Chose extraordinaire ! ce récit populaire, qui s'est transmis d'âge en âge, est rigoureusement exact. Et, s'il faut ajouter quelque chose à la naïve narration de ce vieux Français, comment ne pas rappeler que Gœthe prononça, ici même, le soir de la bataille et devant une assemblée d'officiers prussiens, ces paroles prophétiques : « A cette heure et dans ce lieu commence une ère nouvelle pour l'histoire du monde ! »

Au delà de Sainte-Menehould, les bois coupés de marais se succèdent sans interruption : nulle forteresse ne vaut cette infranchissable frontière que la nature nous a faite. Je ne décrirai pas les bois de l'Argonne ; un enfant du pays, M. André Theuriet,

les a peints de main de maître, et un autre fils de
ces contrées, M. Bastien-Lepage, y a puisé le meilleur de son vigoureux talent. A certains moments,
on se croirait volontiers transporté dans une vallée
de la Suisse : pâturages, fermes isolées, forêts immenses, rien ne manque à ce pays, où nos compatriotes ne viennent guère. Mais comme cette route
des Islettes est nettement tracée ! Le chemin de
fer s'arrête à Apremont, un peu avant Varennes,
dont le nom seul réveille encore des souvenirs inef-
façables. Puis on traverse la forêt de Hesse ; les
bois alternent avec les champs, et, tout au bout de
l'horizon, Verdun dessine enfin sa silhouette gigantesque.

La ville est située au centre d'un vaste cirque
que dessinent les coteaux ; sur chacun d'eux se
dresse un fort, dont les canons montrent leurs gueules
menaçantes par-dessus les remparts. Ces forts sont
tous construits d'après le nouveau modèle, et voici
le moment de les décrire, une fois pour toutes. Il
n'est pas un Parisien qui ne connaisse les fortifications dont on réclamait récemment la démolition ;
tout le monde a remarqué qu'elles se composent alter-
nativement de lignes droites et de bastions. Ces
bastions sont simplement destinés à battre les fossés
et à empêcher l'assaillant de les franchir. Or, les
nouveaux forts, tracés d'après le système polygonal,
n'ont pas de bastions, mais bien un petit réduit,

placé dans le fossé même, à l'abri du tir de l'assiégeant, et armé de mitrailleuses.

Une troupe qui s'aventurerait dans le fossé serait
infailliblement perdue. Quant à l'armement de ces
forts, il se compose exclusivement de pièces de gros
calibre ; chacune d'elles a sa mission déterminée.
Sur la plate-forme où elle se trouve, on a tracé certaines directions ; on sait sous quel angle il convient
de tirer pour atteindre tel but connu. Aussi le rôle
du pointeur est-il à peu près nul. C'est le commandant supérieur lui-même qui, depuis son cabinet,
donne les ordres nécessaires, à l'aide du fil télégraphique qui relie tous les forts à la place. La garnison
de ces forts se compose d'une compagnie d'infanterie
et de quelques artilleurs, qui seront prochainement
remplacés par les bataillons d'artillerie de forteresse.

L'opinion généralement admise est que les forts
de l'Est pourront résister pendant plusieurs mois ;
on ne saurait leur en demander davantage, car,
selon toutes les prévisions, les guerres futures auront
une très courte durée. Quant aux services qu'ils
rendront, il suffit, pour les apprécier, de se rappeler
l'emploi que l'armée allemande a fait, en 1870, de
toutes nos voies ferrées. La seule présence de la
forteresse de Bitche a retardé l'arrivée de l'assiégeant devant Paris, ou, tout au moins, le commencement des opérations du siège. Aussi a-t-on multiplié
les forts tout le long de la ligne principale qui va de

Strasbourg à Paris. Autre chose est de savoir si le comité des fortifications n'a pas exagéré les précautions nécessaires, et c'est une question très controversée que celle-là. On objecte que les forts immobiliseront un nombre considérable de soldats, qu'ils ne seront réellement utiles qu'autant qu'ils serviront de point d'appui à une armée. Peut-être ceux qui parlent ainsi ont-ils raison ; mais ils oublient qu'en 1873 le Gouvernement a dû donner satisfaction à l'opinion publique. La marche rapide des armées d'invasion sur Paris avait frappé de stupeur les optimistes d'avant la guerre : tout le monde réclamait des mesures promptes autant qu'énergiques. Nous avons dépensé des millions, et je me propose de démontrer qu'ils ont été bien employés.

II

Nancy, le 12 août 1883.

George Sand a décrit quelque part les beaux sites de la Meuse ; elle a, pour ainsi dire, fait vivre, dans d'admirables pages dédiées à mon ami Plauchut, cette rivière où sautent les truites et qui déroule ses capricieux méandres à travers l'une des plus riches et

plus riantes contrées de la France. Les préoccupa-
tions militaires qui assiègent notre esprit ne nous
empêchent pas de regarder tout autour de nous ;
tandis que le break nous entraîne à travers les plaines
accidentées qui s'étendent de Saint-Mihiel à Commercy, nous oublions un instant les forts dont on
aperçoit, sur le sommet des collines, l'énorme et redoutable silhouette, et nous jetons un coup d'œil
rapide sur le pays qui nous environne. Peut-être
ces plaines seront-elles un jour le théâtre d'événements considérables ; peut-être le sang rougira-t-il
cette Meuse capricieuse, célèbre surtout par ses
écrevisses. Mais aujourd'hui les canons reposent,
immobiles et silencieux ; les artilleurs sont venus
au village et dansent avec les payses, et, dans les
champs brûlés au soleil de midi, un gars, debout
sur une énorme voiture attelée de bœufs, tasse les
gerbes de blé que lui jette son camarade.

Éternelle contradiction ! les philosophes ne résou-
dront jamais, sans doute, le problème de notre
destinée, et je ne m'aventurerais pas sur ce terrain
qui m'est inconnu, si je ne tenais pas à transcrire
fidèlement mes impressions de voyage. Or, rien
n'est plus étrange que le contraste perpétuel entre
l'activité des champs, entre ces villages coquets,
composés de vastes fermes où l'on travaille du matin
au soir, et ces remparts dressés là-haut, qui dessinent
leurs profils sur le ciel bleu, et qui semblent être

les sentinelles avancées de la France. De Verdun à
Saint-Mihiel et de Saint-Mihiel à Commercy, le spectacle ne varie pas. La route que nous suivons longe
les crêtes qui bordent la rive droite de la Meuse ; et
tandis que, le long de la vallée, les villages succèdent
aux villages, ici, sur les sommets, les forts s'alignent
avec une désespérante monotonie.

Le vaste camp retranché de Verdun est étroite-
ment relié à Saint-Mihiel. En réalité, toute cette
partie de la frontière constitue, dès à présent, une
immense place forte. Quand on aura construit quelques redoutes sur la rive droite de l'Aisne, entre
Rethel et Attigny, quand on aura couvert la ville
de Vouziers et fait de Dun-sur-Meuse une tête de
pont, nous possèderons, tout le long de l'Aisne, un
front stratégique perpendiculaire à celui de la Meuse.
Ce n'est pas seulement notre système de défense
qu'on aura perfectionné, mais nos armées, grâce à
la présence de cet inexpugnable abri, pourront se
concentrer à leur aise sitôt que le réseau des chemins
de fer stratégiques sera terminé. Quant à la ligne
de la Meuse, on est en droit de dire, dès à présent,
qu'elle défierait toutes les attaques.

A peine au sortir de Saint-Mihiel, nous rendons
visite au Camp des Romains. De tous les forts détachés que nous rencontrerons dans ce voyage, celui-
ci est le plus considérable, et le rôle qu'il doit jouer
justifie les soins que l'on a apportés à sa construc-

tion. Dominant à la fois Saint-Mihiel, les plaines de
la Lorraine qui s'étendent jusqu'aux rives de la
Moselle et la vallée de la Meuse, qui est très resser-
rée, en cet endroit, entre deux lignes de hauteurs
parallèles, connues sous le nom de côtes de Lorraine,
le Camp des Romains est la véritable clef de la défense, entre Toul et Verdun. Les casemates établies
dans le rempart sont entièrement à l'épreuve de la
bombe ; chaque pièce est comprise entre deux épau-
lements élevés de quatre mètres environ au-dessus
du sol sur lequel se tiendront les artilleurs ; de cette
façon, si un obus vient éclater par là, les balles qu'il
enverra dans toutes les directions seront arrêtées et
les voisins ne seront pas atteints. Le fort est d'ailleurs assez étroit pour que l'un des remparts rem-
plisse l'office de parados, ou, en d'autres termes,
protège le rempart opposé contre les coups qui
risqueraient de l'atteindre à revers. Si j'ajoute que
le Camp des Romains peut contenir quinze cents
hommes et les approvisionnements de toute nature
qui leur seront nécessaires pour rester enfermés
pendant six mois, il sera bien démontré, j'imagine,
que toutes les précautions nécessaires ont été prises
et que nous ne nous berçons d'aucune illusion quand
nous affirmons que la vallée de la Meuse sera im-
praticable à l'ennemi.

C'est une question intéressante que d'essayer de
prévoir comment se comporteront des forts de cette

dimension en cas de guerre. Et, à ce propos, que l'on veuille bien remarquer que nous ne raisonnons ici que sur des hypothèses. Supposons donc que la guerre soit imminente : le ministre donne l'ordre de compléter, sans retard, les approvisionnements des forts, et cette opération s'accomplit sans aucune difficulté. Tout est prêt, en effet, dans nos docks et dans nos magasins. Effets d'habillement et de harnachement, vivres de réserve, conserves alimentaires, projectiles de toute nature, chaque chose est à sa place.

Les poudrières sont remplies dès à présent ; les bataillons d'infanterie qui tiennent garnison dans les forts ont leurs effectifs au complet ; quant aux compagnies d'artillerie de forteresse, elles compléteront, dès le début de la mobilisation, les détachements qu'elles ont dans les forts isolés, et achèveront ensuite de s'organiser elles-mêmes dans les grands camps retranchés, tels que Verdun, Épinal, Toul, qui ne seront pas menacés avant que les premières batailles aient été livrées. Le commandant du fort dont nous parlons s'occupera aussitôt d'établir au dehors, en quelques points particulièrement importants, des postes d'observation ; les troupes d'infanterie seront exercées à la manœuvre des pièces d'artillerie ; les talus seront coupés, les abris nettoyés et chauffés, afin d'éviter autant que possible les maladies contagieuses. En vingt-quatre heures, tout sera terminé et, pour employer l'expresssion pittoresque d'un vieux troupier, on aura fait la toilette du fort avant qu'il reçoive le baptême du feu.

Une foule de choses accessoires joueront alors un rôle prépondérant : ce n'est pas seulement contre l'ennemi du dehors qu'il faudra se défendre, mais encore contre l'ennemi du dedans, et celui-ci revêt mille formes différentes. Tantôt c'est une épidémie qui exerce les plus cruels ravages, tantôt c'est l'ennui qui agit lentement, mais sûrement, et qui démoralise les soldats enfermés dans cet étroit espace où les obus pleuvent et rendent toute circulation sinon impossible, tout au moins dangereuse. Les Parisiens n'ont pas oublié le mal dont ils ont souffert pendant le siège ; on l'a désigné sous un nom spécial. Nos troupes de l'Est ne resteraient pas sans nouvelles : les communications seront interrompues, les fils télégraphiques seront coupés ; mais il est un télégraphe dont l'assiégeant ne s'emparera pas et dont tous les forts sont munis : je veux parler du télégraphe optique qui a figuré en Tunisie, dont on a blâmé l'emploi en campagne, mais qui, installé à poste fixe, est d'un usage très facile. La distance qui sépare les forts les uns des autres ne dépasse guère quinze à vingt kilomètres.

A l'aide d'une lampe Carcel ou du soleil, ce qui vaut encore mieux, on envoie dans une direction déterminée un rayon lumineux. Un jeu de miroirs permet d'interrompre à volonté l'émission de la lumière et de constituer ainsi un alphabet dont les deux postes qui correspondent ont la clef. Donc, plus d'isolement; d'un bout à l'autre de la frontière, les ordres seront fidèlement transmis et les garnisons, s'entretenant à travers l'espace, s'exhorteront mutuellement à résister jusqu'au bout. J'imagine que ce serait un curieux spectacle que celui dont jouirait un observateur planant en ballon au-dessus de ce pays ; il verrait, dans la nuit, la place de chaque fort marquée par un point lumineux qui, semblable à une étoile filante, apparaîtrait et disparaîtrait tour à tour ; et comme cette ingénieuse invention donne tort à ceux qui prétendent que la science et la poésie sont inconciliables ! Comme c'est une touchante et belle chose que cette transmission, dans un rayon de lumière, du mot d'ordre de la défense nationale !

Nous avons vu comment on achèverait d'armer un fort ; il est bon d'ajouter que plusieurs d'entre eux, appelés forts d'arrêt, ne serviront qu'à retarder la marche de l'armée d'invasion. Placés à droite ou à gauche des routes, ils en disputeront le passage. Ces forts-là sont condamnés d'avance à être pris tôt ou tard. On sait que l'adage en vertu duquel toute place investie est perdue est plus vrai que jamais. Le tout est de prolonger la résistance le plus longtemps possible. Mais tel n'est pas le rôle réservé aux forts de la Meuse. Ils doivent non seulement constituer une barrière infranchissable, mais encore abriter les armées françaises qui se formeront en arrière du territoire envahi. Si l'on se reporte, en effet, aux campagnes de 1814 et de 1870, on arrive à une conclusion que je développerai très sommairement. En admettant que les armées allemandes aient réllement une avance de quelques jours sur les nôtres et qu'elles s'établissent dans la vallée de la Moselle, en occupant même la ville de Nancy, quelle serait la concentration qui s'imposerait aux armées françaises? La réponse est bien facile, et le seul fait de la présence des camps retranchés de Verdun et d'Épinal, l'un à droite, l'autre à gauche, montre clairement que nos armées s'établiraient, l'une sur la rive gauche de la Meuse, depuis Dun jusqu'à Poix, l'autre sur les côtes de Lorraine et la rive droite de la Meuse, et la troisième sur la Moselle ou le Madon, entre Épinal et Pont-Saint-Vincent.

N'oublions pas que les Allemands ont posé une seconde voie sur la ligne de Cologne à Trèves et sur celle de Coblentz à Sarreguemines, et qu'ils disposent, pour amener en avant de la Meuse des quantités considérables de troupes, de trois autres voies ferrées : celle d'Arlon à Thionville, celle de Metz à Thionville et celle de Strasbourg à Haguenau ; n'oublions pas davantage que les régiments

allemands stationnés à moins de soixante-quinze
lieues de la frontière, sont à demi mobilisés et seraient en mesure de partir dès le troisième jour de
la mobilisation, tandis que nos effectifs de paix sont
souvent dérisoires. Il y a là quelque chose à faire ;
sans estimer, avec quelques alarmistes, que l'infériorité de notre organisation militaire est évidente,
il faut reconnaître qu'il serait bon d'entretenir dans
l'Est des bataillons plus complets, afin de pouvoir
occuper, dès le début d'une campagne, les régions
que je viens d'indiquer et qui seraient assurément
le théâtre des premières rencontres.

C'est, en effet, une erreur de croire que tous les
efforts d'une armée doivent converger vers un but
unique, et qu'il y a toujours avantage à envahir le
territoire étranger. Sans doute, l'invasion est un
immense malheur et la source de bien des catastrophes privées. Mais ce n'est pas seulement de la
rapidité de la mobilisation que dépend la décision
des généraux en chef : la forme de la frontière, la
configuration des contrées qu'elle traverse, sont autant de considérations dont la valeur stratégique est
immense. Pour n'en citer qu'un seul exemple, nous
devions, en 1870, franchir le Rhin à tout prix, tenter un suprême effort pour détacher les États du
Sud de l'alliance qu'ils avaient conclue avec la
Prusse, et, puisque nous avions l'infériorité du
nombre, empêcher l'invasion de la France en en-

vahissant l'Allemagne. Les Allemands, au contraire,
et j'emprunte ce passage à l'un de leurs généraux
les plus distingués, ne tireraient pas aujourd'hui
grand profit de quelques victoires partielles remportées en Argonne, surtout si, éclairés par l'expérience cruelle de la dernière guerre, nous aban-
donnions Paris à ses propres ressources et si nous
battions en retraite vers le Sud, en nous appuyant
sur le camp d'Épinal.

Comme je l'ai dit plus haut, nous avons créé, sur
le cours moyen de la Meuse, une sorte de rideau
défensif à l'abri duquel nos armées se concentreront
et termineront leur mobilisation ; Toul et Verdun,
aujourd'hui imprenables, occupent les deux extrémités de ce rideau. De l'autre côté de la vallée,
les forts de la Moselle, appuyés par les deux camps
de Belfort et d'Épinal, jouent le même rôle. Est-il
besoin d'être clerc ès sciences militaires pour deviner qu'une armée d'invasion serait perdue, si elle
s'aventurait à franchir, sur un point dégarni, cette
formidable ligne de défense, qu'elle aurait à dos et
qui la prendrait à revers? On objecte que ni Toul ni
Verdun ne conduisent à des débouchés importants,
et c'est là le seul argument de ceux qui voudraient
qu'on reprît le projet abandonné. Nancy n'aura
jamais qu'une valeur offensive : après ce que j'ai
dit sur les invasions nécessaires, je crois qu'il est
inutile d'insister là-dessus, d'autant que l'opinion

du ministre est faite à présent et qu'elle concorde avec celle du conseil supérieur de la guerre et du comité de défense.

Le ministre de la guerre n'a fait que traverser Nancy ; après avoir visité Toul, il s'est rendu à Pont-Saint-Vincent et, de là, à Lunéville. C'est dans cette dernière ville qu'on a appliqué, pour la première fois, un principe fécond en excellents résultats et qu'on a réuni aux régiments de cavalerie qui y sont stationnés les batteries d'artillerie à cheval destinées à les accompagner en campagne. Mais si, lors de notre court séjour à Nancy, nous avons assisté au défilé d'une brigade d'infanterie tout entière, nous n'avons point vu ici même l'ombre d'un cavalier. Les régiments sont partis pour le camp de Châlons, où ont commencé, hier, les manœuvres de cavalerie, sous la direction du général de Galliffet. A peine auront-elles pris fin que les manœuvres d'automne amèneront, dans chaque village, depuis Saint-Mihiel jusqu'à Commercy, les troupes du 6e corps. On se rendra compte, à ce moment, de la valeur des forts de la Meuse ; on verra combien ce pays accidenté serait difficile à parcourir. J'en arrive à peine, j'ai suivi les routes et les crêtes, et je doute qu'une armée envahissante puisse jamais s'y mouvoir. C'est qu'il ne suffit pas de mettre en marche les hommes, les chevaux, ni même les canons : il faut encore faire avancer cette interminable file de voitures de toutes espèces, qui composent le parc et qu'on ne saurait échelonner à de trop longs intervalles sans compromettre la sécurité de l'armée qui les précède.

Ce n'est pas sans regret que j'ai quitté ce plantureux pays de la Meuse ; à étudier les forts et à courir à travers monts et plaines, la faim s'aiguise. Hélas ! les écrevisses dont on parlait dans le monde entier ont disparu, empoisonnées. On ignore quel est le génie malfaisant qui a troublé les eaux tranquilles de la Meuse et qui, depuis Sampigny jusqu'à Dun, a semé le lit de la rivière d'écrevisses mortes subitement. La pêche est interdite ; l'autorité est intervenue, et l'on a pris quelques mesures, d'ailleurs insuffisantes, pour repeupler la Meuse. Mais nous avons à peine quitté Lunéville que nous arrivons dans la vallée de la Moselle : ce sont les mêmes collines ; les truites sautent au fil de l'eau et en remontent le courant ; mais les pentes sont plus raides, les crêtes plus élevées et les forêts de chênes de l'Argonne font place aux bois de sapins, bois profonds où les légendes populaires ont caché l'une des retraites de l'enchanteur Merlin et par delà lesquels les sommets des Vosges montent, sombres, dans l'air pur et dans le ciel bleu.

III

Épinal, 16 août 1883.

Un illustre officier, dont le nom a récemment été cité à différentes reprises, le général Brialmont, résume ainsi les principes de la défense des États : « Occuper les défilés principaux, qui seront tantôt des gorges de montagnes, des nœuds de vallées, des routes traversant une forêt ou un marais, tantôt des ponts destinés à favoriser les opérations de l'armée sur les deux rives d'un cours d'eau important ; construire à la limite de chaque zone d'invasion une place destinée à servir de dépôt et de base d'opérations à l'armée, lorsqu'elle devra se porter au delà des frontières ; en arrière des places occupant les défilés, élever une place de refuge occupant un point stratégique de premier ordre ; au centre du pays, construire une grande position fortifiée servant de réduit à la défense. » Le conseil de défense s'est conformé strictement à ces prescriptions en faisant d'Épinal, qui est bien un nœud de vallées, une place de guerre de premier ordre et le véritable réduit des Vosges ; en d'autres termes, les troupes qui opéreront dans les montagnes s'appuieront sur Épinal et pourront ou s'y réfugier ou s'y ravitailler.

Au surplus, il suffit de rappeler quel rôle cette ville a joué dans toutes les guerres qui ont eu pour théâtre cet admirable pays où le traité de paix de Francfort a fait passer notre nouvelle frontière.

En 1814, la cavalerie française livre, en avant d'Épinal, un combat aux troupes allemandes. C'était l'époque où Napoléon et quelques-uns de ses lieutenants, restés fidèles à sa fortune, accomplissaient des prodiges. Depuis Montereau jusqu'à Troyes, Bar-sur-Aube et Épernay, il n'est pas un village qui n'ait été le témoin d'un combat mémorable. On blâmait, l'autre jour, le conseil général de la Seine d'avoir élevé un monument commémoratif du siège de Paris et d'avoir glorifié la défaite. Est-il cependant, dans toute notre histoire, des noms qui sonnent plus haut que ceux de Champaubert, de Laon, de Montmirail, batailles gagnées sans doute, mais qui conduisirent à la catastrophe finale? Ces revers-là valent des victoires. Le combat d'Épinal ressembla fort à ses aînés dont je viens d'écrire les noms. Les quelques escadrons qui avaient tenu bon pendant toute une journée, se voyant à peu près enveloppés par des forces écrasantes, s'en allèrent au trot, durant la nuit, par le faubourg de Nancy. A l'aube, les régiments étrangers firent une entrée triomphale, ayant à leur tête le prince de Wurtemberg, dont une main amie, mais maladroite, avait ceint le front d'une couronne de laurier. Comme il s'agissait d'im-

poser quelque respect aux habitants, on fit le siège
du château d'Épinal, où il ne restait qu'un vieux
garde infirme. Ce siège dura deux heures et se termina par un assaut où, comme bien on pense, personne ne fut tué.

Assise au bord de la Moselle, entre la forêt qui
porte son nom et qui appartient aux premières pentes des Vosges, et les bois de Saint-Laurent, derniers contreforts des monts Faucilles, Épinal est, en
réalité, le point de départ de toutes les vallées qui
remontent vers les Vosges, et qui font ici leur jonction avec la large vallée principale qui conduit vers
les plaines lorraines. Les chemins de fer qui rayon-
nent d'ici vers toutes les directions, permettraient de
transporter nos troupes le long de la frontière ; d'ailleurs, la plupart des villes situées à l'entrée des
vallées accessoires ont une garnison généralement
composée de deux batteries d'artillerie de montagne
et d'un bataillon de chasseurs à pied. De ce côté-ci
de Nancy, la répartition des troupes a été faite dans
de bonnes conditions ; la raison en est d'ailleurs bien
simple : les armées allemandes, arrêtées d'une part
par la frontière suisse et de l'autre par la formidable
forteresse de Belfort, chercheraient à suivre la route
qu'elles ont frayée en 1870 et à traverser, une fois
encore, les défilés du Donon, ceux-là mêmes dont
Erckmann-Chatrian a fait le théâtre d'un de ses romans les plus émouvants.

La ville elle-même n'a pas de remparts ; mais les forts de Girancourt, du Roulon et des Friches, sur la rive gauche de la Moselle, et ceux de la Mouche, de Razimont, de Dogneville et de Longchamp, sur la rive droite, forment un vaste cercle dont l'aspect n'a rien que de rassurant pour nous. Je ne ferai pas de nouveau la description de ces forts ; à peu de chose près, ils se ressemblent tous, et ne diffèrent entre eux que par leurs dimensions et le nombre des pièces dont ils sont armés. Au moment où nous arrivions au fort de Longchamp, une centaine d'artilleurs étaient occupés à construire, à cinq kilomètres en avant du fort, plusieurs ouvrages en terre soigneusement dissimulés parmi les bois avoisinants. J'ai eu l'explication du travail auquel se livraient ces hommes : dans quinze jours, les troupes de la garnison se rendront au fort de Longchamp et y exécuteront leurs écoles à feu. Les ouvrages que l'on achève aujourd'hui représenteront les batteries élevées par l'assiégeant, et ce sont ces batteries sur lesquelles on tirera un millier de coups de canon.

A ce propos, je tiens à faire remarquer que les opérations de siège seront extrêmement pénibles à l'avenir. On sait comment on procède d'habitude : à la tombée de la nuit, les détachements désignés d'avance se transportent à l'endroit que le commandant de l'artillerie a choisi pour y dresser ses batteries. Le tracé de l'espèce de redoute que l'on va édifier

est marqué sur le sol à l'aide de cordeaux. Ce sont
alors des centaines d'hommes, munis de pioches et
de pelles, qui se mettent à l'œuvre et se meuvent
sur cet espace toujours très étroit. Les uns creusent,
les autres rejettent en avant la terre déplacée, et
tous s'efforcent de terminer, avant le jour, l'épaule-
ment derrière lequel ils seront à l'abri et sur lequel
pleuvront les projectiles sitôt que l'assiégé l'apercevra. Or, les pièces actuelles envoient des obus dont
la puissance d'éclatement est énorme ; aussi l'épaisseur de la masse de terre à remuer atteint-elle sept
à huit mètres, et c'est une question de savoir s'il sera
possible d'achever un travail aussi considérable en
une seule nuit. Si l'on ajoute que les forts disposeront tous d'appareils électriques qui leur permettront
d'éclairer les approches, on se persuadera aisément
que le rôle de l'assiégeant présentera de réelles et
peut-être d'insurmontables difficultés.

　Comme je l'ai dit dans une précédente lettre, la ligne de Toul à Verdun a un caractère offensif très nettement déterminé ; il n'en est pas de même de la portion de notre frontière qui est comprise entre Épinal
et Belfort. Ces deux places ont une situation excen-
trique et ne serviront de point d'appui et de ralliement qu'aux troupes chargées de la défense des cols
des Vosges. Il est bien évident que le couloir formé
par les Vosges et le Rhin n'est pas favorable au dé-
ploiement des armées et que s'il a été jadis le théâ-

tre d'événements militaires importants, c'est que la
guerre était alors à peu près permanente, qu'il fallait garder, les armes à la main, les provinces con-
quises la veille et cédées par des traités qui n'étaient
pas respectés, et que si Turenne pouvait tenir la
campagne avec 15,000 hommes, affronter les rigueurs
de l'hiver en Alsace, on ne se figure pas aisément
une armée moderne, c'est-à-dire une nation, franchissant les Vosges et s'exposant à être acculée entre une chaîne de montagnes et un fleuve aussi large
que le Rhin. Des batailles futures mettront en présence non plus de vieilles troupes, mais des peuples
entiers : il est facile de prévoir qu'elles auront lieu
dans les plaines.

Ici, c'est à la guerre de montagne, faite de rencontres peu décisives et de coups de main hardis,
que se borneront les deux adversaires. Cette guerre
ne ressemble en rien à celle dont Napoléon et les
capitaines illustres de tous les temps ont tracé les
règles. Bugeaud a écrit sur ce sujet des pages
excellentes et dont nos commissions militaires s'ins-
pireront le jour où elles auront à constituer des
troupes spéciales pour la guerre de montagne. Bien
qu'il n'y ait encore rien d'arrêté, bien qu'aucune
décision officielle ne soit intervenue, les villes situées
dans les Vosges ont des garnisons assez complètes,
qui seront dorénavant exclusivement exercées à
l'attaque et à la défense des cols, des défilés, et à la

reconnaissance détaillée des vallées. Au mois de
mai dernier, les deux batteries d'artillerie qui sont
stationnées à Remiremont ont pris part, avec deux
bataillons de chasseurs à pied, et sous la direction
du général Hanrion, à des manœuvres très intéressantes. Depuis le col du Bonhomme jusqu'au col de
la Schlucht, les deux petites armées ont attaqué et
défendu la frontière avec une égale opiniâtreté.
C'est, en même temps, la meilleure façon d'habituer
les troupes aux marches forcées et ce n'est qu'en
multipliant ces exercices que nous remédierons aux
inconvénients du service à court terme et que nous
donnerons à nos soldats de quarante mois un peu de
la solidité de leurs aînés.

Un peu en amont d'Épinal se dresse le petit fort
d'Arches, fort d'arrêt, qui sera cerné, livré à ses
propres ressources, mais qui remplira certainement
la tâche qui lui a été réservée. On a beaucoup écrit
là-dessus depuis que les questions militaires se sont
si brutalement imposées à l'attention des peuples
jaloux de leur indépendance. On a fait observer que
nos voisins ne construisent pas de forts d'arrêt;
qu'ils se proposent, en cas d'invasion, de détruire
les voies ferrées, les tunnels et les ponts à l'aide de
fourneaux de mine creusés dès à présent. Ces arguments ne me touchent guère : le fort d'Arches, par
exemple, ne servirait-il qu'à empêcher toute circulation de l'ennemi sur la ligne qui relie Épinal à

Bruyères, que son établissement me paraîtrait justi-
fié. Je sais fort bien qu'un fourneau de mine accom-
plirait la même besogne : encore faudrait-il y mettre
le feu.

Eh quoi ! nous aurions reculé devant une dépense
de quelques millions pour rendre impraticables nos
principales routes, alors qu'au moment de l'invasion
allemande une armée entière battit en retraite de
Saverne sur Châlons, et qu'il ne se rencontra personne dans cette armée pour entasser quelques tonneaux de poudre dans un seul des sept tunnels des
Vosges, et pour retarder de quatre ou cinq semaines
au moins la marche de l'ennemi sur Paris ! Aujour-
d'hui tout est prêt ; un fil télégraphique relie le fort
d'Arches aux fourneaux placés sous la voie ; une
étincelle suffira pour y mettre le feu. Quel contraste !
A peine avons-nous achevé un pont, un tunnel, un
chemin de fer, qu'il y faut pratiquer cette petite
ouverture béante, logement futur de la dynamite.
Comme nous, ces ouvrages inanimés portent en eux
déjà le germe de la destruction !

La route est longue d'Épinal à Bruyères ; elle ser-
pente au flanc des coteaux, traverse les bois où
l'ombre est épaisse et grimpe quelquefois au sommet des collines, d'où j'aperçois, une dernière fois,
les plaines de la Lorraine. Nous entrons décidément
dans la montagne ; les Vosges ont un cachet particulier : tout autour de nous, ce ne sont que cônes

recouverts de forêts de sapins. Le fort de la Mouche
est encore visible ; puis, nous quittons le camp retranché d'Épinal et nous suivons les crêtes. La
frontière passe près d'ici ; nous la joindrons demain
quand nous arriverons au ballon de Servance.

———

IV

Belfort, 20 août 1883.

Quand on s'arrête sur les derniers contreforts des
Vosges, au-dessus de Giromagny, on aperçoit un
merveilleux spectacle ; dans les vallées latérales qui
conduisent jusqu'au cœur des montagnes, se dressent, en foule, les fabriques surmontées, jour et nuit,
d'un panache de fumée ; un peu plus haut, les scie-
ries s'abritent à l'ombre des sapins, et, là-bas, tout
au loin, la plaine fertile s'étend jusqu'au Rhin, cou-
pée de forêts épaisses et semée de villages coquets.
Cette plaine, comment pourrait-on ne pas la saluer
d'ici ? Dans l'immortel tableau qu'il a tracé de la
France, Michelet s'arrête en Lorraine et s'écrie :
« Je m'abstiens de franchir la montagne, de regarder l'Alsace. Si je vous découvrais, divine flèche de

Strasbourg, si j'apercevais mon héroïque Rhin, je pourrais bien m'en aller au courant du fleuve, bercé par leurs légendes, vers la rouge cathédrale de Mayence, vers celle de Cologne, et jusqu'à l'Océan ; ou peut-être resterais-je enchanté aux limites solennelles des deux empires, aux ruines de quelque camp romain, de quelque fameuse église de pèlerinage, au monastère de cette noble religieuse qui passa trois cents ans à écouter l'oiseau de la forêt. »

Il semble, en vérité, que ces provinces de l'Est jettent un charme à ceux qui les visitent ; après Michelet, l'historien de la patrie, voici Victor Hugo qui raconte en ces termes son arrivée dans les défilés des Vosges : « Vers quatre heures du matin, je me suis réveillé. Un vent frais me frappait le visage ; la voiture, lancée au grand galop, penchait en avant ; nous descendions la fameuse côte de Saverne. C'est là une des belles impressions de ma vie. La pluie avait cessé, les brumes se dispersaient aux quatre vents, le croissant traversait rapidement les nuées et, par moments, voguait librement dans un trapèze d'azur comme une barque dans un petit lac. Je savais que j'avais sous les yeux la France, l'Allemagne et la Suisse, Strasbourg, avec ses flèches, la Forêt-Noire, avec ses montagnes, le Rhin, avec ses détours....Je n'ai jamais éprouvé de sensation plus extraordinaire. »

Les impressions que je ressens aujourd'hui, en

contemplant ce magnifique panorama, se compliquent d'une pensée de regret que l'on comprendra sans qu'il soit nécessaire d'insister davantage. D'ailleurs, du haut des remparts du fort de Giromagny, on se rend compte aisément de la forme particulière du pays qui nous entoure : les pentes descendent à notre droite et s'en vont rejoindre, à dix kilomètres environ, les premières assises du Jura, après avoir décrit cette espèce d'entonnoir naturel qu'on a nommé la trouée de Belfort. Les routes de Besançon et de Vesoul, de Bâle et de Mulhouse, se rencontrent ici ; Belfort est réellement une des clefs de notre frontière. Aussi tous les gouvernements qui se sont succédé depuis deux siècles y ont-ils multiplié les travaux de défense ; Vauban y construisit un château-fort qui a subi, sans être réduit en morceaux, le formidable bombardement de 1870 ; l'empire projetait d'établir, à cette place même, un vaste camp retranché. Mais l'empire, comme l'enfer, était pavé de bonnes intentions et il a fallu l'épreuve de la guerre, l'acharnement de l'armée allemande et l'héroïque résistance de la garnison pour que nous réalisions enfin des projets dont l'événement a démontré la sagesse. Belfort est, à présent, aussi bien que Metz, une forteresse imprenable, et ce n'est pas en vain que l'on a dressé, contre le château et dans le roc, ce lion colossal sculpté par Bartholdi et qui, appuyant ses griffes sur ce lambeau de sol alsacien resté français, semble jeter aux quatre coins de l'horizon la fière devise : Je maintiendrai.

En réalité, c'est ici que s'est jouée la suprême partie : au mois de janvier 1871, quand l'armée de Chanzy battait en retraite, quand le petit corps de Faidherbe était forcé de reculer vers les bords de la mer, alors qu'un hasard providentiel pouvait seul ramener la victoire sous nos drapeaux, cent mille conscrits s'avançaient vers Belfort. Ils suivaient la vallée du Doubs, et, s'étant arrêtés devant les lignes de la Lisaine que le général de Werder avait couvertes de retranchements, ils entendaient dans la nuit le canon lointain de la place assiégée. Nul ne rendra jamais l'émotion poignante de ces heures dernières : ceux-là seuls qui ont dormi sur la neige en avant de Villersexel savent quelles pensées agitaient les jeunes soldats que commandait le général Bourbaki. Un capitaine d'artillerie, celui-là même qui joua un rôle si considérable dans la défense de Belfort, me racontait que ses hommes prêtaient l'oreille aux grondements sourds dont le vent du sud apportait l'écho jusque sur la terrasse du château. Il semble que, suivant l'expression du poète, les choses aient quelquefois une âme : dans ce roulement confus que produit la canonnade, c'était l'âme de la patrie qui vibrait. Je n'essaierai pas de vous redire comment se termina cette tentative héroïque, ni pourquoi tant d'efforts furent vains. Le mont

Vaudois, celui-là même où se dresse à présent l'un de nos forts, arrêta l'élan des troupes improvisées dont une première victoire avait enflammé le courage.

Comme vous avez dû le voir pour peu que vous ayez jeté les yeux sur une carte, notre frontière militaire s'écarte sensiblement de la frontière politique, telle que nous l'a imposée le traité de Francfort. La frontière politique, après avoir gagné les bords de la Moselle, se dirige vers les Vosges, traverse les bois, coupe les champs et les villages, et elle a été déterminée de telle sorte que la plus grande étendue possible de terrains fertiles et de forêts productives soit comprise dans la portion du territoire annexé. Suivre pas à pas cette ligne arbitraire, la défendre en y construisant des forts, eût été poursuivre la réalisation d'un plan chimérique. Nous n'étions pas libres de tracer notre frontière militaire ; elle est, au contraire, nettement définie par la Meuse, depuis la Belgique jusqu'au plateau de Haye ; par la Moselle, depuis le plateau de Haye jusqu'au Ballon d'Alsace.

La ville de Nancy en est le centre ; les places de Verdun et de Belfort en sont les deux extrémités. Entre le confluent de la Moselle et du Madon et les forts d'Épinal, il existe une brèche dont la longueur atteint environ 40 kilomètres. Mais, de ce point à la frontière suisse, on ne peut relever aucune interruption dans le rempart à peu près continu que nous avons élevé pour nous protéger contre toute invasion. Il faut admettre cependant qu'une armée ennemie opérerait du côté de la Haute-Alsace et s'efforcerait de franchir les Vosges, entre Saverne et Schlestadt. Parmi toutes les routes dont elle pourrait se servir, il n'en est pas une seule qui ne soit commandée, sur le versant opposé de la chaîne, par les forts d'Épinal, du Thillot, de Rupt, d'Arches ou de Remiremont. A vrai dire, ces routes sont bien entretenues ; le génie militaire les a élargies et le club vosgien a contribué à en établir de nouvelles, sans se douter assurément que ce n'était pas seulement aux touristes qu'il allait rendre service. De Barr, de Schlestadt, de Molsheim, de Wasselonne et de Saverne partent les chemins qui relient l'Alsace à la vallée de la Meurthe, et qui passent par Saint-Dié, Sainte-Marie-aux-Mines, le Climont, Saales, Fouday, Saint-Quirin, Cirey et Badonviller. Les cinq petites villes dont je viens d'écrire les noms sont situées au pied des Vosges et reliées à Strasbourg par des voies ferrées ; Saverne est une des stations de la ligne qui va de Paris à Strasbourg. Elle est en même temps l'origine d'un chemin de fer parallèle aux Vosges, et qui mène jusqu'à Colmar, en passant par Wasselonne, Molsheim, Barr et Schlestadt. S'il fut jamais une voie stratégique, c'est bien celle-là. On ne l'a construite que pour permettre aux garnisons de la Basse-Alsace de se transporter rapidement à l'entrée des défilés de la Haute-Alsace. Il est bon de remarquer que les lignes d'Épinal à Saint-Dié, à Remiremont, à Aillevillers joueront, de l'autre côté de la frontière, un rôle analogue. Mais il faut admettre, en même temps, que tous ces travaux n'ont pas été exécutés pour faciliter l'exploration des Vosges aux touristes, ni même pour assurer l'exploitation des vastes forêts qui les couvrent. Un travail fort intéressant, dû à l'un des officiers les plus distingués de notre armée, et publié par Dumaine, contient, à ce sujet, quelques éclaircissements intéressants. Bien qu'ils aient le caractère d'une hypothèse, je vous demande la permission de les analyser rapidement.

On doit supposer, d'après l'auteur de cette étude, que les 13e et 14e corps allemands franchiraient les Vosges, l'un entre Schlestadt et Molsheim, l'autre entre Saverne et Molsheim ; les premiers trains du 13e corps débarqueront autour de Wasselonne dès le septième jour de la mobilisation. Les avant-gardes atteindraient Raon-l'Étape vers le matin du neuvième jour, et le 13e corps tout entier serait réuni sur la Meurthe le douzième jour, pour rejoindre le 15e corps, arrivé sur les bords de la Moselle dès le huitième jour de la mobilisation. Quant au 14e corps, après avoir fait occuper les cols du Donon, du Climont et de Sainte-Marie-aux-Mines, il serait rendu sur la

Meurthe le soir du treizième jour. Reste le premier corps bavarois, établi entre Mulhouse et Colmar, et qui passerait, à son tour, les cols des hautes Vosges, pour descendre dans la vallée de la Moselle et contribuer à l'investissement des forts qui relient Épinal et Belfort. Encore une fois, ce sont là de simples hypothèses : est-ce que l'art de la guerre peut reposer sur autre chose ? Quand les fautes sont commises, il ne reste plus qu'à les réparer et à profiter d'une expérience chèrement achetée.

Quoi qu'il en soit, les faits se rapprocheraient sensiblement des suppositions gratuites que nous avons énoncées plus haut ; on en doit conclure que le rôle de la place de Belfort sera très considérable, non pas qu'il faille la considérer comme un simple rempart fermant la trouée de Vesoul, mais plutôt comme l'aile droite du corps d'armée chargé de la défense des Vosges. Aussi ne s'agissait-il pas de faire de Belfort un vaste fort susceptible d'une longue résistance ; on s'est efforcé d'y établir surtout un camp retranché, où nos troupes se ravitailleront, se compléteront, s'organiseront et se réfugieront enfin, si tant est qu'elles soient amenées à battre définitivement en retraite. Aujourd'hui, l'œuvre est achevée ; le fort de Giromagny sert de trait d'union entre la ligne des Vosges et Belfort, le fort du Vaudois joint, de son côté, la place à Montbéliard ; la ceinture est bien fermée et il n'y a nul inconvénient à le proclamer bien haut, puisque les plans s'en achètent chez tous les libraires et que nos voisins d'outre-Rhin en ont publié des exemplaires tout à fait remarquables.

Quand éclata la guerre de 1870, Belfort passait pour être une place de premier ordre ; les forts qui l'entouraient étaient situés à deux mille mètres environ du centre de la ville, insuffisamment armés et munis de quelques abris que les bombes n'eussent pas eu de mal à traverser. A peine avions-nous éprouvé nos premiers revers, que le colonel Denfert-Rochereau se préoccupait de cet état de choses et réquisitionnait, bon gré mal gré, des travailleurs civils pour édifier les travaux qu'il jugeait nécessaires. Le système de fortifications qui était alors en honneur ne différait guère de celui dont Vauban a formulé les règles invariables. L'esprit de routine régnait en maître dans les bureaux du ministère de la guerre ; les rapports de nos attachés militaires n'y avaient point produit d'impression salutaire.

Les canons qui figuraient sur nos remparts étaient à peu près du même modèle que ceux dont faisaient usage nos aïeux ; tout au plus les avait-on rayés, et encore les pièces de 16, transformées depuis lors en canons de 138 millimètres, avaient-elles l'âme lisse et tiraient-elles seulement à deux mille mètres de distance. Il ne fallait pas songer à modifier l'armement ; une seule solution était praticable : se résigner à faire le meilleur usage possible des éléments insuffisants dont on disposait. C'est alors que le colonel Denfert eut une inspiration de génie : persuadé que l'artillerie devait suffire à protéger les forts contre toute attaque de vive force, pressentant en quelque sorte les principes qui ont triomphé depuis, il fit élever sur cette crête qui domine le vallon de la Savoureuse et le chemin de fer de Belfort à Mulhouse, deux redoutes en terre.

On en a fait deux forts, ceux des Hautes et des Basses-Perches. Le temps manquait pour achever les terrassements ; à plus forte raison, ne pouvait-on même essayer d'employer la pierre. On se borna à creuser un fossé, à couvrir les pièces, à creuser quelques abris pour les défenseurs. C'est ainsi que fut inaugurée la défense à grande distance ; en d'autres termes, le colonel Denfert n'attendit pas l'attaque de l'assiégeant ; les compagnies qu'il animait de son exemple et qu'il soutenait de son indomptable énergie, allèrent chercher au loin l'ennemi qui terminait ses travaux.

Quand le Gouvernement donna l'ordre à Denfert de rendre la place qu'il avait si vaillamment défendue, les jours de Belfort étaient comptés. Il n'en est pas moins vrai que cette petite garnison avait opéré des miracles, accompli des travaux surhumains et que, dans une République antique, le chef qui la commandait eût obtenu les honneurs réservés

aux citoyens illustres. Il n'en fallait pas tant pour
décider le Président de la République à conserver
envers et contre tous, ce coin d'Alsace, débouché
naturel des armées envahissantes, ni surtout pour
activer le zèle des officiers qui ont fait de Belfort
un immense camp retranché. Depuis dix ans qu'on
a entrepris cette œuvre gigantesque, les directeurs
de l'artillerie et du génie se sont succédé sans
qu'aucun d'eux se soit jamais écarté de l'impulsion
primitive. Ceux de nos officiers supérieurs qui ont
dirigé ces travaux ont fait preuve tout à la fois de
l'expérience consommée d'ingénieurs accomplis et
de l'ardeur infatigable de patriotes ardents.

Dédaigneux des gros traitements que leur offrait
l'industrie privée, ils ont donné à l'État sans compter, à l'exemple de ce pauvre général de Reffye,
Strasbourgeois de naissance, et dont le nom est populaire dans l'Est. A l'heure de nos revers, c'est
lui qui créa l'artillerie française ; il n'est pas une
invention à laquelle il n'ait attaché son nom, pas un
perfectionnement dont il n'ait eu le droit de revendiquer sa part. Et cependant, il est mort pauvre,
sans qu'il se soit rencontré un conseil municipal
pour lui voter une statue, sans que l'État ait accordé une pension à la veuve de cet artilleur dont
le concours nous a permis de sauver l'honneur national. Est-ce donc que ces soldats modestes, serviteurs héroïques qui meurent presque ignorés, ne mé-

ritent pas de la patrie au même titre que les plus
célèbres savants? Les conquêtes pacifiques de l'industrie française, ce sont eux qui les protègent; et s'il
est quelque chose de plus grand encore que les
traditions scientifiques et littéraires d'une nation,
n'est-ce pas justement l'intégrité du sol et le patri-
moine de nos ancêtres que l'armée a pour mission
de défendre?

Il semble que ce qui précède ne soit qu'une di-
gression : il n'en est rien cependant. Tous ces mots
de patriotisme, de désintéressement, de sacrifice
sonnent ici mieux qu'ailleurs. On a beau se défendre
des exagérations, se défier de je ne sais quel chauvinisme qui serait à la fois ridicule et dangereux,
je ne crois pas qu'un Français puisse pénétrer dans
Belfort sans se sentir doublement Français, et par
le souvenir et par l'espérance. Parmi les forts qui
nous environnent, il en est toutefois quelques-uns
qui sont de création récente et qui n'ont pas reçu le
baptême du feu. Tel est le fort qu'on a bâti sur le sommet du mont Salbert, là même où l'armée assiégeante
hissa jadis, à grand renfort de bœufs réquisitionnés,
deux pièces de gros calibre destinées à foudroyer le
château. Il paraît difficile que ces redoutes, établies
à quatre cents mètres au-dessus des terres avoisinantes, soient jamais attaquées : on en peut dire autant du mont Vaudois et du fort de Laumont, véritables nids d'aigles et dont la vague silhouette rap-

pelle celle des châteaux en ruines qui bordent les
cimes des Vosges et de la Forêt-Noire, sur l'une et
l'autre rive du Rhin, fleuve des sirènes et des chevaliers errants. Il reste cependant un certain nombre
de difficultés qui ne sont pas faciles à résoudre. Et
tout d'abord, comment approvisionner d'eau les
troupes qui camperont sur ces plateaux déserts ? On
a creusé de vastes citernes ; encore faut-il que le
ciel prenne parti pour les assiégés et qu'il ouvre ses
outres. Le ministre de la guerre a particulièrement
insisté sur ce point ; il a fait, à plusieurs reprises,
les observations les plus judicieuses et qui ont prouvé
à tous ceux qui l'entouraient qu'il n'était nullement
disposé à se payer de mots.

A vrai dire, pour les forts détachés, on a établi
des conduites d'eau qui se remplissent du côté du
réduit central. Tant que la place elle-même ne sera
pas tombée au pouvoir de l'assiégeant, ces conduites
resteront intactes. Il n'en est pas de même pour les
forts isolés, condamnés par leur situation à être cer-
nés dès le début des hostilités. Quelques-uns d'entre
eux communiquent avec des sources qui jaillissent
du plateau sur lequel ces forts sont situés, et qui
sont à l'abri de toute tentative audacieuse. Quant
aux autres, ils en seront quittes pour remplir les
citernes et pour renouveler leurs provisions, quand
le besoin s'en fera sentir, à l'aide d'un coup de main
habilement dirigé.

Eh ! sans doute, j'entends bien que c'est là une question secondaire, si tant est que l'art militaire comprenne des questions auxquelles cette qualification soit applicable. Il ne faut pas oublier que l'attention du ministre de la guerre doit se porter exclusivement là-dessus, aussi bien que celle des inspecteurs généraux qui, tous les ans, visitent nos places fortes. La frontière est tracée, nos forts sont construits : nul n'y peut rien changer, à moins de gaspiller des millions et de troubler, une fois de plus, l'opinion publique. Du voyage que nous avons terminé aujourd'hui, nous rapportons cette impression rassurante, à savoir que tant d'efforts n'ont pas été vains et que la France travaillera tranquille désormais derrière l'inexpugnable abri que lui ont fait ses fils. L'outil est bon, presque parfait : il faut apprendre à s'en servir. En créant l'artillerie de forteresse, nous avons comblé une première lacune ; peut-être serait-il urgent de remplacer le recrutement actuel par le recrutement régional, ou tout au moins d'attribuer à nos régiments stationnés dans l'Est des réservistes de nos provinces frontières.

« Quant aux exagérations volontairement pessimistes de certains écrivains, il serait bon qu'on n'en tînt plus compte à l'avenir. Rien n'est plus sacré que le sentiment patriotique ; on ne doit y faire appel qu'avec la plus extrême circonspection, car le doute perpétuel est aussi condamnable que la confiance illimitée. Si l'une mène aux catastrophes, l'autre abaisse les âmes et déprime les caractères. Qu'importe qu'on ait tant blâmé la politique du juste milieu et qu'elle ait été si pauvrement personnifiée ! Entre la jactance et la peur, c'est la sagesse vaillante que je préfère.

Telle est l'exacte impression que je rapporte de cette rapide excursion ; je l'ai traduite du mieux que j'ai pu, en transcrivant fidèlement les sentiments qu'ont fait naître en mon âme les tableaux si variés dont j'ai été le spectateur passionné. Mais déjà le train file à toute vapeur entre les coteaux du Jura qui longent la vallée du Doubs. Dans les prés règne une activité merveilleuse ; les gars, ceux-là mêmes qui partiront sous peu pour faire leurs vingt-huit jours, rentrent les blés, l'avoine trop lente à mûrir et les seigles que dore un dernier rayon de soleil. Admirable contraste ! Les remparts tomberont un jour en poussière, et le rêve des humanitaires deviendra peut-être une réalité, mais aujourd'hui, comme hier et comme demain, le travail des hommes et le divin soleil emplissent les champs de l'éternelle vie !

TABLE ALPHABÉTIQUE

DES NOMS CITÉS DANS LE VOLUME

Nancy, imprimerie Berger-Levrault et Cie.

BERGER-LEVRAULT ET Cie, LIBRAIRES-ÉDITEURS

5, rue des Beaux-Arts, Paris. — Même maison à Nancy.

Marine et Colonies. Opinion d'un marin, ancien gouverneur de colonie. 1886. In-12, broché . . . . **1 fr. 50 c.**

De la Guerre navale. Opinion d'un marin. 1885. In-12, broché. **1 fr. 25 c.**

A terre et à bord. Notes d'un marin, par le contre-amiral Th. AUBE, avec une préface de Gabriel CHARMES. 1881. 1 vol. in-12, broché. . . . **3 fr.**

Entre deux campagnes. Notes d'un marin, par Th. AUBE, officier de marine. (Au Sénégal. En Océanie.) 1881. 1 vol. in-12, broché . . . **3 fr.**

La Marine de guerre, son passé et son avenir. Cuirassés et torpilleurs, par M. GOUGEARD, ancien ministre de la marine. 1884. Un volume grand in-8° avec une planche. . . . . **3 fr.**

Les Arsenaux de la Marine. I. Organisation administrative, par M. GOUGEARD, ministre de la marine. 1882. Gr. in-8°, broché. **3 fr. 50 c.** — 2e partie. Organisation économique, industrielle et militaire. 1882. Grand in-8°, broché. **7 fr. 50 c.**

Les Torpilleurs autonomes et l'avenir de la marine, par M. Gabriel CHARMES. 1885. Un volume in-12, broché . . . . **3 fr.**

Les Torpilles à bord des navires et des embarcations de combat, par C. CHABAUD-ARNAULT, capitaine de frégate. 1884. Grand in-8°, avec 19 figures. . . . . **2 fr. 50 c.**

Questions maritimes. La marine de guerre, la cuirasse et le canon. Expériences récentes et conclusions, par Ém. WEYL, lieutenant de vaisseau en retraite. 1885. Grand in-8°. . . . . **1 fr. 50 c.**

Opérations de l'escadre française dans la rivière Min. (Extrait de la *Revue d'artillerie*.) 1885. In-8° avec 2 planches . . . . **1 fr.**

La Question du Tonkin (l'Annam et les Annamites; histoire, institutions, mœurs, origine et développement de la question du Tonkin. Politique de la France, de l'Angleterre et de la Chine. Le protectorat), par Paul DESCHANEL, rédacteur au *Journal des Débats*. 1883. Volume in-12 de 513 pages, broché . . . . **5 fr.**

Biographie et Récits maritimes : **Voyages et Combats,** par Eug. FABRE, sous-directeur au ministère de la marine. *Première série. — Une famille de marins :* **Les Bouvet.** Un volume in-8° avec portrait . . . . . **6 fr.** *Deuxième série. —* **Le contre-amiral Bouvet. — Nos Corsaires.** Un volume in-8° avec deux portraits. . . . . **7 fr. 50 c.**

La Politique française en Océanie à propos du canal de Panama, par Paul DESCHANEL, avec une lettre de M. Ferdinand de Lesseps. *Première série. —* L'archipel de la Société. — Colonisation française : Tahiti et le canal de Panama. — L'Allemagne en Océanie : Politique coloniale de M. de Bismarck. — Politique de l'Angleterre : Les îles sous le Vent et la question de Terre-Neuve. 1884. 1 vol. in-12 de 644 pages. . . **6 fr.**

Notes sur Madagascar, par Laurent CRÉMAZY, conseiller à la cour d'appel de la Réunion. 3 parties, avec une carte. 1884. Grand in-8°. Les deux brochures . . . . **5 fr. 50 c.**

Souvenirs d'une campagne dans le Levant : **Les Côtes de la Syrie et de l'Asie-Mineure,** par B. GIRARD, commissaire adjoint de la marine. 1884. Volume grand in-8°. . . . . **3 fr. 50 c.** — **L'Égypte en 1882,** par le même. 1884. Volume grand-in-8°. . **5 fr.** — **La Tunisie,** par le même. 1884. Volume grand in-8° . . . . . **2 fr.** — **La Grèce en 1883,** par le même. 1885. Volume grand in-8° avec une carte. . . . . **6 fr.**

De Rochefort à Cayenne. Scènes de la vie maritime. Journal du capitaine de l'*Économe*, par Jules DE CRISENOY. Illustré de 52 dessins par Pierre DE CRISENOY, peintre de la marine. 1882. Un beau volume in-8° de 330 pages, avec 2 cartes, broché . . . . **8 fr.**

19 Février 788

BERGER-LEVRAULT ET Cⁱᵉ, LIBRAIRES-ÉDITEURS

5, rue des Beaux-Arts, Paris. — Même maison à Nancy.

REVUE DE CAVALERIE

Paraissant le 10 de chaque mois depuis avril 1885 par livraisons grand in-8º d'environ 5 feuilles, formant chaque année deux beaux volumes avec gravures et planches, plus une partie officielle. — Prix par an . . . . **30 fr.**
Union postale. . . . . **33 fr.**

ÉTAT MILITAIRE

DES PRINCIPALES PUISSANCES ÉTRANGÈRES

AU PRINTEMPS DE 1886

Allemagne, Angleterre, Autriche-Hongrie, Espagne, Italie, Russie, par S. RAU, lieutenant-colonel du service d'état-major. Quatrième édition, revue et mise à jour. Un volume in-12 de 543 pages, broché. — Prix . . . . **5 fr.**

GUIDE DE L'OFFICIER D'INFANTERIE MONTÉ

Par A. LAFERRIÈRE, lieutenant-colonel de cavalerie en retraite, ex-capitaine instructeur à l'École de cavalerie de Saumur et à l'École d'état-major. Un volume in-16 de 204 pages avec 11 planches, broché. — Prix . . . . **2 fr. 50 c.**
Relié toile anglaise. . . . . **3 fr. 50 c.**

ESSAI SUR L'HISTOIRE DES CUIRASSIERS

Par un capitaine de l'arme. 1886, Volume gr. in-8º, avec 7 compositions de TIRET-BORGNET, broché. — Prix . . **3 fr. 50 c.**

HISTORIQUE DU 7ᵉ DE CUIRASSIERS (1659-1886)

Par G. DE JUZANCOURT, capitaine commandant au 7ᵉ régiment de cuirassiers, 1887. Un volume grand in-8º, illustré de 14 compositions D'EUG. TITEUX et 8 portraits, broché.

DRESSAGE DU CHEVAL DE GUERRE

ET DU CHEVAL DE CHASSE

Suivant la méthode de feu M. le commandant DUTILH, écuyer en chef à l'École de cavalerie, par un de ses élèves. 1886. Grand in-8º, broché . . . . **3 fr. 50 c.**

www.ingramcontent.com/pod-product-compliance
Lightning Source LLC
Chambersburg PA
CBHW050549270326
41926CB00012B/1977